U0903410

Eat Pray Love

承诺

OMMITTED:A Love Story

Elizabeth Gilbert

一辈子做女孩 II

伊丽莎白·吉尔伯特（Elizabeth Gilbert）◎著 于非◎译

湖南文艺出版社
HUNAN LITERATURE AND ART PUBLISHING HOUSE

目录

Contents

前言

A Note to the Reader

几年以前，我写了一本叫做《一辈子做女孩》的书，讲的是我离婚后，一个人在世界各地旅行的故事。写那本书的时候我才三十多岁，那次是对我以往写作风格的一次全新的尝试。在写《一辈子做女孩》之前，我在圈子里一直是以一个写作男性题材的女作家而闻名的（如果我还有一点小名气的话）。那时我已经为好几家诸如《GQ》、《Spin》[①] 等的男性杂志当了好几年的记者，在这些杂志上，我从多个角度探讨着对男人的看法。同样的，在我的最初三部作品中（其中既有小说，也有散文），主人公都从事着充满了男子汉气概的职业：牛仔、捕虾人、猎人、卡车司机、球员、伐木工……

以前，我经常被称为“像个男人一样地写作”。就是到了今天，我依然不清楚他们说的“像个男人一样”意味着什么，但是我确信，通常情况下这应该可以算作某种恭维。而当时我也确实把它当做对我的一种赞赏。有一次，为了替《GQ》写一篇稿子，我甚至在整整一个星期里把自己化妆成了一个男人。我剪短了自己的头发，用布条缠紧胸部，把一个装满了鸟

①均为著名的男性杂志。

食的避孕套塞进裤裆，甚至在嘴唇下面沾上了一小撮的胡子——这一切都只是为了切身地去体验那种令人着迷的所谓男子汉气概。

在这里我要加一句，这种男人般的定位也逐步延伸到了我的生活当中，而且常常会带来不必要的麻烦。

是的——它总是给我带来麻烦。

出于对工作的痴迷，我对男性的雄浑倾注了太多的关注，很少花时间去思考女性的柔美。当然，我也从来没有花时间去想自己也是一个女人。正是因为这个原因，以及对生活的一贯漠视，我也从未真正地认识过自己。所以，当我三十岁的时候，一次大规模的婚姻危机袭来，而我一下子就被打懵了，根本无法理解自己身上到底发生了什么事。我的身体首先垮了下来，然后是我的婚姻，再接下来——在那个糟糕而可怕的时间——是我的心理。男性的雄风对我没有任何用处，在这种情况下，逃离情感纠葛的唯一的出路就是摆脱它。于是我离了婚，带着伤心和落寞，我撇下了所有的一切，出发去做一年的旅行和反省。我将全心地分析自己的心灵，就像当初我研究那些神秘的美国牛仔一样。

后来，因为我是一个作家，于是我就写了一本书。

生活有时真的很有趣，再后来，那本书居然大卖特卖，并且一度登上了排行榜首。于是，在写了十年的男人之后，我突然发现自己被称做“女人书”作家。当然，我依旧不明白“女人书”是什么意思，但我清楚的是，这一次他们可不是在捧我了。

不管怎样，人们总是问我，是否预料过这一天的到来。他们想知道，当我在写《一辈子做女孩》的时候，是否清楚它会变得多么的受欢迎。不可能的事。在这个世界上，你根本不可能去预言或计划出一种这么强烈的回应。如果说在我写这本书的时候真有什么期待的话，那就是我希望读者们可以原谅我写了这么一部回忆录似的东西。老实说，我的读者并不多，但他们都是忠心耿耿的。他们乐意读的是一位精力充沛的年轻女人写的那些关于男人们开天辟地的精彩故事。我本不期待这些读者能够接受一个离了婚的女人絮絮叨叨地讲一些寻求心理安慰的故事。尽管如此，我依然希望他们能足够大度地理解，出于一些个人的原因，我确实需要写这样一本书。也许每个人都多一点宽容，事情就会好办许多。

可惜结果并非如此。

（所以你要明白：你现在手里捧着的这本书也不是一本描写男人们大展雄风的小说。这次千万别说我没有提醒你们！）

另一个人们经常会问起的问题是，《一辈子做女孩》是怎样改变我的生活的。这个问题很难回答，因为里面包括的东西实在是太多了。打个比方说吧：小的时候，有一次父母带我到纽约的美国国家历史博物馆去参观。当我们走到海洋生物馆的时候，爸爸突然指着天花板让我们看，那上面悬挂着一个真实大小的蓝鲸模型。他试图向我描述这个生物的庞大，可惜我对此没有任何概念。我就站在鲸鱼的下面，只要抬起头就能看到它，但是我就是无法明白这种巨大的概念。我所能看到的，只有蓝色的天花板和一张张仰望的面孔（很显然，这里正发生着一些事情！），但是我就是看不到蓝鲸。

这就是有一阵子我对《一辈子做女孩》的感觉。曾有那么一段时间，当我无法全面地把握它的时候，我选择了放弃，然后将自己的注意力转移到其他事情上面去。比如说在花园里忙活，没有什么能比摘掉西红柿上面的蛞蝓更合适的事情了。

也就是说，在经过这种情况之后，我变得有一些困惑，不知道自己该如何继续写下去。我不想虚伪地去怀念过去，但是那时写书的时候，我一直坚信很少有人会看到那些作品。当然，在绝大多数时候，这种想法多少有些令人沮丧。不过，至少有一点足以自慰，那就是：如果我写的东西让自己丢了人的话，起码不会有太多的人看到。可惜，现在这种想法行不通了：我突然有了数以百万计的读者，他们都在等待着我的下一本书。在这个世界上，一个人该如何去写一本能让数百万人都满意的书呢？我不想公然地屈从，但我同样也不想失去所有那些聪明而热情的女性读者——尤其是在我们共同经历过所有这一切之后。

所以，尽管不知道该如何去写，我依然坚持着写了下去。在一年的时间当中，我写完了这本书第一份完整的手稿——大约有500页——但是我立刻意识到，它不应该是这个样子的。这听起来根本不像是我的声音。这个声音听起来也不像任何人的。它就像从电话的听筒里传出来的声音，模模糊糊得根本听不清楚。于是我把手稿丢到了一边，再也不去看它，重新又回到了花园里，一边思考，一边东挖挖，西看看。

在这里，我得说清楚：尽管在这段时间里，我不知道如何去写作——或者说，至少我不知道该如何去自然而然地写作，但这并不完全算作是一场危机。其实生活真的很不赖，我始终感激它赐予我的个人的满足和事业的成功，我可不想为自己设置什么特别的难题。但这确实是一个谜。我甚至开始怀疑，也许我的写作生涯就此终结了。当然，再也不能当一名作家看起来也不是什么最糟糕的事，就算是真的也是命里注定，但是我确实想不明白问题到底出在哪里。也就是说，在我想出办法解决这个问题之前，我不得不在西红柿田里花上更多的时间。

最终，我找到了自我安慰的方法，那就是承认自己确实不能——而且以后也不可能——写出一本让数百万读者都满意的书。这不是故作谦虚。事实上，我真的不知道该如何写出一本人见人爱的畅销书。我要是有这种本事的话，我可以向你保证，我早就写出一堆的畅销书了，而我的日子也早就变得更轻松，也更舒服了。但事实并非如此，至少对我这样的作家并非如此。我只会写自己需要的书，或是能够写出来的书，然后我就必须把它扔给读者，并且承认，接下来无论发生什么事情，都与我无关了。

基于这些个人的原因，以下正是我现在需要去写的那本书——另外一本完完全全的回忆录，记载了我是如何努力地处理复杂的婚姻的。主题既然已经定了下来，现在唯一的问题就是如何去写了。最后，我发现，能够帮助自己写下去的唯一途径就是大规模的限制——至少我自己是这么幻想的——读者的人数。于是我重新开始了写作。这本书不是为了数以百万计的读者去写的。恰恰相反，我只是为了二十七个人来写这本书。这二十七个人的名字是：莫德、卡罗尔、凯瑟琳、安、达尔茜、狄波拉、苏珊、索菲、克里、凯特、艾比、琳达、柏娜蒂、珍、詹娜、谢乐尔、拉亚、伊娃、艾丽卡、妮可、珊蒂、安妮、帕特里夏、塔拉、劳拉、萨拉，还有玛格丽特。

这二十七个女人构成的圈子虽然小了点，但她们都是我最重要的朋友、亲戚和邻居。她们的年龄从二十刚出头到九十多岁。这些人当中有我的外婆，也有我的继女。她们中既有我多年的故交，也有新结下的知己。其中一个刚刚嫁为人妇，还有两三个正待字闺中。有几个人最近再婚了，也有一个人发誓永不走进围城，还有一个则刚刚结束了与另一个女人长达十年的同性婚姻。这里面有七位母亲，两位正在怀孕（写这本书的时候），其余的人基于各种各样的想法和原因都没有子女。她们中有一些是全职的主妇，一些有自己的职业，还有一些人，愿她们身体健康，既要顾及家庭，又要出去工作。她们大部分是白人，少数几个是黑人，还有两位出生在中东，一个斯堪的纳维亚人，两个澳大利亚人，一个南美人，和一个法裔美国人。其中有三个虔诚的教徒，五个完全不相信任何宗教的无神论者，大部分人在精神上感到有些迷茫，剩下的都在过去的几年里与上帝达成了心灵之约。这些女人都具有不寻常的幽默感。她们所有的人在过去的日子里都或多或少地伤心和失落过。

在那之后的几年中，在清茶和烈酒的陪伴下，我和这些亲爱的女人们无数次地高声探讨着婚姻、亲密、性、离婚、忠诚、家庭、责任和自主。这本书就是建立在这些谈话的基础之上的。当我整理这些写好的故事的时候，我发现自己同那些朋友、亲戚、邻居的对话无处不在，题材无所不包。没有这二十七位杰出女性的影响，也就不会有这本书的问世。就像以往一样，同她们共处一室，谈天说地，使我受益良多，醍醐灌顶。

伊丽莎白·吉尔伯特

2009年写于新泽西

CHAPTER ONE

婚姻的奇妙之处

Marriage and Surprises

婚姻是一种被官方承认的友谊。

——罗伯特·路易斯·斯蒂文森

我曾经如此决绝地否定婚姻的念头，所以当听到有人大声地说出“结婚”这两个字时才会这样的震惊。我感到悲哀而沉重，猝不及防。但最重要的是，我感觉自己像是被逮捕了一样。我们两个人都被抓住了。会飞的鱼和潜水的鸟全都一头撞进了罗网里。我的天真又一次扇了自己一记清脆的耳光:我怎么会如此的愚蠢，居然幻想着两个人可以在自己的伊甸园里天长地久下去?

2006年夏天的某个午后，越南北部的一个小村落里，我正同几个当地的妇女围坐在黧黑的厨房火炉跟前闲聊。我不会说当地的方言，但还是尽力地同她们探讨着关于婚姻的看法。

几个月以来，我和一个即将成为我丈夫的男人在东南亚旅行着。按一般人的说法，这个男人应该是我的“未婚夫”，但是我和他都不喜欢用这个词儿。事实上，我们两个人都还拿不定主意是否应该结婚。我们始终认为，婚姻并不在我们的计划当中，更不是我们想要的东西。可惜天不遂人愿，这就是为什么我们到现在仍漫无目的地在越南、泰国、老挝、柬埔寨和印度尼西亚游荡着，挣扎着——甚至是气急败坏地——想鼓足勇气回美国结婚去。

那个让我充满疑问的男人就是我过去两年的伴侣和情人。在这本书里，我会称呼他为斐利贝。斐利贝是一位深情款款的巴西绅士，比我大十七岁，我们俩是在一次旅行中相遇的（跟现在不同，那可是一次计划好了的旅行）。当时我已经在世界各地漫游了好几年，努力去修补自己破碎的心灵。在旅行接近尾声的时候，我遇到了斐利贝。他一个人在巴厘岛过着宁静的生活，和我一样悉心地安抚着自己受伤的心。接下来就是两个人相互吸引，然后是一段漫长的交往，再后来，我们俩惊异地发现，爱情降临了。

当然，我们对婚姻的抵触并不是因为缺少爱。恰恰相反，斐利贝和我都毫无保留地爱着对方。我们曾兴奋地许下海枯石烂的诺言，甚至在私底下发誓一生一世都会忠诚于对方。但现在的问题是，我们两个都经历过婚姻的破裂，惨痛的教训让我们对婚姻产生了一种沉重的负担，哪怕明知对方是完美的人选。

从以往的经验来看，大多数的婚姻破裂都不是件好事，我们的也不例外（尽管丽贝卡·韦斯特曾说过："离婚几乎就像打碎了昂贵的瓷器一样令人振奋和有用。"）。如果用1到10分来评定离婚的破坏力（在这里1代表友好的分手，而10嘛……就算是强制执行了），我也许会给自己的离婚打个7.5分。当然了，作为两个有教养的人，我们是不会产生自杀或者谋杀对方的想法的，但令人厌倦的离婚诉讼总是免不了的。最终，这场没完没了的官司拖延了两年多的时间。

至于斐利贝，当我们在巴厘岛相遇之时，他的第一次婚姻已经是十几年前的事了（他的前妻是一个聪慧的澳大利亚职业女性）。虽然他的离婚经历相对体面而且迅速，但失去自己的妻子（还有一所房子和他的孩子们，以及将近二十年的婚姻生活）依然让这个好男人一度沉浸在漫长的悲伤、悔恨、孤独和经济负担当中不能自拔。

正是这样的经历让我们对婚姻的圣洁和快乐充满了质疑，也许对于我们来说，它只意味着负担和麻烦。和其他刚刚走出离婚阴影的人一样，斐利贝和我不得不直面痛苦的事实：最初隐藏在美好的外表下的每一分甜蜜，最终都会变成作茧自缚的灾难。婚姻就像是一座迷宫，进来容易出去难。那些不受法律羁绊的未婚恋人们，可以在爱情结束的时候选择自由地离去。而你——一个期待走出围城的已婚者——很快就会发现，你的婚姻合同有很大一部分是受制于政府的，他们往往需要很长的时间才会批准你的离开。因此，在几个月甚至几年的时间里，你不得不生活在没有爱情的、完全靠法律维系的家庭当中，那种感觉就像待在一栋熊熊燃烧的建筑里一样。一栋着火的房子，想想吧，我的朋友，你被铐在地下室的暖气上无法挣脱，而浓烟已经渐渐弥漫开来，房梁上的椽子马上就要塌下来了……

很抱歉，这一切听起来实在有些不近人情。

我告诉你这些不愉快的想法只是想解释一下，为什么在相恋之初，斐利贝和我就订下了如此不寻常的协议。我们曾对天发誓，无论发生什么情况，绝不结婚。我们甚至承诺永远也不过问对方的财产状况，以确保不会再度陷入为了分摊抵押贷款、契约，争夺房产、银行存款、厨房用品，甚至是喜爱的书籍而吵吵嚷嚷的梦魇。在许下这些承诺之后，我们才可以心平气和地开始我们之间的关系。就像那些许下婚约的新人们会感到被誓言所保护一样，永不结婚的承诺也为我们带来了一丝心理上的安全感，这样我们才有勇气再一次地尝试去爱。而我们的这个承诺——一种自觉的私底下的承诺——让人最感到不可思议的地方就是它所包含的自由。

我们感觉仿佛已经搭上了通往幸福的直通车——有些东西，就像加西亚·马尔克斯说的："和爱情一样，但是绝没有爱情带来的那些问题。"

所以，直到2006年的春天，我们一直过着这种互不干涉的生活，无拘无束地共同营造一个微妙的独立世界。如果我们就此过上幸福的日子当然很好，可惜一件非常麻烦的事打乱了这一切。

这件事还牵扯到了美国国土安全部。

这个麻烦就是，虽然斐利贝和我拥有那么多的共同点和美好时光，可惜我们并没有相同的国籍。当我遇见他的时候，他是一名巴西籍的澳大利亚公民，却常年住在印度尼西亚。而我是一个美国女人，除了旅行之外，大部分时间住在美国的东海岸。起初，我们并没有意识到这份无国界的恋爱会有什么问题。现在回想起来，也许那会儿我们应该多考虑一下。但正如老话所说的：鱼和鸟确实可以谈恋爱，但是它们住在哪儿呢？我们相信会找到解决难题的方法，因为我们都是出色的旅行者（我可以变成一只会潜水的鸟，而斐利贝就是那条会飞的鱼）。所以我们在一起的第一年时间，基本上是在天空中度过的——跋山涉水，飞跃过海洋和大陆，只为了能在一起厮守。

幸运的是，我们的工作也可以为这种自由的生活提供便利。作为一名作家，我可以在任何地方写作。而作为一个珠宝进出口商，斐利贝在美国有很多的生意，这也需要经常旅行。所以我们需要做的就是规划好自己的行程。我会飞到巴厘岛去，他也可以到美国来，我们还可以一起前往巴西，或是在悉尼再聚首一次。我在田纳西州立大学兼职教写作课，这样在一年当中的某几个月里，我们还可以一起住在科诺克斯维尔（田纳西州城市）一家酒店又潮又旧的房间里。（顺便说一下，如果你想试一试两个人的关系稳定程度如何，我建议你可以尝试在这种居住条件下生活一

段时间）

我们就这样生活在一个断断续续、马不停蹄、时聚时散的状态之下，就像那些神秘的跨国保护计划中的证人一样。虽然从个人角度来看，我们的关系还是相当稳定的，但是考虑到那些昂贵的国际航空旅行，它也同样面临着不断的后勤挑战。而且这种生活也造成了一种心态上的焦虑。每一次重聚，斐利贝和我都不得不重新开始了解对方。每一次当我在机场焦急地等待他出现的时候，心里总是发出这样的疑问，我能认出他吗？他还会认识我吗？因此，一年以后我们俩都开始寻求更加稳定的生活方式。斐利贝作出了重大的牺牲，他放弃了自己在巴厘岛那简朴但非常可爱的小屋，搬进了我新近在费城郊区租下的小房子里。

虽然从巴厘岛搬到费城郊区的举动似乎让人很难理解，但斐利贝发誓说，他其实很久以前就对热带的生活感到厌倦了。他抱怨说，在巴厘岛的生活实在是太没意思了，每一天都是对前一天单调而空洞的复制。他坚称，在遇到我之前，就已经一直在打算搬到别的地方去了。当然，对于从未生活在天堂中的人来说，这种厌倦是无法理解的（我也觉得这个想法有点疯狂），但巴厘岛一成不变的美景也确实让斐利贝感到沉闷和厌倦。可是我永远也不会忘记在小屋里度过的那些个迷人的夜晚，我们赤着脚坐在屋外，在温暖的11月里，我们任由露水打湿自己的身体，一边喝着酒，一边仰望着稻田上空璀璨的星河，阵阵微风从摇曳的棕榈树间拂过，带来了远方寺庙遥遥晚祷的声音……可是斐利贝看着我，叹了一口气，直截了当地说："我再也受不了这个鬼地方了，我迫不及待地想搬到费城去。"

既然是这样，那就出发吧，目标坑洼兄弟之城[①]（费城）！事实上，

①费城又名"兄弟情义之城（city of brotherly love）"，这里作者更改了最后一个单词（city of brotherly potholes），表达一种幽默的含义。

我们俩都很喜欢这个地方。我们租的小房子离我姐姐住的地方不远，这种近对我非常重要，我又可以重温家的感觉了。此外，经过了多年的远游之后，重新回到美国生活让我们感觉非常好，甚至有一点兴奋。尽管这个国家有种种的不如意，但我们仍对这里的生活充满了兴趣：一个迅速发展的、拥有多元文化的、充满了各种矛盾、机遇和挑战的活力之国。

在费城，斐利贝和我建立了自己的小窝，召开了第一次真正意义上的家庭生活会议，并取得了圆满的成功。他继续卖他的珠宝，而我则找一些需要常驻某地进行考察和研究的文章来写。他做饭，我清理草坪，每隔一段时间，我俩中的一个就会拿起吸尘器来打扫卫生。我们合作得很好，从没为日常琐事争吵过。这让我们信心百倍，对未来充满了乐观。

是的，我们的日子过得挺不错。

但是，安稳的日子并不长久。斐利贝的签证只有三个月的时间，这是他合法停留在美国的最长期限，然后他就不得不到其他的国家待上一段时间。如果他一个人离开，我只好暂时与书籍和邻居为伴。好在几个星期后，他还会回到美国，重新开始一个九十天的签证有效期，我们也就又可以生活在一起了。这件事可以证明我们是如何珍惜彼此的承诺，这些九十天的相聚只会让我们更加亲密：三个月刚好是两个敏感的离婚者可以掌控，而又不会感到恐慌的完美时限。而有时，如果日程不冲突的话，我也会参加他的签证之旅，陪他一起离开美国。

这就解释了为什么有一天，当我们结束一次海外商务旅行后，回到美国的时候会发生那件事。由于买的是打折机票，所以我们降落在达拉斯的沃斯堡国际机场。我先通过了安检门，同我的美国同胞们一起顺利地走出来。我走到通道的另一边等着斐利贝，他正站在长长的一队外国人中间。我看着他走到安检的官员跟前，那个人开始仔细地审核斐利贝那像《圣经》一样厚的澳大利亚护照，翻看着每一页，每一个标记，每一张照片。通常情况下，他们是不会如此小题大做的，这让我渐渐地开始紧张起来。我注视着，期待着对于每一个入境的人来说都非常重要的声音：印章盖在护照上的厚重的、坚实的“哐”的一声，就如同在图书馆里常听到的一样。可惜它始终没有出现。

相反，那个安检官员拿起电话，低声地说了几句。过了一会儿，一名身着国土安全部制服的警官走了过来，把我的恋人带走了。

那些穿制服的男人把斐利贝扣留在达拉斯机场已经有六小时了。在这六小时里，我被禁止探视，也不允许提出任何问题，只能坐在国土安全部的候客室里等着。这是一间单调的房间，白炽灯在头上泛着刻板的光，里面坐满了来自世界各地的焦虑的人们，每个人都因恐惧而呆呆不语。我不知道他们会对斐利贝做什么，也不清楚他们想从他嘴里问出点什么。我只知道他没有触犯任何法律，但这也不过就是个心理安慰罢了。当时正是小布什当政的最后几年，如果你有个异国恋人正在被政府关押的话，对你来说可不是一件轻松的事。我一直试图让自己平静下来，像14世纪神秘的诺维奇的茱莉安[①]一样祈祷：“一切皆好，一切皆好，所有的事情皆会好。”可惜我一个字也不相信。一切皆不好。所有的事情皆不好。

---

①《圣经》中的祈祷者。

每隔一段时间，我就会从塑料椅子上站起来，试着从防弹玻璃后面的移民官员那里得到更多的信息。但他对我的要求不置可否，每次都重复着同样的答案："当我们有任何关于你男朋友的消息，小姐，我们会通知你的。"

我只能说，在这种情况下，英语里面大概再没有比"男朋友"听上去更没有说服力的词了。从这个人轻蔑的态度也可以看出他对我们俩的关系颇不以为然：一个政府官员还会在乎你的男朋友如何如何？我很想跟他说清楚："听着，对我来说，那个被你们关起来的男人比你想象的要重要得多。"但是，即便心里焦虑万分，我仍然不知道这么说有没有用。我甚至担心会适得其反，为斐利贝带来不必要的麻烦，所以我只好无助地退了回去。我现在也许应该靠自己的力量做点什么，比如说请个律师。但我身边没有电话，我也不想离开这间屋子，我在达拉斯不认识任何律师，而且现在是周日的下午，鬼才会在这个时候管你的闲事

终于，经过了六小时的煎熬之后，一名警官走了过来，他带着我穿过几条走廊，经过像兔笼的保密室，最后走进一个昏暗局促的房间，斐利贝与国土安全部的审讯员就坐在里面。两人看上去都同样的疲惫不堪，而其中一个就是我的恋人，世界上我最熟悉的人。看着他这个样子让我不禁一阵阵地心疼。我很想走过去抚慰他，但我清楚这是绝不允许的，所以我只好站在原地。

斐利贝对我疲倦地笑了笑，说："亲爱的，我们的生活即将变得更有意思了。"

在我反应过来之前，那个审讯员已经迅速地接过话题，对我作出了解释。

"女士，"他说道，"我们叫你进来就是想通知你，我们不能批准你的男友进入美国。我们将对他进行临时羁押。而后，由于他确实持有澳洲护照，我们将把他移送到一班飞往澳大利亚的航班上。今后，他将不能回

到美国了。”

我的身体首先作出了反应。我感到浑身的血液好像立刻被抽干了，双眼无法看清任何东西。很快地，在接下来的一瞬间，我的思维又恢复了正常。我迅速地对眼前发生的危机进行了分析：早在我们认识很久以前，斐利贝就已经开始在美国立足了。他每年都会在这里做几次短暂的停留，在美国销售通过合法手段从巴西和印度尼西亚进口的珠宝和原石。美国政府一直很欢迎像他这样的国际商人，因为他们为这个国家带来了商品、资金和繁盛的贸易。作为回报，斐利贝在美国也赚到了不菲的利润。几十年间，他用自己在美国的收入把自己的孩子都送进了澳大利亚最好的私立学校（现在他们已经成年了）。尽管他直到最近几年才搬到这里居住，但美国一直是他事业的中心。他的生意在这里，所有的客户也都在这里。如果永远不能再回到美国，他的生活就全毁了。更何况，这里还有我，斐利贝需要与我住在一起，而因为家人和工作的缘故，我也不可能搬到别的地方去。况且斐利贝早已成为我家庭的一部分。他同我的父母、姐姐、我的朋友相处得非常好，早就融入我的世界中了。所以，一旦他永远被美国拒绝入境，我们该如何继续自己的生活呢？我们该怎么办？（“我们俩到哪儿去睡觉呢？”就像那首悲哀的温图族[①]情歌唱的那样，“在那无尽的天边吗？我们该睡在哪儿啊？”）

“你驱逐他的理由是什么？”我竭力做出权威的样子质问那个安全部的家伙。

“严格地说，女士，这不是驱逐出境。”与我不同，他很随和地说，“我们只是拒绝他进入美国，理由是他在过去的一年中出入境过于频繁。

①加利福尼亚北部山区的印第安部族。

他从来没有超过签证规定的滞留时限，但是对比来往的记录我们发现，他的行程通常都是和你在费城度过三个月之后，立刻离开这个国家，以便很快再次回到美国。”

我们很难否认，因为斐利贝恰恰就是这样做的。

“这样做犯法了吗？”我问。

“不完全是。”

“不完全是，还是不是？”

“不，女士，这不是犯罪。这就是为什么我们没有逮捕他。但三个月的免签证是美国政府提供给友好国家的公民的待遇，它并不适用于连续的访问。”

“但是我们并不知道。”我说。

斐利贝插了一句。“事实上，先生，在纽约曾经有一位签证官对我们说，我可以无限次地访问美国，只要不超过九十天的签证限期。”

“我不知道是谁告诉你的，但那不是真的。”

这个警官的话，让我想起有一次过境的时候，斐利贝曾经对我讲过：“千万不要掉以轻心，亲爱的。永远记住，在任何一天，凭借任何理由，世界上任何一个国家的海关人员都可以对你说，不。”

“在这种情况下，如果你是我该怎么办呢？”我问道。这是多年以来，我在和冷漠的客服或政府办事人员打交道时一个小招数。这样说是想让那些掌控一切的人稍等片刻，替那些处于弱势的人们想一想。这是一种微妙的博得同情的方式。有些时候，它很有用。但是说实话，在大多数情况下也起不了多大作用。不过现在我愿意尝试任何的方法。

“好吧，如果你的男友要再次回到美国来，他必须使自己拿到一个更有效、更长期的签证。如果我是你，我会去帮他搞到一个。”

“那好，”我说，“有没有什么最快的方式，以确保他能拿到更有效、更长期的签证呢？”

国土安全部的警官看了看斐利贝，然后看看我，又转向斐利贝。“想听实话吗？”他说，“你们两个必须要结婚。”

我几乎可以听见自己的心沉下去的声音。隔着这个小房间，我能感觉到斐利贝的心也同我一样坠入无尽的深渊。

现在回想起来，这实在是令人难以置信，我居然会对这样一个建议感到惊异。上帝啊，难道我以前从没听说过为了绿卡假结婚的事吗？不过也难怪我不相信，考虑到我俩目前的境地，结婚这件事带来的恐怕不会是解脱，而是无尽的痛苦。我的意思是，至少也要帮我们出个主意吧？可是这个想法着实让我大吃一惊，也确实让我很难过。我曾经如此决绝地否定婚姻的念头，所以当听到有人大声地说出“结婚”这两个字时才会这样的震惊。我感到悲哀而沉重，猝不及防。但最重要的是，我感觉自己像是被逮捕了一样。我们两个人都被抓住了。会飞的鱼和潜水的鸟全都一头撞进了罗网里。我的天真又一次扇了自己一记清脆的耳光:我怎么会如此的愚蠢，居然幻想着两个人可以在自己的伊甸园里天长地久下去?

很长时间没人说话，直到那个国土安全部的警官打破了僵局，他凝视着我们沉默的面孔问道:“对不起，伙计们，你们对这个建议似乎有些问题？”

斐利贝摘下眼镜，用手揉着自己的眼睛。凭着多年的了解，我知道这表示他已经精疲力竭了。他叹了一口气说道："哦，汤姆，汤姆，汤姆……"

我这时才注意到，这两个人一直在称呼对方的名字。不过我认为在六小时的审讯后这种事并不奇怪，尤其当被审讯的人是斐利贝。

"不，说实在的，到底有什么问题？"汤姆，就是那个警官问道，"很显然你俩已经同居了，而且很在意对方，况且你们都还是单身……"

"有些事你不明白，汤姆，"斐利贝的身子向前探出，用一种与环境截然不同的亲密语气解释说，"小莉和我过去都经历过非常失败的婚姻。"

"哦……"汤姆小声地发出一声轻呼，仿佛感同身受一般。然后他也摘掉自己的眼镜，开始揉起眼睛来。我本能地向他的左手无名指瞥了一下。没有结婚戒指。从那光秃秃的左手，以及他疲惫悲伤的反应，我迅速地作出了推断：离过婚的男人。

从这时开始我们的审问变得不可思议起来。

"没关系，你们可以签订婚前协议，"汤姆说，"我的意思是，如果你们担心再次出现离婚财产分割的麻烦。或者，如果你们对两个人的关系问题感到恐惧，也许心理辅导也是个不错的主意。"

我惊讶地听着他的话。难道美国国土安全部还有义务为我们的婚姻出谋划策吗？就在达拉斯沃斯堡国际机场的审讯室里面？

我很快缓过神来，给出了另一个明智的解决方案："汤姆警官，假如我能够找到一种方法，通过雇用斐利贝而不需跟他结婚，你看怎么样？我可以以员工的名义把他带进美国，而不是作为我的丈夫吗？"

斐利贝直起身子，大声地说道："亲爱的，这真是个好主意！"

汤姆古怪地看着我们俩。他问斐利贝："跟我说实话，你真的希望这个女人成为你的老板，而不是妻子吗？"

“上帝啊，当然了！”

我可以感觉到，汤姆正在努力克制着自己朝他大吼:“你们他妈的这算什么事儿？”但他的专业本能阻止了他。他只是清了清嗓子说:“不幸的是，你刚才的提议在这个国家是不合法的。”

斐利贝和我再一次像泄了气的皮球一样瘫坐下来，情绪低落地沉默着。

过了很长一段时间之后，我再次开口了。“好吧，”我承认自己被打败了，说，“我们把这事了结了吧。如果我现在嫁给斐利贝，就在你的办公室里，你会让他进入这个国家吗？也许你们的机场里正好有个牧师能帮上忙？”

生活中总会出现这样的时刻:一张凡人的面孔往往可以闪现出神的光辉，现在就是这种情况。汤姆，那个面容疲惫的、挺着大肚子的、佩戴着德州国土安全部标志的警察朝着我笑了，带着一丝的悲凉、仁慈和同情，看上去与这个陈旧而冷漠的房间格格不入。在那一瞬间，他看起来就像是一个牧师。

“哦，不，不，”他温和地说，“恐怕这样做是不行的。”

现在回想起来，汤姆当时应该很清楚斐利贝和我将要面对的是什么，甚至比我俩知道的还多。他也很清楚，想要得到一个正式的美国结婚签证绝非易事，特别是在这么一个“边境事件”之后。他甚至可以预见到全部的麻烦事:我们需要找律师，至少在三个大洲的三个国家里准备好所有必要的法律文件；斐利贝居住过的每一个国家的警方报告；还有成堆的私人信件、照片，以及其他可以用来证明我们关系的私人物品（讽刺的是，这样的证据根本不存在，因为就像银行账户一样，在经历过糟糕的婚姻生活之后，这些细节的东西我们都是分开的）；他的指纹、疫苗接种情况、肺结核的胸透结果；美国大使馆的签证谈话记录；我们可能还不得不找出斐利贝三十五年前在巴西军队服役的记录；在等待这个结果出来之前，斐利贝还必须花大把的时间待在国外，等等。最糟糕的是，尽管作出了所有这些努力，我们依然不知道美国政府（从某些方面来讲，它就像一个严厉而古板的父亲）会不会接受这个男人作为自己亲生女儿的丈夫。

警官汤姆已经预见到了这一切，而且事实上他也很同情我们的遭遇，这也算是不幸中的万幸了。应该说，在此之前，我从未想过会在自己的书里称赞一个国土安全部的警察，仅仅因为他对我们表达了个人的同情。但是汤姆毕竟还做了一件好事（就在他给斐利贝戴上手铐，把他丢进达拉斯国家监狱，让他整晚都待在关满了货真价实的罪犯的号子里之前）。这件事就是：他给了我和斐利贝整整两分钟的独处时间，好让我们可以相互倾诉别离的痛苦。

当你只剩下两分钟来与自己最爱的人告别，而再次见面又遥遥无期的时候，你恨不得把所有事情都倾吐出来，但又不知道该说什么和做什么。在这两分钟时间里，我们迅速制订出一个匆忙的计划。我先回到费城的家里去，退掉我们租的房子，处理好所有的家具，然后找一个移民律师开始办理各种法律程序。斐利贝会被关进监狱。然后流放回澳大利亚——当然，从严格意义上讲，这并不是法律意义上的“流放”。（请原谅我在这本书里使用“流放”这个词，但我真的不知道该如何形容把一个人赶出一个国家的行为）。因为斐利贝从来没有在澳大利亚生活过，也没有房子或是其他财产，所以他会尽快地安排好一切，然后搬到更便宜的地方去，比如说东南亚。而我在结束了手上的事情之后，也会跑到地球的那端去和他会合。在那边，我们将共同期待那不确定的未来。

斐利贝在纸上写下他的律师、成年的子女，还有生意伙伴的电话，这样我可以把他的情况通知给她们。我把手提包翻了个底朝天，发疯似的寻找他在监狱里可能用到的东西：口香糖、我所有的现金、一瓶水、一张我们的合影，还有我在飞机上读的小说，书名正好叫做《人民爱情法案》。

斐利贝的眼里噙满了泪水，他对我说："谢谢你来到我的生命中。无论现在发生什么，也无论你决定做什么，你要明白，这是我度过的最快乐的两年时间，是你给我的，我永远也不会忘记。"

在那一瞬间我意识到：上帝啊，这个男人以为我要离开他了。

他的反应让我很吃惊，也很感动，但更多的是使我感到很羞愧。我从未想过像汤姆建议的那样嫁给斐利贝，把他从被放逐的命运中救出来。但是很显然，他被这个主意打动了，所以现在才会觉得自己被抛弃了。他确实害怕我会丢下他，留下他一个人伤心欲绝。难道我在他心里就是这样的人吗？难道我是一个爱情的逃避者吗？不过斐利贝的恐惧也不是毫无来由的。我从未质疑过他对我的忠诚，也从不怀疑他会为我而牺牲一切。但是假如我们站在对方的角度上，他也会和我一样充满信心吗?

我不得不承认，如果是在十年或者十五年前，我会不顾一切地把他保释出来。不好意思，年轻时候的我缺乏荣誉感，行事不假思索，率性为之。但是作为一个个性十足的人，上面的那些毛病并没有随着年龄的增长而有所收敛。接下来，趁着我们还可以待在一起，我做了自己认为当时唯一正确的事。我在他耳边轻声发誓，此生永远也不会离开他。我会竭尽所能，即便不能留在美国，也要和他厮守在一起，无论天涯海角。

汤姆警官又回到了屋子里。

分别的时候，斐利贝对我低语道："我爱你，我要娶你。"

“我也爱你，”我对他许诺说，“我会嫁给你的。”然后那个和善的警官就把我们分开了。他给斐利贝戴上手铐，把他带走了。他会先被关进监狱，然后遣返出境。

当晚，我一个人乘飞机回到了费城。在我们曾经的小窝里，我又慎重地考虑了一下自己的承诺。我很惊讶地发现，不知怎么搞的，尽管情况十分严峻，但我并没有觉得特别的悲伤或者恐惧。恰恰相反，我感到一种强烈的冲动，想要把这一切都详详细细地记录下来。仅仅几小时之前，我和斐利贝的生活就像被一把巨大的铲子干净利落地翻了个底朝天。现在，我俩居然已经订婚了。不过我们的订婚仪式实在是太奇特，也太冲动了，就像是卡夫卡小说的片段一样。不过，我们毕竟是订婚了，毫无疑义。

好吧，就这样。反正我肯定不是家族里第一个被逼无奈才结婚的女孩——至少跟那些未婚先孕的人比起来，我的处境还算不错。不过，我们的药方倒是都一样：马上结婚。这就是我们要做的事。可是真正的问题来了，我在那晚回费城的飞机上绞尽脑汁也不得其解：我真的不知道婚姻为何物。

在这之前，我已经犯过一次错误，在还不知道婚姻是什么的情况下就把自己嫁出去了。事实上，我第一次结婚的时候还不满二十五岁，就像一条拉布拉多犬跳进游泳池一样，天知道当时我的脑子里想的是什么。现在回想起来，那时确实是太不负责任了，我甚至不知道该如何挑选牙刷，何况是自己的未来。你可以想象到，我会为如此的漫不经心付出了怎样的代价。六年之后，我所面对的就是一纸冷冰冰的离婚判决书。

回首当初结婚的那一天，我不由得想起理查德·奥尔丁顿的小说《英雄之死》。在书中，他是这样感叹两个年轻的情侣们那悲伤的婚礼的："当乔治·奥古斯都和伊莎贝尔山盟海誓、至死不渝时，有人能够描绘出他们的无知吗？"曾几何时，我也如奥尔丁顿笔下年轻的新娘一样神采飞扬，正像他写的那样："对于世事她一无所知，谁也不知道她心里想的是什么。"

现在，尽管韶华已逝，我已经三十七岁了，但我依然不确定自己是不是对婚姻了解得更多了。我离过婚，所以我对婚姻有一种莫名的恐惧。我也不知道自己能否称得上爱情专家，但我已经习惯于婚姻的失败和恐惧，甚至泯然于众多痴男怨女当中。不过，既然上天安排了这段姻缘，而我也在生活中历练出了足够的经验，我决心去接受它。我明白，命运有时就像一张请柬，带领你去面对甚至超越你自身最大的恐惧。而当你被迫去做一件自己一直特别憎恨或恐惧的事时，至少你成长了。

所以，当飞机从达拉斯起飞的时候，我渐渐地想明白了。现在，我的世界已经被搅得天翻地覆，尽管爱人流落异乡，我们两个还是必须要结婚。那么，也许在第二次走进围城之前，我应该利用这段时间冷静地思考一下。或许这才是明智的做法。看在上帝的分上，我不得不费些力气，去弄清楚这古怪、烦恼、充满了矛盾，然而又顽固而持久的婚姻到底是个什么东西。

在接下来的十个月里，我做的所有事就是一边陪着斐利贝四处漂泊，一边费尽心力想把他弄回美国，然后顺顺利利地结婚（警官汤姆已经警告过我们，如果我们打算结婚，无论是在澳大利亚还是其他别的什么地方，都只会让国土安全部很不爽，结果就是大大拖延我们办理移民的速度）。所以在那段日子里，我脑子里想的、眼里看到的、甚至嘴里说出的唯一一件事就是错综复杂的婚礼。

我让住在费城的姐姐（她正好是一位货真价实的历史学家）给我寄来了整箱子关于婚姻的书。无论我和斐利贝旅行到哪里，我都会把自己关在旅馆的房间里读书，与那些杰出的学者们做无数小时心灵上的沟通。比如说斯蒂芬妮·昆茨，虽然我从未听过她的名字，但现在我已经视之为自己的英雄和导师。老实说，正因为阅读，我们不是合格的旅行者。在那几个月的旅行中，尽管斐利贝和我到过很多风景如画的地方，但我们仿佛从未关注过这些人间胜境。这段旅行不像是无忧无虑的度假，更像是一次逃离麦加的惊险历程。我们无法享受旅行的乐趣，因为我们是被赶出来的，我们中的一个人不被允许再回家了。

另外，我们的财政状况也令人担忧。虽然我的上一本书《一辈子做女孩》在不到一年之前登上了畅销榜首，但它并没有被大受追捧，至少没有像我们预期的那样。斐利贝的收入来源也被完全切断了，所以我们目前只能靠我的稿费维持生计，而且我不确定还能维持多久。也许还可以将就一段时间，但终归会用完的。我本来已经开始着手写一本新小说，但写作计划很快就被斐利贝被驱逐出境所打断了。这就是为什么我们要跑到东南亚来，两个人寒酸地挤在大约三十美元一晚的旅店里的原因。不过我并不认为这段时期过得很艰难（看在上帝的分上，好在我们不是挨饿的政治难民），我只是觉得这是一种非常奇怪而紧张的生活方式，而且随着未来的日渐迷茫，这份困惑和沉重也在与日俱增。

我们就这样四处流浪了将近一年的时间，企盼着美利坚合众国驻悉尼大使馆的召唤。我们从一个国家飞到另一个国家，就像一对失眠的夫妇寻找一张虽然不舒服，但足可以安睡的床铺一样。许多个不眠之夜，我躺在黑暗中辗转反侧，思考着自己对于婚姻的矛盾和偏见，把自己在书里读到的信息加以分类，希望可以从中得到足以自我安慰的结论。

我要说明的是，一直以来我所研究的部分仅仅局限在西方历史框架内，所以本书也逃不脱文化的限制。任何对人类婚姻有研究的历史学家和考古学家都会从我的叙述中找出巨大的间断和差异，这是因为我并没有把整个人类历史和疆界考虑进来，甚至还略过了一些极其重要的概念（比如说一夫多妻制）。这让我感到很轻松，而且确实受益匪浅。或许我应该更加深入地去探究各地的婚俗习惯，但我没有这么多的时间。举个例子说吧，如果想要准确了解伊斯兰社会婚姻的复杂本质，你需要大量的时间和精力，所以我根本没法从容地去研究它。我的脑子里仿佛有个闹钟一直在催促着：无论你喜欢与否，也不管你准备好了没有，一年之内，你必须要结婚了。基于这样的原因，我就只好暂时将目光锁定在了西方历史上的一夫一妻制上，以便更好地去理解我所承受的责任，对家庭构成的叙述，以及从人文角度产生的一系列特殊的焦虑。

我希望所有这些研究可以减轻我对婚姻深深的成见。我不确定这一定有效，但是不管怎样，过去的经验表明，你了解得越多，心态也就越平和。（就像传说中的侏儒怪一样，只要你能揭穿他们的伪装，有些恐惧是可以被打败的）。最重要的是，我真的希望能够找到一种方法，确保我能和斐利贝安然度过那个大喜的日子，而不用像吞下一颗坚硬而难咽的药丸般痛苦。可能我有些老套了，但是我认为在结婚那一天就应该是快快乐乐的，开心而且神志清醒，这样就够了。

本书记述的就是我如何达到这个目标的。

每个故事都需要一个开头，就让我们从越南北部的山村开始讲起吧。

CHAPTER TWO

婚姻与期待的幸福

Marriage and Expectation

男人交往不动情，个个女人皆称心。

——奥斯卡·王尔德

最新的一项调查发现，年轻的美国女性将择偶的标准定义为一个能够“激励”她们的男人，而无论从哪方面来说，这都是一个相当高的标准。比较而言，在对20世纪20年代的年轻女性的调查显示，她们更看重的是人的基本素质，比如说“正派”、“诚实”，或者他养家糊口的能力。但这已经不够用了，现在我们需要能激励自己的配偶了！每一天！来吧，亲爱的。

那天，我遇到了一个小女孩。

在一列喧嚣肮脏的苏联时期的火车上颠簸了整晚之后，斐利贝和我终于从河内来到了这个不寻常的村落。我想不起来我俩为什么要跑到这个地方来了，也许是受了那几个年轻的丹麦旅行者的怂恿吧。这还不算完，从又脏又吵的火车上下来之后，我们还要再乘上好长一段同样脏乱的公共汽车。最后，汽车终于停在了靠近中国边境的一个地方。一下车，我们就惊异于这里的美丽，苍翠的远山，充满了原始的气息。我们找了一家旅馆住下，然后我一个人信步走进村子，试图舒缓一下自己僵硬的膝盖。这时，一个女孩走到了我跟前。

她十二岁了，这是我后来才知道的，因为她看上去比我见过的任何同龄的美国孩子都要瘦小。她长得非常美丽，黝黑健康的肤色，润泽的头发编成辫子，结实的身体上套着一件短短的羊毛外衣。虽然已是闷热的夏天，她的小腿上依然打着颜色鲜艳的羊毛绑腿。她穿着一双塑料的中式凉鞋，双脚不停地踢踏着。她一直在旅店的周围晃荡，我们在前台登记的时候就已经注意到她了。当我一个人出来闲逛的时候，她径直地向我走了过来。

“你叫什么名字？”她问道。

“我叫小莉。你叫什么名字？”

“我叫麦，”她说道，“我可以给你写出来，这样你就知道怎么拼了。”

“你的英语说得真好。”我称赞道。

她耸了耸肩。“当然。我经常和游客聊天。我能讲越南话、中国话，还会说一点日语。”

“是吗？”我开玩笑说，“那你不会法语吗？”

“会一点儿[①]，”她回答道，眼中闪过一丝狡黠的神色。然后，她问我，“你从哪里来，小莉？”

“我从美国来。”我说。接着，为了显出我的风趣，尽管明知道她是本地人，我还是问道，“你是从哪儿来的，麦？”

她一下就听出了我的幽默，并立刻作出了回应。“我是从我妈妈的肚子里来的。”她回答道，这让我立刻就喜欢上了她。

事实上，麦是从越南来的。但是后来我发现，她从不认为自己是越南人。她是赫蒙族人，那是一个人口稀少的、骄傲而独立的少数族裔（人类学家将之称为“原住民”），世代居住在越南、泰国、老挝的高山上。同库尔德人一样，赫蒙族人没有真正意义上属于自己的国家。他们依然保存着这个世界上最独特的风俗。他们是游牧人、吟游者、战士，从来不服王化，对于任何试图统治他们的国家来说，这个民族都是个大麻烦。

了解赫蒙族人的生活方式，就像研究纽约州北部的莫霍克人一样具有

①此处为法语。

重大的意义。他们在几百年里始终穿着传统的服装，讲自己的语言，拒绝与外界同化。在21世纪初的今天，步入这样一个赫蒙族人的村落，会让人产生恍如隔世的感觉。透过他们的文化传统，你仿佛可以惊异地看见古人世界的方方面面。也就是说，如果你想知道自己的祖先在四千年前是如何生活的，只要看看赫蒙族人就可以了。

“嘿，麦，”我说道，“你愿意做我今天的翻译吗？”

“干什么？”她问道。

赫蒙族人是出了名的直来直去，所以我也没有绕圈子：“我想跟你们村子里的女人们聊聊结婚的事。”

“为什么？”她又问了一遍。

“因为我马上就要结婚了，我想听一些建议。”

“你这么大岁数了还没有结婚啊！”麦不以为然地说道。

“嗯，我的男朋友年纪也不小了，”我回答，“他有五十五岁了。”

她盯着我，低低地吹了声口哨，说：“好吧。他很走运。”

我不知道那天麦为什么会决定帮助我。好奇心？还是无聊？或许只是希望赚一点小费？（当然，我也确实给了）但是，不管出于什么目的，她最终还是同意了我的请求。沿着陡峭的山路翻过附近的一座小山，我们很快就到了麦一家居住的石屋。这是一栋狭小的房子，屋子里被烟熏得漆黑，只能靠几个小小的窗子来采光，不过附近的河谷可能是你一生中见过的最美丽的。麦把我介绍给屋子里面一群正在编织、做饭和打扫卫生的妇女。在这些女人当中，麦的祖母给我留下的印象最为深刻。这个四英尺高的没有牙齿的老太婆是我一生中见过的最无忧无虑、最快乐的女人。更重要的是，她认为我也相当有趣。仿佛我做的每一件事对她来说都是难得的笑料。她把一顶高高的赫蒙族帽子戴在我的头上，指着我开始大笑。接着，她又往我的怀里塞了一个很小的赫蒙族孩子，然后继续大笑。当我披上华丽的赫蒙族披肩时，她依旧指着我笑个不停。

不过话说回来，对于这种情况我已经习以为常了。因为很早以前我就知道，一个身材高大的外来游客，注定会成为这些当地人嬉笑的对象。当然，作为一个有礼貌的客人，你也不得不接受他们善意的捉弄。很快地，越来越多的妇女——邻居、亲戚——都拥进了这个屋子。她们向我展示着自己的织品，把帽子套在我的头上，把小孩子推到我的怀里，然后一起指着我，笑得不亦乐乎。

麦向我解释说，她们全家——大约十二个人——都住在这间屋子里。所有人都睡在地板上。屋子的一边是厨房，而另一边则是冬天烧木头取暖用的炉子。大米和玉米存放在厨房上方的阁楼里，而猪、鸡和水牛则圈养在屋子附近。屋子里唯一的可以算得上是私人空间的，是一个比扫帚间大不了多少的地方。后来我才了解到，这个房间是给家里的新婚夫妇准备的，在他们婚后的头几个月可以被允许单独睡在里面，以便于完成传宗接代的任务。而在经过了一段时间的独处之后，年轻的夫妇必须回到家庭成员当中，在一生剩余的日子里和大家一起睡在地板上。

“我告诉过你，我爸爸已经死了吗？”在带我参观的时候，麦问道。

“我很抱歉，”我说，“他是什么时候死的？”

“四年前。”

“他是怎么死的，麦？”

“他就是死了。”她冷静地下着定论。死了就是死了，我琢磨着，这就是人们对于死亡通常的想法。“他死的时候，我们在他的葬礼上吃了水牛。”对于这样的回忆，她的脸上闪过了一阵复杂的表情：有为父亲的去世而悲伤，也有为水牛肉的美味而欢欣。

“你妈妈感到孤独吗？”

麦只是耸了耸肩膀。

在这里，你根本无法想象什么是孤独。同样地，在这样一个拥挤的大家庭里，你也很难找到孤独那快活的孪生姐妹：隐私。麦和她的母亲同很多人住在一起。在多年的旅行中，我已经不是第一次惊异于这种事情。相形之下，现代美国社会是如此的隔膜。在我来的那个地方，人们已经把“家庭”压缩成一个极小的单位，一种长期生活在庞大家庭里的赫蒙族人根本无法想象的概念。如果你打算研究一下现代西方家庭的日常生活，你也许需要一个电子显微镜。你会发现，两个或者三个，最多是四个人居住在一个广大的空间里，大家都拥有属于自己身体和心灵上的领域，每个人在一天当中的绝大部分时间里都是自己一个人度过的。

当然，我并不认为现代家庭的“缩水”就一定是坏事。随着婴儿出生数量的降低，妇女们的生活水平和健康将会得到相应的改善，这也是对崇尚家族聚居的思想的一种否定。而且，社会学家们也早已得出结论，不同年龄的近亲居住在一起时，乱伦和猥亵儿童的发生率也会增加。在如此庞大的人群中，想保持行事的独立和隐私都是很困难的，更不用提人的个性了。

但是我肯定，在我们的现代的、封闭的、带着极强私人印记的家庭当中，很多东西已经找不到了。看到赫蒙族妇女之间的交流方式，我很想知道，这些逐步变得更小也更加核心化的西方家庭模式，是否也在对我们的婚姻造成影响。举个例子说，在赫蒙族社会中，男人和女人是不会有那么多时间待在一起的。当然，你可以有一个配偶，你们之间有性行为，你们共同生活在一起，也许你们之间还可能会有爱，但是仅此而已。在其他的时候，人们的生活按照性别被严格地区分开了。男人们一同工作和从事社会活动，女人也只和女人们混在一起。很明显的例子就是：那天就没有一个男人在麦的家里出现过。无论男人在外面做什么（耕种、聚饮、闲聊、赌博），他们都会聚集在特定的地方，与女人们分隔开来。如果你是一个赫蒙族女人，那么你根本不用指望自己的丈夫成为你最好的朋友、最亲密的知己、你的感情顾问、智囊，或是在你最悲伤的时候为你带来安慰。相反，赫蒙族妇女往往会向其他的女人们寻求情感上的慰藉和支持，比方说姐妹、阿姨、母亲、祖母等。赫蒙族的女人在一生中会得到相当多的情感上的建议和支持。在这里，亲情无处不在，当一个人遇到困难的时候，很多女人都会来帮助你，与你共同承担肩上的重担。

最后，在结束了与所有人的寒暄，也逗弄过了每一个婴儿之后，笑声逐渐平息了下来。大家围坐在一起。麦坐在我旁边为我翻译，我开始问她的祖母，是否可以给我讲一讲赫蒙族人的婚礼。

“仪式通常都很简单。”祖母耐心地解释说。在举行传统的赫蒙族婚礼之前，男方应该到女方家里来拜访，这样双方可以就婚礼的日期和筹划进行商讨。这个时候女方往往会杀一只鸡，用来祭奠家里过世的长辈。而到了结婚的那一天，还会杀好几头猪。酒宴准备好了之后，十里八村的亲戚们都会赶来祝贺。婚礼的费用由双方家庭共同承担。新娘由送亲的队伍送到婚礼现场，而在这个过程中，女方的一个亲戚还要一直擎着一把雨伞。

这时，我插了进来，追问她这把雨伞意味着什么，可是这个问题引发了一些混乱。也许大家不明白“意味”这个词意味着什么。雨伞就是雨伞，有人告诉我，之所以拿上雨伞，是因为所有的婚礼都是这样的。约定俗成，所以大家都这么做。

关于雨伞的争论就此结束，老祖母继续给我讲解赫蒙族人“绑婚”的奇特风俗。这种传统由来已久，她说，不过现在已经不像从前那么盛行了。但是它确确实实还存在着。未婚的男子们骑着他们的小马，把选中的姑娘绑架到自己住的地方去，这种绑架计划有时会事先告知对方，而有时她们对此一无所知。这种绑架行为被严格限定，只有在每年集市日庆典时的几个晚上才可以进行。（没有人可以随意地绑走一个姑娘，这就是规矩）被绑走的姑娘要和绑架者一家生活三天的时间，然后她可以决定是否要嫁给这个男人。大多数的时候，老祖母说，女孩子们都会同意的。当然也有一些例外，如果被抢走的姑娘不喜欢绑架者，她在三天结束后就可以回到自己的家里，然后就当什么事也没有发生过。到目前为止，我所听到的一切都还是合情合理的。

但是接下来的对话不仅使我，连整个屋子的人都感到很奇怪。我试图让老祖母给我讲一下她自己的婚姻经历，希望可以从中找出她对婚姻的看法和经验。当我问到“当您第一次遇见您的丈夫时，是什么感觉”，这引发了另一场混乱。

她皱纹横生的脸上充满了疑惑。看得出来，她——也许是麦——误解了我的问题。于是我重复了一遍：“您从什么时候开始意识到，您的丈夫就是那个自己要嫁的人？”

看来大家还是没有明白我的问题。“您是立刻就对他另眼相待呢？”我不弃不舍地追问道，“还是在生活了一段时间之后才开始爱上他的？”

房间里的女人们开始紧张地讪笑起来，就是那种人们在围观一个疯子时的笑法。很显然，我就是她们眼中的那个疯子。

我又换了一个问题：“我的意思是，您和您丈夫相识是在什么时候？”

老祖母沉思了一会，不过最后还是含混地回答道：“很久以前吧。”看起来，这个问题对她来说真是没什么意义。

“好吧，您第一次遇见您的丈夫是在哪里？”我问道，尽量把问题变得更简单。

我的好奇心又一次让老人感到困惑不解。不过出于礼貌，她还是试着去回忆了一下。她跟我解释说，在嫁给自己的丈夫之前，她从未特意地去看过他。她只是挤在人堆里远远地见过他几次。具体的样子她记不太清了。对于一个年轻女孩来说，这个问题并不重要。不过，她还是愉快地对屋子里的女人们总结说，现在认识他就足够了。

“那么您是什么时候爱上他的？”我直白地问道。

麦把问题翻译出来后的一瞬间，除了老祖母，房间里的其他女人都不可抑制地大笑了起来，不过出于礼貌，她们很快就用手捂住了自己的嘴。

别以为我会在嘲笑面前退缩，更不会就此停住。我不为所动，接着又抛出了一个让她们彻底崩溃的问题。

“您认为保持婚姻快乐的秘诀是什么呢？”我不离不弃地问道。

这句话让她们彻底失去了控制，甚至连老祖母都开始狂笑起来。很有趣，不是吗？反正我早就不介意成为那些外国人嘲讽和嬉笑的对象了。但是在这种情况下，我必须得承认，她们的笑声还是让我感到一些不快，因为我搞不懂她们发笑的原因。就我个人的理解，可能是因为这些赫蒙族女人和我无法直接进行交流（事实就是这样，我们说的是完全不同的两种语言）。但就算是这样，我的问题对她们来说真的如此荒诞吗？

在接下来的几个星期里，每当我在脑海中重温这次谈话的时候，我都强迫自己回答，到底是什么原因使我和那些女人在婚姻这个问题上产生了如此大的分歧。我认为，无论对于老祖母还是屋子里的其他女人来说，我所熟悉的那种以婚姻为中心的情感方式是行不通的。在充斥着现代工业文明的西方世界里，一个人的伴侣往往最直观地反映出这个人自己的特点。你的另一半就是最闪亮的镜子，通过它将你的心理分毫毕现地反射给这个世界。没有什么能比挑选伴侣更直接也更个性化的了。因为在很大的程度上，正是这种选择告诉大家，你是个什么样的人。所以，如果你问一位标准的现代西方女人，她是如何遇到自己的丈夫，什么时候见的面，以及是怎样坠入爱河的，我保证你会听到一个完整、复杂，而且是非常私密的故事，我们的女主人公不仅会详细地向你描述整个事件，甚至还会把她的回忆和心理一一道来。最重要的是，即便你只是一个陌生人，她也会非常乐意与你分享这段故事。事实上，很多年前我就已经发现，“你是怎样认识你丈夫的”这句话实在是最好的搭讪方法。就我的经验来说，不管一个女人的婚姻幸福与否，她都乐于与你分享自己的情感往事，甚至是埋藏在心底的最难以忘怀的故事。我可以向你保证，无论什么样的女人，在她的故事里，主角无外乎两个人：她和一个男人。这种故事总是像小说或者电影里的情节一样：在茫茫的人海中，毫无瓜葛的两个人，在命运的操纵下偶然相遇了（“我那个夏天住在旧金山，本来我不打算待太久的——直到有一天我在一个派对遇见了吉姆。”）。有时候，这样的故事还会带着一点戏剧性和悬疑（“他以为我正在和身边的男人约会，可那不过是我的朋友拉里，他还是一个同性恋！”）。同时，这个故事也经常会充满着种种不确定的因素（“他并不真的是我喜欢的类型，我通常和更机灵的男人约会。”）。关键的是，一般来说这种故事都会有一个不错的结局（“现在我根本无法想象，没有他我可怎么活！”）。不过，如果事情朝另一个方向发展，结局也会迥然不同（“为什么我就不能面对现实呢，他是个酒鬼，骗子！”）。这个现代爱情故事的任何细节，都一定会从每一个角度被演绎得淋漓尽致，而且随着岁月的流逝，它也许会被镀上圣洁的光芒，或是变成一幕凄美的悲剧。

但是现在，我必须澄清一点：赫蒙族的女人似乎是不会这样做的，至少麦家里的女人不会。

你知道，我不是一位人类学家。我也承认，研究赫蒙文化远远超出了我的能力范围。仅仅通过一下午的聊天，我很难对这些妇女产生更深的了解，何况我的翻译还只是个十二岁的孩子。所以我认为自己很可能错过了关于这一古老而又复杂的社会体系的一些细微差别。另外我也承认，对于这些女人来说，我的问题可能有些过头了。她们为什么要把自己最隐私的事情告诉给一个好管闲事的外人呢？即使是她们鬼使神差地打算把这些私密的东西说给我听，也只会采取一种更谨慎的方式来避免误解和文化差异。

不过，好在我就是靠采访别人吃饭的，我对自己的眼睛和耳朵也充满了信心。另外，像我们这样的人，不管走进什么人的家里，都会立刻找出他们的生活方式与我们的不同之处。这么说吧，那天我扮演的角色，就是一个不一般的细心的访客，对那些不一般的主人们产生了异乎寻常的关注。处于这个角色，也只有这个角色，才能使我有信心把那一天在麦的祖母的房子里没有发生的事情说出来。其实，我并没有听到一群女人坐在那里编造着匪夷所思的爱情童话和悲剧。对此我感到很欣慰，因为在这之前，我曾经听过世界各地的女人们轻描淡写地讲过类似的东西，故事的内容五花八门。不过这些赫蒙族女人对这种事情没有兴趣。她们绝不会把自己的丈夫想象成那些宏大的爱情史诗里面的英雄或是恶棍。

当然，我这样说并不是这些女人不爱自己的丈夫，也不是说她们从未爱过，或者根本不能去爱。这样的推断是极其荒谬的，因为这个世上的人们都会彼此相爱，而且永无止境。浪漫的爱情是人类最普遍的经历。在世界上的任何角落，都可以找到爱情的印记。人类所有的文化中也都有赞美爱情的歌谣、咒语和祷文。心灵的沟通可以打破一切社会、宗教、性别、年龄和文化的界限。（如你知道的，在印度每年的5月3日被定为国家心动日。而在巴布亚新几内亚，有一个部落的男子都会写一种叫做Namai的哀婉的情歌，述说那些逝去的凄美爱情）我的朋友凯特曾经在纽约听过一位蒙古歌手的全球巡回演出。尽管她听不懂歌曲的意思，她还是听出了音乐中那无尽的悲伤。演唱会结束后，凯特走到蒙古歌手面前问道："你唱的是什么？"歌手回答说："我们的歌和其他人没有什么不同，无非是逝去的爱情，还有走失的骏马。"

所以，赫蒙族人肯定也会坠入爱河。他们也会找到一个让自己心动的人，或者怀念逝去的爱人，或者发现自己莫名其妙地恋上某人独特的味道，或者干脆付之一笑。但是他们不懂得什么是浪漫，更不相信爱情与婚姻有什么关系。或许对他们来说，婚姻完全是另一回事。

如果这听起来有些奇怪和疯狂，那么请记住，就在不长时间以前，西方的人们也曾经抱着类似的想法。当然，在现代美国人的生活中，包办婚姻已经很少见了，更不用说绑婚了。但是直到最近这几年，门当户对的婚姻依然在我们的社会中占据相当的比例。我说的这种"务实的婚姻"考虑的重点往往是如何获得更大的群体利益，而婚姻中双方的感情只能退而次之。这种联姻方式在美国的乡村中比比皆是，而且世代相传。

我就知道这样一个门当户对的婚姻，可以证明我的说法。

我小的时候住在康涅狄格州的一个小镇上，最喜欢的邻居是一对白发苍苍的夫妇，阿瑟·韦伯斯特和莉莉安·韦伯斯特。韦伯斯特一家是当地人，靠养奶牛为生，保持着那种传统的新英格兰人的生活习惯。他们为人谦虚、慷慨大方、吃苦耐劳、对宗教和社会活动非常热心，并且把自己的三个孩子培养成为待人宽宏的好公民。韦伯斯特先生管我叫“卷毛”，他允许我在他们平整的停车场上骑脚踏车。而如果我表现得足够好的话，韦伯斯特夫人还会让我把玩她收藏的古董药瓶子。

就在几年前，韦伯斯特夫人去世了。她死后几个月，有一次我陪韦伯斯特先生出去吃饭，席间我们谈论起他的妻子。我问起他们初次见面时的情景，还有他们是如何坠入爱河的，我非常想听到一些浪漫的故事。换句话说，我问了他一些相同的问题，就像后来我在越南问麦祖母的一样。而我得到的也是一样的答案，什么都没有。我无法从韦伯斯特先生那里听来任何浪漫的记忆。他承认自己甚至记不得第一次见到莉莉安时的情景。他只能回忆起，她一直都住在镇上。这的确不是一见钟情，没有触电的感觉，也没有火花出现。他从未迷恋过她。

“那你为什么要娶她？”我问道。

韦伯斯特先生开始用他一贯平和的语气解释说，他之所以结婚，是因为他的兄弟要求他这么做。当时，年轻的阿瑟很快就会接管自己家的农场，所以他需要娶一个妻子。你不可能在没有妻子的帮助下管理好一个农场，就像缺少了拖拉机一样。这听起来有些不近人情，但是新英格兰畜牧业的竞争同样是不近人情的。阿瑟知道自己兄弟的要求是有道理的。于是勤奋而温和的韦伯斯特走出家门，去寻找自己的妻子。听他这么说，你会觉得任何年轻的女士都有机会得到“韦伯斯特夫人”这份工作的，即使不是莉莉安，换一个人也不会有什么区别。阿瑟只是恰好认识了那个做推销的金发女孩。她的年龄很合适，长得也不差，身体健康。很好，就是她了。

很显然，韦伯斯特一家的婚姻并不涉及感情的因素，更没有如火的热恋，跟赫蒙族老祖母的也差不多了。因此，我们也许可以下结论说，这是一个“无爱的婚姻”。不过我们也不能妄下断言。我深知，至少在韦伯斯特这个例子上不是这样的。

后来，韦伯斯特夫人被诊断出患有老年痴呆症。病痛折磨了她十多年，这个曾经精力充沛的女人日益消瘦下来，她开始回避见人。而她的丈夫，那个务实的新英格兰农民始终细心地照顾着自己的妻子。他帮她洗澡，给她喂饭，放弃自由自在的生活，只为了陪伴在她身旁，学会了容忍病魔带来的可怕后果。这样过了很长的一段时间之后，她才认出了他，在那之后又过了很久，她终于记起自己是谁了。每个星期天，他会把她打扮得漂漂亮亮的，用轮椅推着她到教堂去，那里就是他们六十多年前举行婚礼的地方。他这么做是因为莉莉安一直很喜欢那个教堂，他知道要是她看到这一切，一定会很开心的。阿瑟就这样握着妻子的手，并排坐在教堂长椅上，一周又一周，直到她离开人世。

如果这还不是爱情，那么请你坐下来，详细地给我解释一下，到底什么才是爱。

当然，我们也不能就此就得出结论，历史上所有的包办婚姻、所有的门当户对的婚姻甚至是绑架来的婚姻都会有一个圆满的结局。从某种程度上说，韦伯斯特一家是幸运的（当然，他们也为之付出了很多努力）。不过有一点韦伯斯特一家和赫蒙族人是相同的，那就是虽然在婚姻开始的时候缺少情感的交流，但是经过了多年的共同生活，最终他们还是找到了自己的爱情。更重要的是，他们相信，尽管这个世界上根本不存在某个特别为你定制的完美的另一半，但是总会有那么一个人（也许就生活在你身边），会牵起你的手。然后你们可以一起生活和工作，共同期待幸福和爱情的到来。

在结束下午在麦家里的拜访之前，我又对那位瘦小的赫蒙族老人抛出了最后一个问题，而这个问题再一次把她弄晕了。

“你的男人是个好丈夫吗？”我问道。

老太太让她的孙女把问题重复了好几次，好确保自己没有听错：他是一个好丈夫吗？然后她困惑地看着我，仿佛在反问我说：“你住在山上，山是由石头堆起来的，那么它们都是些好石头吗？”

她能想出的最佳答案是，她的丈夫既不好也不坏。他只是一个丈夫，一个叫做丈夫的人。当她谈起他的时候，就仿佛是在描述一个叫“丈夫”的职位，甚或是某个物种，而不是一个需要特别珍爱或者憎恨的人。“丈夫”这个角色的含义相当简单，就是一个需要完成很多任务，并且与你共度此生的男人。这个人就和其他女人的丈夫一样，除非你的时运不济，碰上了一个没用的家伙。最后，老人甚至告诉我，女人嫁给哪个男人并不重要，因为除了极个别的以外，每个男人都是一样的。

“那是什么意思？”我问道。

“大部分时间里，所有的男人和女人都是一样的，”她解释说，“每个人都知道这一点。”

其他的赫蒙女人都点头表示同意。

各位读者，请允许我在这里稍微停顿一下，稍微弄明白一些事情好吗？

无疑，现在想学赫蒙族人太迟了。

上帝保佑，现在就连效仿韦伯斯特一家都来不及了。

我出生在20世纪末的一个美国中产阶级家庭里。和这个世界上数以百万计的人一样，从小就被家里人寄予厚望。我的父母坚信自己的孩子拥有不寻常的天赋和梦想（他们既不是嬉皮士，也不是激进分子，事实上还两次把选票投给了罗纳德·里根）。我的天分极高，从小就与众不同，与我姐姐不一样，与朋友们也不一样，甚至与所有人的都不一样。不过我并没有就此而受到溺爱，因为我父母都相信，一个人的幸福才是重要的。我应该学会如何利用天分来规划自己的人生，而只有这样才能找到属于自己的幸福。

我必须要补充一下，我所有的亲戚和朋友都在不同程度上笃信着一个信条。除了我们当中最保守的家庭，或者是最近才移民到这里来的人，我认识的每个人都遵循着这个信条。无论我们有什么宗教信仰，也不管我们的经济状况如何，大家都对这种观点深信不疑。而就我个人看来，这个观点非常具有现代意义，完全符合西方社会的要求，它可以被精确地总结为:“管好你自己。”

我不想暗示赫蒙族人不关心自己的儿女；相反，在人类学的圈子里，他们恰恰是以构建世界上最特别的爱心家庭而著称。但是这显然不是建立在一个个人至上的社会基础之上的。和大多数的传统社会一样，赫蒙族家庭的中心并不是“自己”，而是“你在群体中的角色”。因为这个村子里的每个人都清楚自己的责任，男人有男人的事情，女人有女人的事情，而每个人都必须各尽所能，各司其责。如果你可以顺利地完成自己的任务，那么你就是好样的，你可以在晚上安然地入睡，而完全不必对生活或者别人期待更多。

那天在越南与赫蒙族女人的会谈，让我想起了一句古老的谚语：“期望越大，失望也就越大。”我的朋友，那位赫蒙族的老祖母从未指望她的丈夫为自己带来幸福的生活，也从不考虑自己是不是很快乐。正因为从一开始她就没有期待，所以她对自己的婚姻也就无欲无求。结婚是自身社会角色的要求，也是为了履行必要的社会责任。婚姻就是婚姻，这样很好。

相比之下，我则一直被谆谆教导：追求幸福是自己的天性（甚至是国家的利益）。这是我一生的追求。我追寻的不仅仅是简单的快乐，还有那种发自心底的、令人心驰神往的幸福。还有什么能比浪漫的爱情带给人们更多的幸福呢？作为一个女人，我一直被教导说，婚姻应该就像一个温室，在那里浪漫的爱情会像花朵一样绽放。在第一次婚姻那简陋的温室里，我曾试着栽下一行行美好的希望，就像童话里的约翰尼[①]一样充满希望地撒下苹果种子，不过我收获的只有苦涩和艰辛。

我觉得，即使我试图跟赫蒙族老祖母解释这一切，她也根本不会明白我在说什么。她的反应甚至会像我在意大利南部遇到的那位老妇人的一样。当时我跟她说，我离开了我的丈夫，因为我感到婚姻很不幸福。

“哪有那么多的幸福？”那位意大利寡妇漫不经心地反问了一句，然后就不屑一顾地终止了谈话。

不过，我可不想冒险地生活在这风景如画的乡村中。确切地说，我根本不打算跟这些赫蒙族女人们一样地生活。仅仅从牙医的角度上说，我

①童话中的人物，种植苹果。

也不希望过她们那样的日子。另外，我也无法接受她们的世界观，这太奇怪了，也实在让人受不了。事实上，随着工业文化不可避免的渗透，赫蒙族人更有可能会开始接受我们的世界观。

这种事情已经开始发生了。现在的年轻女孩子，比如我十二岁的朋友麦，都受到了熙来攘往的游客中那些西方女性的影响，她们正在第一次面对不同文化的冲击。我称之为“迟疑的瞬间”，换言之，在那一瞬间，这些传统的女孩子开始思索，十三岁就嫁作人妇，然后很快就怀胎生子，这一切对她们来说到底意味着什么。她们开始怀疑是否还有其他的选择，任何选择都很重要。一旦这些原本守旧的女孩开始产生这样的想法，它就会一发而不可收拾。麦，这个会说三种语言的、聪明而敏锐的女孩早就意识到了还有另一种生活。它距她并不遥远，只要她能够作出自己的决定。换句话说，如果继续因循守旧，一切就都太迟了。

反正我不打算（或者说不能）放弃自己对美好生活的向往，这是我与生俱来的权利。我会为自己的生活作出更多有意义的、个性化的、不可思议的、有时甚至是充满风险的选择，不管结果怎么样，那都是自己的选择。这些选择可以排成长长的一列，每一个都会让我们的赫蒙族老祖母瞠目结舌。

直到今日，我的生活方式在那些越南北部山区的人们看来依然难以想象。似乎我是一种全新的女人（百无禁忌的疯女人，他们可能会这么叫我）。像我们这样勇敢的新物种还在不断地扩大，不过请记住，多样的生活选择中也会有很多潜在的麻烦。我们都很容易受到情感上的不确定性和神经质的影响。也许这在赫蒙族人当中不是很常见，但是在我的同类当中却大有人在，比如说，在巴尔的摩。

简单地说，问题就在于我们不可能同时选择一切。所以，我们在生活中很可能变得优柔寡断，害怕每一个选择都是错误的，最后搞得一团糟。（我有一个朋友，她的丈夫曾经开玩笑说，她的自传应该起名叫《早知道就吃龙虾了》）。同样令人不安的是当你作出一个抉择后，往往会觉得好像失掉了其他的东西。就像一旦选择了3号门，我们会害怕是否就此失去了藏在1号门和2号门当中那些同样重要的部分。

哲学家奥多·马尔奎特曾经留意到，在德语中代表数字2的单词“zwei”和表示“疑惑”的单词“zweifel”的某种联系，这暗示在生活中任何两个事物之间都客观存在着不确定的可能性。想象一下，如果在生活中的每一天，你都要面对着两个、三个或是十几个选择，那么你也就可以理解，为什么生活在这样一个有着种种的便利的世界，人们依然会变得越来越像一台台忙碌的机器。在一个有着诸多可能性的世界里，我们当中的许多人都会在犹豫不决中变得软弱。或者在人生的旅途上一次又一次地徘徊不前，反复地尝试着每一扇被我们忽略过去的门，绝望地期待这一次是正确的。或者患上攀比强迫症，处处拿自己的生活和别人的作对比，暗暗地揣度着是否可以走上他人的道路。

当然，这种强制性的攀比只会导致如尼采所说的“Lebensneid”，也就是“生活在嫉妒当中”，即相信别人永远比你幸运，只有得到她的身体、她的丈夫、她的孩子、她的工作，那么一切才会很轻易地变得美好而幸福。（我的一位医生朋友曾经简要地为它下了一个定义：“所有的单身病人都在偷偷地渴望结婚，而所有的已婚病人都在偷偷地渴望单身。”）。正是因为如此的难以决断，每个人的决定都会影响到其他人的决策。而且，由于没有一个通用的标准来界定什么是“好男人”和“好女人”，一个人如果想找到自己生活的方向，就必须先把握好自己的情感。

所有这些选项和渴望会在我们的生活中创造出一种诡异的氛围：一切无法抉择的可能性都会像鬼魂一样飘荡在我们身边的暗影里，不断地问着："你确定这就是你真正想要的吗？"而对于我们来说，这种不确定性首先会体现在婚姻当中，因为在大多数人的选择当中，情感的因素占据了极大的比例。

相信我，现代的西方婚姻还是有很多比传统的赫蒙族婚姻更值得推荐的地方（起码没有随心所欲的抢亲），而我也想再说一遍：我不愿意过那些女人一样的生活。她们永远不会明白我的自由，永远不会受到和我一样的教育，永远不会拥有我的健康和财富，也永远不会被允许像我一样地探索自己的天性。但是，赫蒙族的新娘在她的婚礼上会收到一份极其关键的礼物，而这份礼物往往会被西方的新娘所忽略，那就是确定。如果只有一条路摆在你的面前，你可以很轻易地确定这就是正确的道路。而假如一个新娘能够保持对幸福最低程度的期望，也许可以避免很多毁灭性的失望。

时至今日，我承认自己不知道该如何使用这个礼物。我不可能给自己树立一个座右铭，写着："清心寡欲！"我也无法想象在一个年轻女人结婚的前夕，建议她降低对生活的期待，好使自己变得更加幸福。这样的想法与我接受过的所有教育都是背道而驰的。当然，我也见过适得其反的例子。我有一个大学时代的朋友就是这样做的，为了防止自己产生过度乐观的预期，她选择了低调的生活。她放弃了自己的事业，抵制住诱惑回到了家乡，嫁给了自己高中时的恋人。为了坚定自己的决心，她宣布"只想"当一个妻子和母亲。当然，与那些雄心勃勃的同学们（包括我在内）所遭受的痛苦相比，这种看似简单的安排让她感到非常安全。但是，当她的丈夫十二年后为了一个更年轻的女人离开她之后，我的朋友出离愤怒了。她几乎恨得发狂，不是对她的丈夫，而是对背叛了自己的生活，她认为它破坏了他们之间神圣的契约。

“我要求的那么少！”她不停地这样说，仿佛她对生活期待得很少，生活就不应该再让她失望一样。但是我认为她错了，事实上她要求了很多。她竟敢期待得到幸福，竟敢奢望婚姻之外的幸福。你还能要求得更多吗？

但是或许现在就让自己面对现实还是正确的，在第二次走进婚姻之际，我要求的仍然太多了。当然这也不能完全怨我，这就是我们这个时代的特点。而且比大多数的女人要幸运的是，我还可以期待更多爱情和生活的体验。我希望和我的爱人亲密无间，分享所有的一切。这让我想起了我姐姐讲过的一个故事，1919年的冬天，一个英国女人来到了美国。在一封家信当中，她大惊小怪地描述道，在这个奇怪的国家里，人们居然奢望能够同时让身体的每个部分都暖和起来！在和那些赫蒙族女人讨论了一下午的爱情之后，我心里也一直在困惑，自己是不是也成了这样的人：一个女人居然相信，自己的爱人能够神奇地同时温暖她心灵的每一个角落。

我们美国人常把婚姻比作一项“辛苦活儿”。我不知道赫蒙族人会不会明白这个概念。生活当然充满了艰辛，工作也一样——我肯定他们也会同意这个说法的——但是婚姻怎么也变成了辛苦活儿？是这么回事：婚姻之所以变成这样，是因为你把对幸福的全部期待都交到一个人的手中。而这会是一项极其艰苦的工作。最新的一项调查发现，年轻的美国女性将择偶的标准定义为一个能够“激励”她们的男人，而无论从哪方面来说，这都是一个相当高的标准。比较而言，在对20世纪20年代的年轻女性的调查显示，她们更看重的是人的基本素质，比如说“正派”、“诚实”，或者他养家糊口的能力。但这已经不够用了，现在我们需要能激励自己的配偶了！每一天！来吧，亲爱的。

但这正是过去我曾期待的爱情（那种令人欢欣鼓舞、欣喜若狂的感觉），也是我现在准备好和斐利贝共享的爱情——我们会回应对方所有的快乐和幸福。对于我们来说，爱人就是生命的全部。

所以，不管怎么说，我一直都在幻想着这一天的到来。

于是，我就这样一直快乐地活在幻想当中，直到我遇到了赫蒙族人，是她们给了我当头一棒：我生命中第一次意识到，也许自己问了太多关于爱的问题，至少是太多关于婚姻的问题。也许我正在把一件沉重的货物压在本已吱嘎作响的旧船上，而在这艘奇怪的船的头等舱里，从来就没有婚姻的位置。

CHAPTER THREE

为结婚祷告一辈子吧

Marriage and History

社会关系的基础就是婚姻。

——西塞罗

一条古老的波兰谚语说：“在战争之前，请祈祷一次。在出海之前，请祈祷两次。在结婚之前，请祈祷三次。”

而我打算祷告一辈子。

如果婚姻不是幸福的源泉，那它究竟是什么呢？

这个问题让我根本无法回答，因为作为一个历史范畴，我们很难给婚姻下一个简单明了的定义。婚姻也绝对不会像模特那样长时间地坐在那里，任由你细致地给他们画一幅肖像。婚姻是在不断进化的。几个世纪以来，它就像爱尔兰的气候一样变化多端：持续、惊异、快速。我们甚至不能把婚姻简单地归结为一个男人和一个女人的神圣结合。因为首先，即使是在基督教的传统中，婚姻也并不是总是“神圣的”。而且老实说，在人类历史上的大部分时间中，婚姻往往被视为一个男人和几个女人之间的关系。

有时候，婚姻也可能是一个女人和几个男人的结合（比如在印度南部，家里的兄弟们可以共娶一房新娘）。还有的时候，婚姻也可以发生在两个男人之间（比如在古罗马，贵族男性之间的婚姻是受法律承认的）；或者是近亲结合（在中世纪的欧洲，人们为了保护家族的财产不至于外流）；或者是两个孩子（还是在欧洲，由亲生的父母或者万能的教皇主婚）；或者是两个还未出生的人（跟上面一样）；或者只发生在同一阶级的人们之间（又是在欧洲，中世纪的贫民被法律禁止与他们的主家结婚，以保持社会各阶级之间的纯粹和有序）。

婚姻有时也被视为一种临时的结合。举例来说，在伊朗的宗教革命时期，年轻的情侣可以向毛拉（mullah）[①] 申请一种叫做“临时婚姻”的特别许可，准许两个人在二十四小时之内成为夫妇，但是有效期只有一天。这种许可可以使一个男人和一个女人以夫妇的身份出现，甚至可以合法地发生性行为。基本上来说，这样虽然与《古兰经》有些抵触，但还不失为一种临时表达浪漫的好方法。

而在以前的中国，婚姻的定义甚至一度涵盖了一个活着的女人和一个死去的男人之间的神圣盟约。这种婚姻被称为“冥婚”。一个年轻的女孩子为了家族的利益，去嫁给一个身世显赫的死人。谢天谢地，好在她不用真的和一具骷髅生活在一起（你也可以说，这在很大程度上只是概念上的婚姻），但是现在听起来还是有些毛骨悚然。不过，在一些中国女性看来，这个习俗也可以成为一种理想的生活方式。在19世纪的上海，有大量的妇女在从事着丝绸贸易，她们中的一些人成了非常成功的女富商。为了获得更多的经济上的独立，这些妇女会申请冥婚，而不是和一个活生生的男人结婚。对于一位雄心勃勃的年轻女人来说，没有比与一具尊贵的尸体结婚更好的道路了。这可以为她带来必要的社会地位，而不必承受任何婚姻的限制和不便。

即使是一夫一妻制的婚姻形式，其目的也远非我们现在理解的那样。在早期的西方社会中，大多数男人和女人出于安全的目的而结合。在很久

---

①对伊斯兰教神甫的称呼。

以前，公元前的阿拉伯世界里，最基础的社会劳动单位就是家庭。而所有的社会物质需求都来自于家庭，不仅仅是为了繁衍的需要，甚至还意味着食物、住房、教育、宗教事务、医疗保障、以及也许是最重要的：抵御外敌。这是一片处于文明之外的蛮荒之地，落单往往就意味着死亡。拥有越多的亲戚，生活就越安全。人们为了扩充他们亲戚的数量而结婚。你的配偶并不只是你终身的伴侣，这个人还代表着一个庞大的家族（你可以说，就像赫蒙族人一样），帮助你在不断的挑战中生存下去。

这些庞大的家庭逐渐演变成部落，部落变成了诸侯，诸侯又变成帝国，最终帝国间开始为了征服和杀戮而相互征伐。早期希伯来人的历史就是如此，这也就是为什么《旧约》会以一种族谱的形式写作，通篇都是以父亲、母亲、兄弟、姐妹、继承人以及其他旁系亲属为脉络的传说为主。当然，《旧约》里的家庭也并不都是健康和健全的（我们可以看到兄弟间的残杀，姐妹们彼此出卖，女儿与自己的父亲乱伦，夫妇间的相互背叛等），但是无论这些家族荣辱兴亡如何发展，婚姻始终是这些古老故事的核心。

但是在《新约》中，随着耶稣基督的降世，社会的变革也在考验着那些古老家族之间忠诚度。氏族的观念不再是一成不变的，它更像是“一个未婚的男子，与《旧约》里面那些伟大的英雄形成了鲜明的对比”。在这本书中，你我都成了被神选中的兄弟姐妹，共同生活在一个大家庭中间。这是一种相当激进的想法，与当时的传统社会体系格格不入。毕竟，你不可能像兄弟一样去拥抱一个陌生人，除非你愿意放弃亲生兄弟。传统的观念认为，人们与自己的亲人间有着神圣的血脉联系，可以自发地抵制那些不纯洁的外人。但是这种强烈的对氏族的忠诚也正是新的基督教试图推翻的。就如耶稣所说：“若有人到我这里来，爱我不超过爱自己的父母、妻子、儿女、兄弟、姐妹，甚至自己的性命，就不能做我的门徒。”

但是这也就产生了一个问题。如果你打算拆散人类家庭旧有的构建模式，你拿什么去替换它呢？早期的基督教思想是一种彻头彻尾的乌托邦式的空想：要在人间创建一个与天堂一模一样的复制品。“放弃婚姻，像天使一样生活”，730年左右，大马士革的圣约翰以这样一种不确定的方式解释新基督教的理想。那么你想如何去模仿天使呢？压抑你人性的冲动，那是必须的。还要切断人与人之间自然的联系，约束好你所有的欲望和忠诚，对上帝的信仰除外。毕竟，在天使的世界里，没有丈夫和妻子，没有父亲和母亲，没有对祖先的膜拜，没有亲情和血缘，没有仇恨，没有激情，没有嫉妒，没有肉体，最重要的是，没有性。

这就是新的人类规范，如同基督自身标榜的那样：独身，友爱，而且绝对的纯洁。

这种对性和婚姻的否定代表了对《旧约》思想的一种大规模的背离。相比之下，在古老的希伯来文化当中，婚姻始终被当做最神圣和庄严的社会活动来看待（事实上，犹太祭司必须由已婚的男人担当），而性爱在婚姻关系当中又占据了重要的地位。当然，在古代犹太社会里，通奸和乱伦都属于犯罪行为，但没有人会禁止夫妻之间的性爱，至少从享受角度上也不会。婚后的性生活不是犯罪，只是婚姻的一部分。毕竟，只有性爱才是犹太婴儿的源泉，而没有新的血液，氏族的未来也就无从谈起。

但是早期基督教的先行者们对教徒们的生命繁衍不感兴趣（比如说子宫里的婴儿）；相反，他们感兴趣的是如何使基督徒们变得理智（就像成年人一样通过选择来完成自我救赎）。每一个基督徒并不是与生俱来的，而是通过庄严而神圣的洗礼的成熟选择。正因为总有那么多潜在的信徒，也就没有必要为那些通过“肮脏的性行为”来到世间的婴儿来烦心。而如果没有对婴儿的需求，那么很自然也就不需要结婚了。

你还要记住，早在创建之初，基督教是一种着眼于天启的宗教。早期的基督徒们都期待着最后的审判日的到来，也许就在明天下午，所以他们对未来并不感兴趣。世界末日的来临是不可避免的，最新受洗的基督徒们只有一个任务：就是将自己变成一个纯粹的人，为即将到来的大审判做好准备。

婚姻=妻子=性=罪恶=亵渎

所以结论是：不要结婚。

当今天我们说到“神圣的婚礼”或者“圣洁的婚姻”之时，我们必须要明白，在大约一千年的时间里，基督的信徒们曾经根本不把婚姻视为“圣洁”或者“神圣”的。婚姻也理所当然地不被视作道德的理想国。相反，早期基督教神甫们认为婚姻只是一件令人反感的俗事，只有性、女人、金钱和财物，而与高高在上的神毫无瓜葛。

所以，当现代的宗教保守派回溯上千年的历史，宣称婚姻是一种神圣的传统时，他们或许是完全正确的，但是只建立在一种情况之上，那就是当他们谈论犹太教的时候。在历史上，基督教并没有对婚姻表达出足够的尊敬。这一点在近代虽然有所改变，却绝非一贯如此。在基督教诞生的第一个千年里，教会一度认为一夫一妻制的婚姻是毫无意义的。圣杰罗姆[①] 甚至把人类的圣洁程度按照1～100进行了打分，按照他的标准，处女毫无疑问是100分，新丧的寡妇和鳏夫都可以得到60分左右，而已婚的夫妇令人吃惊地被打了不纯洁的30分。这种打分也许很有用处，但是圣杰罗姆本人也承认，这种比较方式也有其局限之处。严格地说，他写道，拿童贞和婚姻相比是不正确的，因为你不可能“把好人和恶魔进行对比”。

---

①（347年？至419或420年），《圣经》学者，其最重要的工作是把《圣经》介绍到了拉丁美洲。

每当我读到这句话的时候（在基督教的早期著作当中，这条声明随处可见），我都会想到自己的朋友和亲戚，他们都是基督教徒，尽管他们不遗余力地过着清白的生活，可惜大都以离婚收场。这些年来，我一直在关注着这些品德高尚的人，他们因为婚姻的失败违背了神圣而古老的基督教义的训诫，因次陷入深深的内疚之中。虽然我的家庭并不是那种正统的信徒家庭，但在我自己离婚的时候，也曾经一度感到难以自拔（我父母是温和的基督徒，我的亲友们也没有在我离婚的时候横加干涉）。即便如此，当婚姻结束的时候，我记不得曾有多少个夜晚难以入睡，不知道上帝会不会因此而怪罪我。在那之后的很长一段时间里，我一直处于极其烦躁的状态，感觉自己不仅非常失败，而且还好像犯了罪。

这种羞愧的感觉是如此的刻骨铭心，使我彻夜难眠。但是我也承认，在那几个月痛苦的道德折磨中，我也一点一点地了解了基督教对婚姻长达几个世纪的敌视，这非常有用。“停止你愚蠢的家庭责任吧！”这是当时一位英格兰牧师的教诲。直到十六世纪，我们今天所说的家庭观念依然饱受抨击。“因为就在那下面，隐藏着愤怒、混乱、痛苦、可怕的虚伪、嫉妒、怨恨，还有邪恶的猜忌！”

而就连圣保罗[①]本人，在他那封些给哥林多教会的著名书信中也写道：“男人亲近女人乃是非之源。”不管在何种情况之下，圣保罗坚信，

①原名保罗。保罗是亚伯拉罕的后裔。保罗是第一个去外邦传播福音的基督徒。他被历史学家公认是对于早期基督教会发展贡献最大的使徒，可称为基督教的第一个神学家。基督教在希腊、罗马的迅速传播，与保罗的多次远行传道密切相关。《圣经·新约》中的《罗马书》、《哥林多前书》、《哥林多后书》、《加拉太书》、《以弗所书》、《腓立比书》、《歌罗西书》、《帖撒罗尼迦前书》、《帖撒罗尼迦后书》、《提摩太前书》、《提摩太后书》、《提多书》、《腓立门书》等为其所撰，被称为保罗书信，构成了《新约》的主要内容，是阐释基督教教义的重要文献。

男人亲近一个女人永远都是不对的，即便是他自己的妻子。如果按照圣保罗的意思，所有的基督徒都应该像他一样恪守独身（“我愿众生皆如我一样。”）。但他还是理智地意识到这是一项艰巨的任务。于是他退而求其次，那就是基督徒应该尽可能不结婚。他告诫那些未婚者永不结婚，还要求那些丧偶或离婚的人放弃在有生之年寻找另一半。（“你若没有妻子缠着，就不要求妻子。”）在每一个可能的情况下，圣保罗要求教众约束自己，控制好自己的欲望，过一种清心寡欲、离群索世的生活，像在天堂里一样。

不过他最终也不得不让步，“但是如果他们无法控制住自己，那就让他们结婚吧，毕竟与其欲火攻心，倒不如嫁娶为妙”。

或许这可能是人类历史上最为勉强的婚约了。不过它也让我想起了斐利贝和我刚刚许下的誓言，毕竟与其被驱逐出境，倒不如赶紧结婚为好。

当然，这一切并不意味着人类就不再结婚了。即便最虔诚的人们也有例外，大量早期的基督徒们还是拒绝响应禁欲的生活，他们先是发生性关系，进而在没有任何教会允许的情况下结婚（通常都是这个顺序）。在基督死后的一百年间，西方世界的夫妇们开始通过各种各样的途径结合（包括了犹太人、希腊人、罗马人以及日耳曼人之间的通婚），然后在乡村和城市的人口登记文件上标注为“已婚”。当然，这些夫妇也会有离婚的时候，而欧洲的法庭对此出乎意料的宽容。（举个例子说，10世纪的威尔士女性在离婚的时候，甚至拥有比700年后美国清教徒的女性还多的权利和家庭财产）通常，这些夫妇还会再婚，而后争论起对财产、耕地或者是子女的所有权。

在早期欧洲历史上，婚姻成为了纯粹的社会责任。至此，婚姻已经演变为一种全新的形式。现在，人们居住在城市和乡村里，而不是当初严酷的沙漠，婚姻也不再是个人安全的策略或者维系氏族人口的工具。不同的是，婚姻现在作为一种高效的财富管理和社会秩序形式，需要更大的社会组织结构。

在银行、司法系统和政府依然非常不稳定的时期，对于大多数人来说，婚姻也就成了他们唯一信任的商业往来方式。（也许有人对此还有所争论。但即使在今天，除了你的伴侣，很少有人可以或多或少地影响到你的财政状况）。而在中世纪，婚姻无疑是最安全也最方便的资金转移方式，通过它可以顺利地实现牲畜、遗产或者财富的流转。拥有巨额财产的家庭通过不断地通婚积累着财富，就像今天的跨国公司，通过精密的并购和重组来完成资产的累积。（过去的豪富家族本质上就是如今庞大的跨国公司）。在欧洲，拥有贵族头衔或者继承权的富家子弟变成了可被交易和操纵的资产，就像股票投资一样。注意，这里说的不仅仅是女孩，男孩子也一样。一个贵族男孩在进入青春期之后，蓦然发现自己多了七八个潜在的妻子，而这一切都是他的家庭和律师作出的决定。

对普通人来说，不管男女老少，对经济的考虑并没有任何的差异。找到一个好的配偶相当于进入一所好大学，或是继承了一笔遗产，或者在邮局谋到一份工作一样，可以确保未来的稳定。当然，人们都有自己的个人感情，一些心肠软的家长也会在安排婚事的时候考虑子女的意愿，但总体来说，大多数中世纪的婚姻都是包办的。举个例子来说：在黑死病杀死七十五万人之后，一波大规模的结婚热潮就席卷了整个欧洲。对于幸存者来说，现在成了前所未有的提高自己社会地位的良机。毕竟，疫后的欧洲大陆出现了成千上万新丧的寡妇和鳏夫，他们拥有大笔的财富，有些也许还失去了继承人。接下来，就是一股结婚的淘金大潮，土地兼并的热潮。这个时期的法庭记录里充斥着二十岁的年轻人娶了老太婆的案例。这些人，他们并不是白痴。他们只是看到了机会的窗口，或者说寡妇的窗口。于是就义无反顾地跳了进去。

由于这种婚姻缺少感情，所以欧洲的基督徒婚礼的低调也就不足为奇了。当时的人们身上穿着日常的衣服，在自己的家里举办仪式。我们现在认为“传统的”盛大而浪漫的婚礼直到19世纪才出现，年轻的维多利亚女王身着白色的长裙从长廊走过，世人为之惊艳。打那开始，这一时尚潮流便一直延续了下来。而在那之前，结婚不过就是一个星期中的某个普通的日子罢了。在婚礼上，新人们即兴发表誓言，整个仪式一般只持续很短的时间。在这样的婚礼上，证婚人的作用变得极为重要，因为今后一旦双方闹到法庭上去的时候，证婚人可以证明他们是否真的结婚了。这是至关重要的，尤其是当双方为财产、土地和孩子争得不亦乐乎的时候。法庭在这种事上的作用仅仅是在一定程度上维护社会秩序。正如历史学家南希·科特所说的：通过婚姻明确公民个人的角色和义务，婚姻规定了责任，也削弱了特权。

在大多数情况下，这是现代西方社会不变的真理。甚至在今天，法律唯一关心的事依旧是你婚后的财产和子女。当然，牧师、拉比[①]、你的邻

①犹太教负责执行教规、律法并主持宗教仪式的人。

居，或者你的父母可能还有其他的想法，但在现代的财产法案里，关于婚姻的着眼点在于两个人的关系以及随之产生的一系列产品（孩子、财产、生意、债务等），这些事情都需要善加管理，以便使社会秩序可以继续有序地运行，政府也不会被大量出现的弃婴和破产而搞得焦头烂额。

举个例子说，当我自己在2002年离婚的时候，法官对于我和我前夫在感情或道德方面的问题没有任何兴趣。她根本不关心我们在情感上委屈、破碎的心灵，或者是有没有违背曾经许下的神圣的誓言。她当然更不会在乎我们的灵魂。她所关心的只有我们房子的归属权。当然，还有我们的税务情况。她关心在未来的六个月中，该由谁来继续缴纳我们的汽车租赁费用。她甚至想知道我今后创作的版权归谁所有。如果我们有孩子的话（谢天谢地，幸亏我们没有），法官还将非常关心今后他们的教育、医疗、食宿和抚养权的问题。就这样，通过纽约州赋予她的权力，她把我们这个社会的一角治理得井井有条。这位21世纪的法官依然保持着古代的婚姻观念：也就是说，婚姻不仅仅涉及宗教或是伦理道德，而是一件关乎社会民风的大事。她的判决与10世纪的欧洲法庭如出一辙。

在我看来，这些早期欧洲人的婚姻（也包括离婚）最明显的特点就是他们的轻松。人们基于经济或是其他个人原因而结婚，也因为经济和个人的原因分手，一切都相当简单。大家都明白，当人们在心里许下诺言的时候，他们的想法也就随之变化。就像商业交易一样可以改变。在中世纪的德国，法院甚至认同两种不同类型的合法婚姻：一种是“Muntehe”，即永久地生活在一起；另一种被称为“Friedelehe”，可以大致翻译成“轻松的婚姻”，意为两个成年人，按照比较随意的方式住在一起，相互之间对财产没有任何要求，随时都可以在对方眼前消失。

不过到了13世纪，这种轻松的心态有所改变，因为教会再次介入婚姻当中了。或者说，这应该是第一次。因为早期基督教那乌托邦式的梦想已经结束了。神甫们不再热衷于天堂重现人间，而是化身为强大的政治人物，致力于操纵他们逐渐成长的帝国。教会现在面临的最大挑战就是那些欧洲皇室，他们的婚姻通常与政治联盟的利益息息相关，而对教皇却不屑一顾。

1225年，教会终于取得了婚姻的控制权，制定出严格的法案来保障合法结婚。在此之前，两个成年人经过宣誓即可被视为是合法的结婚，但是教会坚持认为这是不够的。新的教条宣称："我们坚决禁止任何私自结婚的事发生。"无论是王子还是贵族，如果胆敢不经过教会的允许擅自结婚，就会突然发现自己被逐出教会。这一限令对普通平民同样有效。为了进一步加强控制力度，教皇英诺森三世下令，除非得到教会的批准，同样禁止任何形式的离婚。

婚姻，曾经是家庭和法律管辖下的世俗产物，现在摇身一变成为严苛的宗教工具，接受那些独身的神甫们的操纵。教会对离婚的严令禁止把婚姻变成了一种新型的无期徒刑，这是亘古未有的事情，即使在古代的希伯来社会也从未出现。直到16世纪，离婚在欧洲依然属于违法行为，直至亨利八世彻底改变这一陋俗。在大约两个多世纪里（在那些宗教改革后依然保留天主教的国家里时间可能更长），夫妇们始终无法合法地解除婚姻，事情变得越来越糟。

这样做的最终结果就是，女性的生活变得比男性更加艰难。至少男人们还可以在外面拈花惹草，而女人却没有这种特权。特别是贵族的妇女们，受困于婚姻的誓言，只能听天由命地接受强加给她们的婚姻。（即便是农民也可以自由地选择或放弃自己的配偶，相比之下，这些拥有巨额财富的上流人士却没有这么好的待遇）贵族家的少女被送到从未听说过的国家去，她们甚至不会说当地的语言。这些女孩子永远地离开家乡，在自己陌生的丈夫的领地里慢慢老去。曾经有一个英国女孩，在描述即将到来的包办婚姻时，她悲伤地写道："我每天都在准备走向地狱。"

为了进一步保证对财富的稳定管理和控制，全欧洲的法院都在法律条款里面强调了已婚妇女的法律身份，也就是说，一个女人作为民事主体的地位在她结婚的那一刻就不复存在了。在这种制度下，妻子被自己的丈夫有效地"遮盖"住了，不再拥有任何的合法权益，也不再拥有任何个人财产。身份这个概念起初只是出现在法国的法律中，但很快它就传遍了整个欧洲，并且迅速地在英国民法中产生深远的影响。甚至到了19世纪，英国大法官威廉·布莱克斯通仍然在法庭上坚持认为，一个已婚的女人并没有真正的合法身份。"女人就是女人"，布莱克斯通裁定，丈夫不能与他的妻子分享财产，就算他自己同意也不行，即使这些财产曾经属于这个女人。一个人不能赠与任何东西给他的妻子，因为这样做就预示着"她独立了"，而这是绝对不可能的。

合法身份，与其说是两个成年人相处的方式，还不如说是一个阴森森的、类似于巫毒咒语一般的"加成"，通过它男人的权利被成倍扩大，而与之对应的则是他妻子的权利荡然无存。到了13世纪，教会新出台的反对离婚的禁令，更是把婚姻变成了埋葬妇女权利的坟墓，特别是那些上流社会的女性。你也可以想见，那些被剥夺了人生乐趣的女人过着怎样孤独的生活。她们究竟是如何打发自己的日子的？巴尔扎克是这样描绘这些生活在不幸的婚姻当中的女人们，"她们被无聊所淹没，只能寄情于宗教、小猫小狗或者是其他离经叛道的东西"。

顺便说一句，如果有一个词，能够引发我心中对婚姻的恐惧的话，那就是“合法的身份”。而这正如舞蹈家伊莎多拉·邓肯所谈到的：“不管多么聪明的女人，一旦她在阅读了结婚合同后，依然坚持走进围城，那么她必须承担由此带来的所有后果。”

我对此的厌恶并非完全没有道理。合法身份这个概念在西方文明里顽强地存在了许多个世纪，你可以在任何一本尘封的法典里找到它，尤其是事关妇女们的财产权的时候。直到1975年，康涅狄格州的已婚妇女，包括我母亲，才被批准可以在没有丈夫的书面同意下，去申请贷款或者开设银行账户。而直到1984年，纽约州的法律里才删去了一项名为“婚内强奸豁免”的条文，它允许一个男人对她的妻子做任何事情，比如性交，而且不管多么剧烈，也不管她乐意与否，因为她的身体属于他。事实上，她整个人都是他的。

我找不到任何关于财产的合法身份的例子最能够打动我。事实上，我是幸运的，美国政府起码还允许我嫁给斐利贝，而无须强迫放弃自己的国籍。在1907年，美国国会通过了一项法案，宣称如果任何美国出生的妇女嫁给了一个外国人，都会随之丧失她的美国国籍，而自动成为她丈夫所属国的公民，无论她同意与否。虽然法庭承认这有些不人道，但这项法案依然存在了很多年。最高法院对此作出如下解释，如果你娶了一个美国女人，而还想要保留她的国籍，你就必须加入你妻子所在国的国籍，而放弃自己的祖国。不过这样一来，女人们的地位就会超过她们的丈夫。尽管只在很小的一个方面，但这显然是不合理的，正如一个美国法官解释的那样，因为它破坏了婚姻“古老的规矩”，把丈夫和妻子的身份混为一谈，而不是给丈夫以统治地位。（严格意义上讲，这并不是一次合并，而是一次超越。你得抓住重点）

当然，反之则会受到法律的保护。如果一个美国男人娶了一个外国女人，丈夫毫无疑问可以保留自己的国籍，而他的新娘（当然归属于他）肯定也会被允许成为一名美国公民。就是说，只要她符合官方对外籍新娘的入籍要求（也就是说，只要她不是一个黑人，不是一个 “马来族人”，或者其他美利坚合众国视为不良种族的人）。

关于婚姻，还有一个让我十分不安的主题：那就是在各式婚姻法典里随处可见的种族问题，即便在近代美国的历史上也不例外。在关于美式婚姻的众多传闻当中，最臭名昭著的人物是一个叫保罗·波佩诺的家伙。他本是加利福尼亚种植鳄梨的农夫，20世纪30年代在洛杉矶开了一家名叫“人类优化基地”的研究所。这个灵感来自于他对鳄梨的改良。在研究所里，他致力于培育出更好的美国人（或者干脆说白种人）。波佩诺发现，由于越来越多的白人女性开始接受大学教育，所以晚婚晚育蔚然成风，而那些低等种族的生育数量则在危险地增加。另外，他还对婚姻和生育中的“不般配”感到十分忧虑。所以，这家研究所的首要目的就是消灭掉那些他认为不配繁殖的东西。如果你觉得这种说法似曾相识，那是因为纳粹采纳了波佩诺的言论，并且在他们的书籍中多次引用它。事实上，纳粹也确实按照他的想法去做的。在德国，超过40万人最终被清洗，而在美国，根据波佩诺的想法，也应该杀掉6万人。

让人恐惧的是，波佩诺还利用他的研究所在美国成立了第一个婚姻问题咨询中心。该咨询中心的主要工作就是鼓励那些“般配”的夫妇（有着北欧血统的白人）婚配和生育。更让人心寒的是，波佩诺，美国优生学之父，居然在著名的杂志《妇女之家》开辟名为“这桩婚事能成功吗？”的栏目，在那里他可以发表自己的言论：让所有的美国白人结婚，以便可以生出更多的白人宝宝。

种族歧视一直存在于美国的婚姻当中。在南北战争之前，毫无疑问奴隶们是不允许结婚的。关于奴隶结婚的问题，可以用几个字简单概括，那就是：不可能。在西方社会，婚姻应该是基于双方同意的基础上，而奴隶没有自己拿主意的权利，他的一举一动都受到主人的控制，很明显，奴隶即便做出一个小小承诺都是不可能的。所以，奴隶们不能结婚。这种认识（用残酷的政策来保障它的执行）有效地破坏了美国黑人结婚和传宗接代的权利——而这种无耻的观念一直阴魂不散，直到今天。

接下来的问题是异族通婚，直到近代它在美国依然是违法的。在美国历史的大部分时间里，爱上一个异族的人将会使你面临牢狱之灾，也许还会更糟。所有这些都在1967年，随着弗吉尼亚乡下的拉芬[1]夫妇（好浪漫的姓氏）一案而变得不同。理查德·拉芬，白人；他的妻子，米尔德雷德，是个黑人。他们从十七岁开始相恋，而当1958年他们决定结婚的时候，在包括弗吉尼亚在内的十五个联邦州中，异族通婚依然是违法的。所以这对年轻的夫妇秘密地来到了华盛顿，宣誓结为配偶。但是当他们度完蜜月回到家后，很快就被当地警察抓了起来，警察们在午夜闯入了他们的卧室，将两个人逮捕了。（警察们本来希望能够捉奸在床，这样就可以以异族之间通奸罪控告两个人。可惜他们运气太差，拉芬夫妇只是睡在一起，什么也没做）不过，他们结婚的事实还是成立的，而这就足以把这对夫妇扔进监狱里。理查德和米尔德雷德请求法院宣布他们在哥伦比亚大区的婚姻

①英语中为“爱情”的意思，所以作者说是浪漫的姓氏。

有效，但是弗吉尼亚州的法官否决了他们的誓言，并在他的判决书中解释道："全能的上帝创造了白种人、黑种人、红种人、黄种人、马来人，并且把他们放在不同的大洲上。这一事实说明了他并不打算让这些种族之间混成一团。"

太有道理了。

拉芬一家后来搬到了华盛顿特区，而且如果他们再回到弗吉尼亚州，他们将面临被监禁的危险。他们的故事可能就此结束了，但是在1963年写给全国有色人种协进会的一封信中，米尔德雷德询问他们是否可以帮助找到一种方法，让这对夫妇可以重返家园，即使只是一个短暂的访问也好。"我们知道不可能再住在那里了，"拉芬夫人谦卑地写道，"但我们还是希望可以回去一趟，去看看我们的家人和朋友。"

美国公民自由协会的两个民事律师接下了这个案子，最终成功地使美国最高法院在1967年重新审理此案，法官们在回顾整个故事之后，一致认为现代的民法条例不应该禁锢在《圣经》的条条框框里面。（值得肯定的是，就在几个月之前，罗马天主教庭发表了一个声明，表示其对异族通婚的支持）最高法院对理查德和米尔德雷德的案件进行了不公开审理，最终以9：0的得票率胜诉，并且发表一个声明："长期以来，婚姻自由一直被视作公民重要的个人权利，是那些自由人追求幸福的必要途径。"

我还要提及的是，据当时一份民意调查显示，70%的美国人强烈反对这个裁决。让我再重复一遍吧：在美国近代历史上，曾有十分之七的美国人认为不同种族的人结婚应该是一种犯罪行为。但法院在这件事上确实走在了公众之前。最后，种族歧视的路障在法律的炮火下灰飞烟灭，生活仍在继续，而每个人也都习惯了面对新的现实，尽管婚姻的范围拓宽了一些，但并没有崩溃的迹象。尽管仍有些人相信，种族之间是存在差异的，但是很少有人会大声疾呼异族通婚是违法的，除非你是个极端的种族主义者。另外，种族主义再也不是政治家们赢得选举的撒手锏了，没有人能够再通过这种低级的手段攀上权力的高峰。

换句话说，我们进步了。

你看出我的倾向了，对吗？

或者更确切地说，你看出历史的选择了吗？

我的意思是，如果我现在花一点时间来讨论一下同性婚姻，你也不会感到惊讶的，对吗？请明白，我很清楚人们在这个问题上具有很强烈的感觉。1996年，时任密苏里州议员的詹姆斯·M·塔伦特曾经言之凿凿地说过："有一种荒谬的想法，相信婚姻是可以无限可塑的，就像橡皮泥一样任人揉搓，而不会破坏我们社会的根基和意义。"

不过，从历史学和定义学的角度来说，婚姻唯一经历过的事恰恰就是改变。西方社会的婚姻在每个世纪里都会发生着变化，随着社会标准和公平的新观念而不断调节着自己。事实上，正是这个像橡皮泥一样可以延展的特性，才是婚姻依然存在的唯一原因。我敢打赌说，包括塔伦特先生在内，很少有人愿意接受13世纪的婚姻。换句话说，婚姻能够存在，正是因为它在不断地发展。（当然，我也承认对于那些不相信进化论的人来说，我拿不出其他有说服力的论据）

本着坦白的精神，在这里我必须承认，我是同性婚姻的一名支持者。

我当然会，因为我就是这样一个人。我之所以提出这个话题，是因为我知道，通过结婚我可以获得一些法律特权，而这种权利是很多我的朋友和其他纳税人所没有的。如果斐利贝和我碰巧是一对同性夫妇，那么当初在达拉斯的沃斯堡机场，我们将会遇到相当大的麻烦。美国国土安全部门会看都不看，直接把我的伴侣踢出国门，永远也别想通过结婚再混进来。考虑到我是个异性恋者，我可以安全地为斐利贝争取到美国护照。这样看来，我那即将到来的婚姻有点像乡村俱乐部的会员席位，为我提供了昂贵的设施，却把我和邻居们隔离开。这种歧视不会让我觉得高人一等，只是增加了我对它的疑问。

即便如此，我仍然在犹豫是否应该详细地讨论这一特殊的社会现象，如果只是因为同性恋这个劲爆的话题，那这本书显然出得太早。就在我坐下来写这段文字的两个星期前，同性婚姻在加利福尼亚依然是不合法的。然而就在几个月之后，当我对上述文字进行编辑的时候，爱荷华州和佛蒙特州对同性恋婚姻开禁。不久以后，新汉普郡成为美国第六个同性婚姻合法化的州，而我也开始相信，早晚有一天，我现在写下的这一切争议都会在美国烟消云散，也许就在下个星期二。

不过，我还是要说，同性婚姻在美国的合法化仍然是指日可待的。在很大程度上，这是因为各种非法的同性婚姻已经到处都是。同性夫妇已经公开地住在一起，不管他们的关系是否已经得到州政府的承认。他们一起养育孩子，一起缴税，一起建造房子，一起做生意，一起积攒自己的家当，甚至还可以离婚。所有这些事实存在的关系和责任都必须通过法律予以规范，以便社会秩序的健康发展。（这就是为什么在2010年美国人口普查中，首次将同性伴侣纳入“夫妇”的范畴当中，就是为了弄清楚这个国家的实际人口数量）联邦法院终于感到厌烦了，就像他们对待异族通婚的情形一样。毕竟一次性地给予所有成年人结婚的自由和权力，总比逐个州、逐个法案、逐个官员甚至逐个人地解决来得容易。

当然，保守派们也许至今仍然认为同性婚姻是错误的，因为婚姻的目的就是为了生孩子。但是对于那些不育、不要孩子或是黄昏恋的异性夫妇们，从来没有人表达过什么异议。（举个例子说吧，极端保守的政治评论员帕特·布坎南和他的妻子就没有孩子，但是没有人认为他们的婚姻会因为传宗接代的问题而破裂）而至于同性婚姻会对社会造成破坏这种观点，从来没有人能够在法理上给出证明。相反，数以百计的科学家和社会组织——从美国家庭医师学会，到美国心理协会、美国儿童福利联盟——都已经公开承认同性婚姻和同性家庭收养孩子。

但是，同性婚姻之所以能够首先在美国得到认同，是因为在这里婚姻只是一个世俗的概念，而不涉及宗教。反对同性婚姻的理由几乎都源于《圣经》，但是在这个国家里，没有人会依据《圣经》来解释法律条款，至少在最高法院为理查德和米尔德雷德·拉芬站出来之前没有。在教堂里举办婚礼是一件美妙的事，但是在美国，它并不是合法婚姻的必要组成部分。在这个国家里，合法的手续才是至关重要的，你和你的另一半登记后，还必须到州政府去注册。道德只是你和上帝的事，而必要的法律文件才是你的婚姻在俗世生效的保证。毕竟，在美国只有法院才能判定婚姻的合法性，而不是美国的教堂，也正是在这些法庭上，同性婚姻最终会得到解决。

坦率地说，考虑到婚姻对社会大众的积极的意义，以及大多数完整家庭的婚姻模式，那些社会保守主义者依然极力地反对一切，我觉得这多少有点不正常。我这么说是因为仍然有人对婚姻疑虑重重。不过说真的，正是因为它的约束力，法定结婚是每一个有序社会的重要组成部分。我的确不相信婚姻对每一个人来说都同样的幸福，但那就是另一回事了。毫无疑问，婚姻可以使社会更加稳定，而这对孩子们来说是极其重要的，虽然我个人对此并不以为然。

请原谅我在这里插一句。因为接下来我要说的事情非常重要，也非常复杂。当社会学家说，“婚姻对孩子们很重要”的时候，他们真正的意思是，家庭的稳定重于一切。事实已经证明，孩子们在不安定的环境下无法茁壮地成长——比如说，妈妈或者爸爸的新恋人在家里晃来晃去。婚姻确实可以促进家庭的稳定，但也不尽然。例如，一个未婚的瑞典家庭（法定婚姻已经渐渐地成为过去，但家庭关系依旧相当稳定）的孩子，比一个出生在美国已婚家庭（婚姻依然受到尊敬，但离婚时有出现）的孩子有更大的可能同亲生父母生活一辈子。孩子们需要长久和熟悉，婚姻可以促进家庭的稳定，但它不是保险。未婚夫妇、单亲家庭，甚至祖父母都可以在婚姻之外创造适于儿童成长的平静而稳定的环境。我只是想把这个说清楚，抱歉打断你的阅读了，谢谢。

如果我是一个社会保守人士，也就是说，如果我关心社会的稳定，经济的繁荣，甚至一夫一妻制，那么我希望尽可能多的同性恋伴侣合法地结婚。我希望每一类的情侣都能够终成眷属。我知道，保守派们担心同性结合可能会破坏和腐蚀婚姻的制度，但也许他们也应该意识到，在这历史的瞬间，正是同性恋夫妇在挽救着婚姻。看清楚吧！在世界的各地，结婚的比率都在下降，人们结婚的年龄越来越晚。而即便他们结婚了，也保不齐会在外面弄出个私生子，也许他们对整个婚姻生活产生矛盾甚至敌视（比如我）。我们不再相信婚姻，我们中的许多人对独身习以为常。我们也不再谈婚论嫁，甚至不相信自己还需要它。我们认为好像可以永远地舍弃它。所有这些想法使古老的婚约如寒风中的落叶一样渐渐凋零。

当婚姻逐渐丧失了地位，变得像小脚指和阑尾一样可有可无，即将因为缺乏社会认同而慢慢黯淡之时，同性恋人出现了，他们要求被社会所包容！是的，包容！事实上，他们正在极力为自己争取被认同的权利，而这对社会是非常有益的，尽管很多人（还是比如我）对这种权利只是觉得憋闷和老套，而且无关紧要。

讽刺的是，在过去的几个世纪里，同性恋者一直以一种放荡不羁的方式生活在社会的边缘，而现在又急切地要求融入主流社会。当然，不是每个人都能理解这种迫切的心情，即便是在同性恋者中间也一样。电影制作人约翰·沃特说，他总是认为身为一个同性恋者，唯一的好处就是不必去服兵役，也不必结婚。不过，更多的同性夫妇想要充分地融入这个社会，他们希望承担社会和家庭的责任，纳税，建立自己的小圈子，为国效力，成为受人尊敬的已婚公民。那为什么还要将他们拒之门外呢？为什么不让他们骄傲地成为社会的一员，把陈旧的婚姻制度从一群像我一样对婚姻冷漠的、爱理不理的异性恋手中拯救出来呢？

离婚，曾经在西方社会极其罕见的现象，从19世纪中叶开始大幅增加，几乎就在人们开始根据爱情来选择自己的配偶之时。自从婚姻变得越来越缺乏“制度化”（建立在更广大的社会需求的基础上）和越来越“个人化”（建立在你的需求之上），离婚率也随之日益增长起来。

这样的说法看起来有些巧合，却是真实的。因为这里有我在整个婚姻史中见到的最有趣的现象：在全世界的每一个角落，每时每刻，只要保守文化被更具活力的文化所替代，只要那里的人们不再包办婚姻，而是开始按照爱情的标准来选择自己的配偶，离婚率就会节节攀升。你甚至可以为它制定一个时间表。（举例来说，现在你可以在印度看到这样的事）

当人们大声疾呼让爱为婚姻做主之后五分钟，只要爱情不再，他们就会开始要求离婚的权利。而后，法院也将允许人们离婚，因为迫使曾经相爱、现今却相互厌恶的两个人继续绑在一起是一种残忍的行为。（“如果你痛恨一对夫妇的行为，并且打算制裁他们，你可以送他们去做苦役，”乔治·萧伯纳曾经断言，“但是千万不要让他们天长地久。”）当爱情变成婚姻的主导之后，法官们也更加同情那些悲惨的爱人，也许是因为个人经历使他们明白，失败的爱情会带来怎样的痛苦。1849年，康涅狄格州的一位法官裁定，人们有权利终止自己的婚姻，理由不仅可以是受到虐待、被冷落或者通奸，甚至是认为自己过得不幸福也行。“上述行为破坏了当事人追求幸福的权利，”那个法官宣称，“从而造成婚姻关系的破裂。”

这是一个真正激进的声明。人类在漫漫的历史上不断地幻想，期望用婚姻来建立一片幸福的乐土。你也许会认为，这个概念的出现必然会导致一种如婚姻研究员芭芭拉·怀特海德所说的“意兴式离婚”，即人们走出婚姻的围城，仅仅是因为他们的爱情结束了。在这种离婚中，没有哪一方出现了问题，也没有人感觉到被欺骗或是背叛，只是浪漫的爱情故事已经变味了，离婚成了表达失望的唯一途径。

我很清楚怀特海德说的是什么意思，当我第一次离婚的时候，正是那种所谓的意兴式离婚。当然，如果你面临着真正的悲惨情况，你很难说自己“仅仅”是不快乐。比如，你不能说自己“仅仅”在几个月的时间里以泪洗面，或者“仅仅”躲在家里，感到自己仿佛被活埋了一样。不过说真的，我必须承认，我和前夫分手“仅仅”是因为我们的生活已经一塌糊涂。这么说也就表明了我正是那种现代意义的妻子。

而这种从金钱主导到情感主导的转变，也在日积月累当中逐渐削弱着婚姻的架构，因为建立在爱情基础上的婚姻就如同爱情本身一样的脆弱。斐利贝和我之间的关系，是一种同舟共济的关系。简单地说，我不需要像几百年来女人依赖男人那样依靠他。我也不需要他来保护我，因为我生活在这个地球上最安全的城市里。我不需要他为我提供金钱，因为我一向自食其力。我不需要通过他拓展我的人脉关系，因为我有自己的朋友、邻居和家人。我不需要他给予我“已婚女士”的合法身份，因为在我的意识里，更加尊重未婚的女性。我不需要他成为我子女的父亲，因为我根本也没想成为一名母亲，即便我真的打算要孩子，医学技术和自由的社会允许我通过其他方式拥有一个孩子，并且自己把他抚养成人。

那么我们剩下什么呢？我为什么会需要这个人呢？也许只是因为我碰巧很迷恋他，因为他的陪伴让我感到快乐和安慰，因为就像一个朋友的祖父曾说过的那样：“有时候一个人活着太难了，而有的时候一个人的日子又太好了。”斐利贝也是一样：他需要我仅仅是需要我的陪伴。看起来还有很多原因，其实没有，那只是爱的缘故。爱情基础上的婚姻与家族婚姻和金钱婚姻一样，并不能保证两个人天长地久。任何基于神秘因素作出的选择，最终仍将因为同样神秘的原因而被遗弃。天堂地狱，皆在人间。

此外，由离婚所引起的巨大的心理障碍，也会使为爱而结婚的风险大大增加。现在，医生们用来测试病人心理压力程度的最常见方式就是福尔摩斯·瑞尔测试，它是20世纪70年代由两个叫做托马斯·福尔摩斯和理查德·瑞尔的研究员提出来的。在这项实验中，“丧偶”，作为普通人一辈子经历的压力最大的事之一，被放在了选项的最顶端。那么请猜一下，名列第二的是什么呢？是离婚。据该调查显示，“离婚”比“亲戚的去世”更令人难过，（甚至比子女的死亡更靠前，当然我们只是猜测，因为在这个可怕的选项里并没有列出具体的细节），也远比“严重的疾病”或者“失业”，甚至“被判刑”更让人难以承受。但是在这个测试里最令我惊奇的是，我居然发现“破镜重圆”在选项里的排名居高不下。看来即便成功地挽回自己的婚姻，两个人的感情也绝对会受到破坏。

所以我们说建立在爱情基础上的婚姻会导致更高的离婚率，这么说还是轻的。婚姻的失败会给当事人和家庭带来情感、财产甚至是身体上的伤害。一些人会尾随、伤害、杀害以前的伴侣，而即使没有这些极端暴力行为，离婚依然会造成心理、情感和经济上的巨大损失——这一点每一个曾经经历过离婚的人，甚至是旁观者都很清楚

造成离婚经历如此可怕的部分原因是人们情感上的矛盾心理。对于很多离过婚的人来说，在想起当初的伴侣时，仅仅表现出单纯的悲伤、单纯的愤怒，或者单纯的解脱都是很困难的，甚至几乎是不可能的。恰恰相反，他们在离婚多年之后仍然处于感情矛盾的旋涡当中。这就是为什么在我们对前夫恨得牙根直痒痒时，依然会不自觉地想念他。也是为什么当我们恨不得杀掉自己的前妻的时候，也会不由自主地牵挂着她。很迷惑吧，你根本无法把责任分得很清楚。在我见过的大部分离婚中，夫妇双方或多或少都对婚姻的失败负有一定的责任（除非有一方是个心理变态的人）。那么在离婚当中，你处于一个什么样的角色呢？受害者还是施暴者呢？这个很难讲。清官难断家务事，就像一堆乱麻、碎玻璃和钢铁被灼热的高温炼化在一起，想要从这里面挑出有用的线索，除非你疯了。

看到两个曾经相濡以沫的情侣变成怒目而视的仇敌，是一件极其可怕

的事。当我和前夫为了离婚官司打得不亦乐乎的时候，我曾问过我的离婚律师，她是怎么忍受这份工作的——每天都要看着一对对曾经恩爱的夫妇在法庭上争得头破血流。她说："我为这份工作感到骄傲，因为我知道一些你不知道的事。我知道这是你一生中最糟糕的经历，但我也知道，早晚有一天你会摆脱它，重新振作起来。而我就是那个帮助你摆脱这段糟糕的日子的人，我为此感到非常开心。"

从一方面来讲，她是正确的，我们所有人都会振作起来的，但是从另一方来说，她又是大错特错的，我们永远也不会完全摆脱它。从这个意义说，我们这些离过婚的人就像20世纪的日本：在二战之前，我们是文明的，在二战之后，我们也是文明的，但是在两者中间，是一个巨大的历史的黑洞。

我会尽自己最大的可能去避免重蹈覆辙。不过我意识到离婚的阴影并没有完全散去，因为我爱着斐利贝，而爱总会带来脆弱的束缚。但请记住，我不会放弃爱情，我仍然相信它，也许这正是问题所在。也许离婚就是我们为自己一意孤行的爱所付出的代价——至少，是为了敢于为爱而结婚付出的代价。也许爱情和婚姻根本就是不相干的事情，也许爱情的结局就是分离。

所以这就成了一个必须说明的社会问题，远不止谁应该被允许结婚，而谁不应该被允许结婚那么简单。从人类学的角度来说，现在的家庭所面对的实际困难是：如果你真的想要人人按照自己的感觉选择伴侣，那么你必须做好如下准备：很多人会为之心碎，还有很多人将一蹶不振。因为人类的心脏实在是个奇怪的东西（维多利亚时期的科学家，亨利·芬克爵士曾经贴切地称它为，"充满悖论的东西"），爱使我们所有的计划和所有的意图都承担了巨大的风险。也许初次结婚和再婚的唯一区别，就在于第二次结婚时，你起码知道自己是在赌博。

我记得几年前，当时我的生活正处于一团糟的时期，在纽约的一次出版人聚会上我遇到了一个年轻的女人，并与她聊了起来。我和她在之前的社交场合中也碰过几次面，出于礼貌，她问我丈夫在哪里。我对她说，我丈夫今晚不会和我一起出席，因为我们正在闹离婚。我的同伴先是说了一些言不由衷的安慰话，然后，她一边取干酪，一边说道：“我已经结婚八年了，一直都很幸福，我是永远也不会离婚的。”

你怎么能这么说话呢？难道是在庆幸自己完整的生活吗？我很清楚这个年轻的女人还不太了解什么是婚姻。尽管与16世纪威尼斯的同龄人相比，她很幸运，不会有一个强加给她的丈夫。然而，正是因为她为爱选择了自己的爱人，她的婚姻远比她想象的要脆弱得多。

我们在婚礼上许下的誓言，正是用来掩盖这种脆弱的。我们努力说服自己，让自己坚信全能的上帝让我们走到了一起，没有人能把我们分开。但不幸的是，那些宣誓的人不是全能的上帝，他们只是普通人（这很不幸），而人并不都能恪守自己的誓言。即使我在出版人聚会上遇到的那位妙人儿肯定她不会抛弃自己的丈夫，问题是这一切并不完全由她掌握。她并不是那张床上唯一的人。所有的恋人，即使是最忠诚的恋人，都会身不由己地放弃一些事情。我知道这个简单的事实是真的，因为我自己也是个被遗弃的人，并曾经苦苦哀求他留下来。正因为了解了这些事情，我将怀着远比第一次结婚时更谦卑的心态再次走进围城。斐利贝也一样。这种谦卑不一定会保护我们的婚姻，但至少会有一些用处。

有一种著名的说法，再婚是因为希望战胜了经验，但是我不敢苟同。在我看来，第一次结婚更像是希望大于一切，人们陶醉在无限的憧憬和乐观当中。我想，第二次结婚其实是隐藏在某些东西之下的：一种尊重的力量，或许比我们更加强大。尊重，近乎于敬畏的尊重。

一条古老的波兰谚语说："在战争之前，请祈祷一次。在出海之前，请祈祷两次。在结婚之前，请祈祷三次。"

而我打算祷告一辈子。

CHAPTER FOUR

婚姻的忠告：戒掉迷恋

Marriage and Infatuation

对待爱情/应该比其他事情/都更加小心一些。

——E. E. 卡明斯

迷恋的问题是，它只是个海市蜃楼，是一种眼神上的小伎俩，或者说，是一种内心深处的小花招。迷恋并不等于爱情，它更像是爱情那羞惭的表亲，时不时地靠爱情的施舍来勉强度日。

2006年9月。

是的，现在任何想和外国人结婚的美国人都必须接受FBI的调查。

斐利贝和我依然在东南亚四处游逛。我们无所事事，有大把的时间可以任意挥霍。我们的移民申请完全停滞下来。公平地说，不仅仅是我们的案子，几乎每一个为自己爱人办理绿卡的申请都被拖住了。整个移民系统停止了工作。我们很倒霉，国会刚刚通过了一项新的移民法案，现在每个人的申请都被冻结了，因为这个原因，成千上万的情侣都不得不再等待至少四个月的时间。这项新法案规定，每一个打算和外国人结婚的美国公民，都必须接受联邦调查局的调查，以防止申请人曾经有过什么犯罪记录。

说来奇怪，这个法律其实是为了保护妇女（确切地说，是那些从发展中国家来的贫困女子，她们被偷渡进美国，卖给强奸犯、杀人犯和家庭暴力者做老婆）。在近几年来，这个问题已经愈演愈烈。一些美国人从苏联、亚洲和南美购买新娘，而这些女子一旦被偷运进美国，面对的将是极其可怕的命运，她们沦为妓女或性奴隶，甚至被那些在警察局里臭名昭著的美国丈夫强奸和杀害。因此，这项新法案就应运而生了，所有的美国申请人都必须接受调查，以防止那些外国的新娘嫁给一个未知的怪物。

毫无疑问，这项法案的出发点是好的，也是公平的，没有人会表示不赞成。但对于我和斐利贝来说，唯一的问题是它来得实在不是时候了。我们不得不多等上四个多月，等着联邦调查局完成他们的职责，看看我是不是一个强奸犯，或者曾经谋杀过几个不幸的女人。

每隔几天，我都会寄电子邮件给我们在费城的移民律师，询问案子的进度，看看有没有什么新的希望。

“还是没有信儿。”律师总是这样回报说。有时候我自己把这个事给忘了，他还会主动提醒我：“毫无进展，一点头绪都没有。”

所以当一切都结束的时候（或者说当一切都还没有结果的时候），斐利贝和我来到了老挝。我们从泰国北部乘坐航班，飞往古城琅勃拉邦。从天上望去，地上是连绵不绝的险峻的大山，覆盖着青翠的森林，一座挨着一座，仿佛被冰封住的绿色波浪。当地的机场看上去像一个美国小镇的邮局。我们雇了一辆人力车，带我们进入琅勃拉邦城。这座城市就像一座巨大的宝藏，优雅地坐落在湄公河和南康河交汇的三角洲上。琅勃拉邦的精致之处，就在于过去的几个世纪中，它在不大的地方聚集了四十座寺庙。因此，你在街上随处都可以看见僧侣。他们的年龄从十岁（刚刚出家的）到九十岁（大师）。据记载有几千人住在琅勃拉邦，因此，按照正常的死亡比率来说，僧侣们和居民的比例为五比一。

那些刚出家的小和尚都是些我从未见过的最漂亮的男孩子。他们穿着明亮的橙色衣服，头发剃得光光的，黄色的皮肤。每天清晨天亮之前，他们就会排着长长的队伍从寺庙中鱼贯走出，手里托着钵盂，向镇上的人们求取当天的食物。老百姓跪在街道上，把大米布施给僧侣们。斐利贝早已被旅行折腾得筋疲力尽，用他的话来说就是“才早上五点钟，有什么好大惊小怪的”，但是我很喜欢。每天清晨，我都会早早醒来，偷偷摸摸地溜到旅馆破旧的阳台上去看僧侣们化缘。

我被这些僧侣们迷住了。对我来说，他们是如此有趣。我全身心地专注于他们。事实上，我对他们如此的着迷，以至于在镇上过了几天无所事事的日子之后，我开始窥探起他们来。

好吧，窥探僧侣大概是一种不道德的行为（愿佛祖原谅我），但是我实在难以抗拒。我很想了解这些男孩的身世，他们的思维方式，他们对生活的期待等，但是用公开的方式去搜集这些信息是很困难的。先不用说语言的限制，女人甚至不可以去看这些僧侣，也不能站在他们旁边。打算跟他们聊聊天？想都不用想。况且，这些和尚们长得都是一个模样，想区分他们都困难得很。我这么说并没有任何侮辱或是种族歧视的意思，因为原因很简单：光头，加上统一的橙色长袍。也许当初那些佛教大师们创造这种僧服就是为了帮助这群孩子减少差异化和个体化，让他们融为一体。甚至和尚们自己都分不清和别人有什么区别。

不过当我们在琅勃拉邦待了几个星期之后，看得多了，也就可以渐渐地从光头和橙色僧衣中分辨出一些面孔。那些看似千篇一律的年轻僧侣们现在已经有些熟悉了。几个轻浮而胆大的僧侣，还会骑在别人的肩上，透过墙头跟我打招呼："你好，女士！"还有的会趁着夜色偷偷地躲在寺庙外面抽根烟，烟头的火光跟他们身上的衣服一样橙红。我见过一个年轻健壮的僧侣在做俯卧撑，还曾经在一个僧人的肩膀上发现一把刀的文身。有一天晚上，我甚至偷听到几个僧侣在寺庙花园的树下唱鲍勃·马雷的歌，而在那个时候，他们本应该已经就寝了。我见到过年轻的小和尚们相互嬉闹，就像这个世界上所有的男孩子一样，在那一瞬间流露出真正的青春期的躁动。

但是最令我吃惊的还是那天下午我在琅勃拉邦一家又小又暗的咖啡馆里目睹的事情。斐利贝和我每天都会到那里花几小时上网查电子邮件，或者与我们的家人和律师沟通。我有时也会一个人到这个咖啡馆来。当斐利贝不在我身边的时候，我就会在网上查找一些家乡的地产信息，看着费城周边的那些房子。我感到分外的想家，也许是有生以来第一次。我很想有个固定的居所。我渴望拥有一栋房子，有自己的地址，以及一片小小的私人领地。我希望有个书柜，可以把我的书从箱子里面解放出来，按字母的顺序把它们排好。我梦想着养一只宠物，吃自己做的家常菜，拜访老朋友，和我姐姐一家住得近一些。

我给我的外甥女打了个电话，祝她八岁生日快乐，她在电话里已经快哭出来了。

"你为什么不来？"咪咪问道，"你为什么不回来参加我的生日聚会呢？"

"我去不了，宝贝，我被困在世界的另一边。"

"那你为什么不明天来？"

我不想让这种事情影响斐利贝的心情。乡愁只会让他感觉无助和困顿，似乎他应该为我们浪迹天涯负一定的责任。但是对家乡的思念始终萦绕在我的心头。背着斐利贝搜索这些房产信息让我觉得像做了错事一样。我感到自己是有罪的，仿佛在偷偷地登录黄色网站一样。“没有什么消息”，尽管我们的移民律师一直这样跟我们说，但我仍然难以停止幻想着那些计划，买房子的计划。

在那个炎热的午后，我一个人坐在琅勃拉邦的咖啡馆里上网，盯着面前闪烁的屏幕，网页上是德拉瓦河畔的一座石头别墅的信息（这座房子还带有一个谷仓，可以很方便地改造成一间写作工作室）。这时，一个瘦瘦的年轻僧侣突然在我旁边的电脑坐了下来，身体轻轻地靠在硬木椅子上。几个星期以来，我总能在这里看见僧侣们，但是我还是不习惯这些头发剃得光亮、穿着鲜艳长袍的男孩子在聚精会神地上网。出于好奇，我有时会从座位上站起身，假装随意地在屋子里转几圈，偷偷地瞥一眼经过的每一个电脑屏幕。通常，这些男孩都在玩电子游戏，但有时我也会发现他们也在吃力地全神贯注地用英语写着什么。

不过这还是头一次有僧人坐在我旁边上网。他离我那么近，我都可以看到他瘦削的脸上那些纤细的汗毛。我们的电脑靠得也比较近，所以我可以很清楚地看到他的屏幕。过了一会，我向他那边瞥了一下，想看看他在做什么。在那一瞬间，我猛然意识到那个男孩正在读一封情书。真的，他正在读的是一封电子邮件，来自某个叫卡拉的人，而且文字显然不是老挝语，而是地道的英语。所以卡拉可能是美国人，也可能是英国人，或者澳大利亚人。突然，男孩屏幕上的一句话跳入我的眼帘：“我在想着你，我的爱人。”

我的联想一下子被打断了。上帝啊，我在偷窥别人的信件吗？就这样从他的肩膀上偷看吗？我把目光躲开，并且为自己感到羞愧。这关我什么事。我想把自己的注意力再拉回德拉瓦河畔的房产上。不过我发现这有点困难，因为：拜托，卡拉到底是谁呢？

一个年轻的西方女孩是怎样认识一个老挝的僧人的呢？她有多大？当她写道“我在想着你，我的爱人”时，是否意味着“我希望你做我的情人”呢？还是爱已成往事，她只是在回忆曾经的激情？如果卡拉和男孩曾经有过一段浪漫的经历——那么，是怎么发生的？什么时候的事？也许卡拉曾经在琅勃拉邦度假，也许她不知何故还和这个男孩聊过天，虽然女性是不可以和僧侣们对视的。他可能也对她喊过，“你好，女士”，也许他们还有过一些暧昧的事？接下来还将发生什么事情呢？这个男孩会放弃他神圣的誓言，跟随她移民去澳大利亚吗（或者是英国、加拿大，也可能是孟菲斯）？卡拉会愿意搬到老挝来吗？他们还会再见面吗？如果他被别人发现，会被剥夺僧籍吗？（在佛教里面是叫“剥夺僧籍”吗）这份爱情会毁了他的生活吗？她的生活呢？还是两个人的都被毁掉？

这个男孩依旧静静地盯着他的电脑，他如此专注于那份情书，以至于根本没有意识到我就坐在他的旁边，默默地替他的未来担心。我确实在替他担心，这一切对他来说困难重重，而最终的结果也只能是伤心。

但是你不可能阻挡爱欲的洪流在这个世界泛滥，尽管它有时可能来得并不恰当。爱上自己不该爱的人，把自己置于显而易见的困境之中，尽管这种选择是荒唐的，但它并不可笑，它是人类共有的权利。所以，就算卡拉爱上了一名年轻的僧人，那又怎么样呢？我怎么能对她进行评判呢？在我自己的生活中，不也曾经爱上了那个不该爱的人吗？这些美好的“感情”对他们来说难道不是最诱人的吗？

那个僧人并没有给卡拉回信，至少在那天下午没有。他把那封信反复地看了几次，就像阅读佛经一样的认真。然后他就坐在那里，沉默了很长一段时间，手轻轻地放在自己的大腿上，他合上双眼，仿佛正在冥想。最后，那个男孩开始行动了起来：他把邮件打印了出来，然后又读了一遍。他细心地把信叠好，就像在折一只纸鹤，接着再小心地放进橙色长袍的某个角落里。然后这个漂亮得几乎还是个孩子的僧侣就走出了咖啡馆，步入古镇炎炎的热浪中。

过了一会儿，我也站了起来，悄悄地跟在他的后面。我看着他目不斜视地在街上走着，慢慢地向山上的大寺庙走去。很快，一群年轻的僧侣走了过来，从他身边经过，卡拉的爱人静静地加入了他们的行列，消失在一大群年轻的僧人中间，就像一条橙色的鱼躲进鱼群当中。我顿时失去了他的踪迹，因为这一大群男孩子也都长得一模一样。但是我知道，这些男孩并不相同。他们当中的一个人藏着一封情书，是一个叫卡拉的女人写的，此刻正被小心翼翼地叠好，藏在他僧袍的某处。这太疯狂了，他似乎正在进行一项危险的游戏，我都有些情不自禁地为这个孩子感到激动了。

无论结果如何，有些事确实在他身上发生了。

佛祖说，欲望就是所有痛苦的根源。真的是这样吗？任何人，如果苦苦追寻却得不到想要的东西（或者更糟，得到了却又失去），就能完全理解佛祖说的痛苦。这当中，追求爱情也许是最危险的。一旦你爱上某个人，你们两情相悦，那么你的幸福也就和那个人息息相关了，任何分离都会让你感到痛彻心扉。你心里期盼的只有如何回到他的身边，然后和他一起天荒地老。你满脑子想的都是他。这种急切的心情使你完全迷失了自我。你被自己的欲望所束缚，变成了爱情的奴隶。

这时你就会明白，为什么佛祖宣扬超脱才是通往智慧之路。他不可能准许那个年轻的僧侣偷偷摸摸地揣着卡拉的情书，因为他会认为这种暧昧的行为只会让人徒增烦恼。对于佛祖来说，任何私密和爱欲的事情都不会牵扯到他，他也不需要为了身体和心灵的欲望所羁绊。记住，在他成佛之前，就曾经为了毫无牵挂地进行修行，而抛下了自己的妻子和孩子。就像早期基督教的神甫们一样，佛祖宣称，只有禁欲和独身才能得到启迪。因此，传统的佛教徒一直对婚姻存有异议。佛法的修行之路需要在漂泊中进行，而婚姻则把人羁留在妻子、子女和家庭身边。所以一个人如果想开始修行，就必须抛弃这一切。

不过在传统的佛教社会中，还是为已婚的人保留了一个位置，虽然并不是什么重要的角色。佛陀将之称为“一家之主”。他甚至明确地指出了该如何当好一家之主：善待你的配偶，诚实，忠诚，乐善好施，买一些预防火灾和洪水的保险……

我是认真的：佛祖确实建议已婚夫妇购买财产保险。

这里没有柳暗花明，也没有峰回路转，不是吗？就如佛祖所言，有家室的人不适合修行。在这一点上，他和早期的神甫们再次不谋而合，他们相信婚姻是进入天堂的障碍，这也使人们开始思索，修行和婚姻究竟有何抵触之处。为什么要对浪漫和性爱，甚至是稳定的婚姻抱有敌意呢？为什么不愿意去爱呢？也许这跟爱没有关系，因为耶稣和佛祖都是世之罕见的爱和悲悯的大师。也许只有危险的欲望，才会让这些大师对人们的灵魂、心智和修行忧心忡忡。

问题是，我们都有欲望。它是我们的感情存在的标志，也是导致我们堕落的罪魁祸首，有时甚至会波及他人。关于欲望的描写，最著名的是柏拉图的《会饮》，在那里面他描述了一场著名的宴会，期间剧作家阿里斯托芬尼斯[①]通过神话故事，向大家展示了为什么人们会对婚姻有如此之深的憧憬，为什么我们的婚姻往往是如此的令人失望，甚至会让我们伤痕累累。

据阿里斯托芬尼斯说，在很久很久以前，神明住在天上，而人们住在地上。但是那时的人长得和现在的不一样，每个人都有两个头、四条腿和四条手臂。换句话说，两个个体天衣无缝地组合在一起，构成了一个完美的人类。而且根据个体特点的不同，这种人类可能会出现三种不同的性别变化：男性和女性的组合，男性和男性的组合，女性和女性的组合。因为有了完美的另一半，每个人都十分幸福。于是，这些两个头、四手四脚的完美人类在地上四处横行，像天上的星辰一样自由自在，随心所欲。我们应有尽有，予取予求，不需要任何人的帮助，也再没有冲突和混乱。我们是完整的人类。

但是正因为这种完整，我们开始骄傲起来。我们忽视了对神明们的尊敬。于是，万能的宙斯降下了惩罚，他把这些双头、四手四脚的完美人类切成两半，变成了现在一个头、两只手和两条腿的样子。这样做的结果，使人类的心里充满了痛苦，生活索然无趣，总觉得自己是不完整的。于是在接下来的岁月里，人们开始寻找自己失去的部分。我们深深地爱着丢掉的另一半，胜似爱我们自己。我们知道那些失去的部分就散失在茫茫人海中，如你我一样也在寻找着对方。我们都相信，只要持之以恒，总有一天

①古希腊早期喜剧代表作家（约公元前446年—公元前385年）。

我们会找到失去的部分，那另一半的灵魂。合二为一，我们就会重新找回原来的样子，再也不会孤独。

这就是藏在我们心底最美好的秘密：总有一天，一个人加上另一个人等于一个完整的人。

但是阿里斯托芬尼斯警告说，这种通过爱来恢复自身的梦想是不现实的。作为一个物种，我们已经被分裂太长时间了，很难通过个体的结合重新变得完整。对于这些曾经双头、四手四脚的人来说，丢失的部分已经分散得太久了，没有人能够找回那另一半了。两性关系也许会让人感到完整，得到片刻的满足（阿里斯托芬尼斯认为这是宙斯送给人们的礼物，刹那的高潮，能使人们忘记痛苦，重新感到变得完整，而免于死于沮丧和绝望之中）。但是最终，无论以什么样的方式，我们都会再次陷入孤独。所以，我们不得不一次又一次地约见不同的人，直到找到属于自己的配偶。有时候，我们相信已经找到了自己的另一半，但也许那只是别人的，而那个人可能也以为找到了属于自己的那一半。

这就是迷恋的开始。而这种爱恰恰是人类诸多欲望中最危险的部分。迷恋会导致一种心理学家称之为“侵入式思维”的状态，即心烦意乱，除了迷恋的对象，无法专注于其他任何事情。一旦迷恋发生，所有的一切：工作、亲情、责任、食物、睡眠、行为统统被扔在一边，你只想着和你最爱的人长相厮守在一起。这种情感会改变你大脑中的化学物质，让你觉得好像沉醉在麻醉剂和兴奋剂中一样。科学家们最近发现，处于热恋中的人的脑部扫描和情绪分析结果，与吸食可卡因的瘾君子非常相似。这一点也不奇怪，因为恋爱也是一种瘾，会对大脑产生一定的化学影响。人类学家和爱情专家海伦·费舍尔博士解释说，就像所有的吸毒者一样，处于恋爱中的人“为了得到他们的麻醉剂，无不竭尽所能，不择手段，甚至不惜冒着生命的危险”。

当恋爱刚刚开始的时候，也正是这种麻醉剂药效最强烈的时候。费舍尔指出，很多的婴儿都出生在某个爱情故事的前六个月里，这是一个显著的事实。妄想可能会导致某种狂热的欢愉，而尽情的欢愉又是意外怀孕的最好温床。一些人类学家争论说，实际上，人们需要迷恋作为一种生殖工具，因为它使我们甘愿冒意外怀孕的风险，从而可以不断地补充我们的人口。

费舍尔的研究也表明，当人们处于生命中比较脆弱的时刻，他们更容易陷入爱恋之中。我们感觉越不安，越不平静，就越容易坠入爱河。爱情就像是休眠的病毒，静静地等待着，一旦发现有机可乘，就会对我们情感的免疫系统展开攻击。比方说，还在上学的学生，当他第一次离家出走的时候，对周围的环境非常陌生，又缺少亲人的支持，就非常容易陷入爱恋当中。我们也都知道，身处异乡的游客经常会一夜销魂，然后在第二天早上又形同陌路。在忙碌而紧张的旅途中，我们的心理防线会变得不堪一击。这是一种神奇的经历（终其一生，我也不会忘记在马德里的长途车终点站里，亲吻一个男人时那种战栗的快感），但是在这种情况下，最明智的选择还是像尊敬的美国哲学家帕米拉·安德森说的那样：“永远也不要在度假的时候结婚。”

任何人在经历一段感情低潮之时（比方说，一位家庭成员去世了，或是丢掉了工作等），都很容易陷入不稳定的爱情。此外，病人和伤员也是出了名的闪电式恋爱者，这也可以解释为什么那么多在战争中负伤的军人都会和照顾他们的护士结婚。在危急时刻结合的配偶很容易移情别恋，我可以用我自己在第一次婚姻结束的疯狂举动证明给你看。当我得到法院的判决，终于可以离开我丈夫的时候，我立刻疯狂地爱上了另一个男人。强烈的不幸和破碎的理智使我意识到，该是投入新的怀抱的时候了，是的，我准备好了。在这种情况下（现在看来，这又是一个冗长的教科书般的例子），我对新欢的唯一兴趣就是想把一个巨大的逃生出口标志挂在他头上，然后我就从这个出口跳进去，把爱情当做自己逃避婚姻失败的借口，然后近乎歇斯底里地宣称，这个男人才是我一生中的白马王子。

让我吃惊的是，这么做并没有用。

迷恋的问题是，它只是个海市蜃楼，是一种眼神上的小伎俩，或者说，是一种内心深处的小花招。迷恋并不等于爱情，它更像是爱情那羞惭的表亲，时不时地靠爱情的施舍来勉强度日。当你迷恋某人的时候，你并不是真正在看着那个人。你只是被自己的幻觉迷住了，沉醉在自己营造的梦境当中。这么说吧，我们的偏爱为他们加上了一层层虚幻的光环。我们对自己的恋人青睐有加，而我们的朋友和家人则一头雾水。毕竟，情人眼里出西施，在旁人的心目中，也许你的白马王子只是个吃软饭的孱头。

当然，所有的恋人都能够（也应该能够）大度地看待自己的伴侣。这是自然的，甚至是必须的，我们也会对他们的优点略有夸大。卡尔·荣格[①]就建议大多数的爱人应该把最初的六个月当做纯粹的规划时期。但迷恋使人偏离了这个轨道。迷恋不需要理智，也没有任何限制，更不需要任何的论证。弗洛伊德曾经简略地把迷恋定义为“被高估的东西”，而歌德说得更妙：“如果两个人觉得真的能取悦彼此，那么一般来说他们就大错特错了。”（顺便说一句，可怜的老歌德！他是如此的理性和睿智，本该对那个劳什子的迷恋完全免疫。可就是这个坚强的德国老人，在他七十一岁那年，深深地爱上了十九岁的乌尔里克。那个美丽的女人坚决地拒绝了他的

①瑞士著名心理学家、精神分析学家，是现代心理学的鼻祖之一。

求婚，抛弃了年迈的天才，以至于他为自己写下了一首安魂曲，诗中有这样的句子：“我失去了整个世界，我迷失了自我。”）

在这个狂热冲昏了头脑的阶段，任何事情都会发生的。真正理智而成熟的爱情——年复一年地偿还贷款，日复一日地接送孩子，这种爱情不是来自于爱慕和迷恋，而是基于真情和尊重。“尊重”这个词，来源于拉丁文中的respicere（意为凝视），意思是你应该看清那个站在你身边的人，而不能只是雾里看花。但现实是，当你迷恋上一个人的时候，理智也就离你而去了。比方说，多年前的某一天，我们也许会坐下来，给远在老挝的一个十六岁的僧侣写一封激情四溢的电子邮件。而当尘埃落定后，我们也许会问自己：“我当时在想什么？”而答案通常是：你什么也没想。

心理学家把这种疯狂称做“自我陶醉的爱”。

而我则称之为“我的青春岁月”。

听着，这里我必须说清楚，本质上我并不反对激情。是怜悯吗？当然不是！我一生中最愉快的时光，就发生在我痴迷于浪漫的爱情之际。这种爱让你觉得超乎常人，有一种神话般的不朽的感觉。你的生活一片光明；你不再需要睡眠；你的爱人就是你生命的源泉。虽然这种经历的结局很可能是痛苦的（对于我来说，结局确实总是痛苦的），但我依然不想看到有人终其一生也不知道个中滋味。所以，当我说到自己莫名地为那个僧侣和卡拉感到兴奋的时候，我说的都是真话。我很高兴他们有机会品尝那眩晕般的极乐感觉。但我也真的、真的很高兴，这次它没有发生在我的身上。

因为当我快到四十岁的时候，我才终于明白了一些事。我不会再迷恋某人。这会要了我的命的，就像把我放进木头粉碎机里一样。我知道，一定会有一些夫妇，尽管他们的爱情故事始于一见钟情，但最终还是平平安安地过了一辈子。可惜这样的事我学不来。对我来说，迷恋只会导致一件事情：它摧毁一切，而且是相当的快。

但是我喜欢年轻时那些恋爱的感觉，所以我把这个习惯保留了下来。我所说的“习惯”，其实和那些吸毒者口中的习惯是一个意思：用一个温和的词来表达冲动的欲望。我四处寻找激情，久而久之，我变成了那种女人，就是格雷丝·佩莱[①]形容的无时不刻不想着男人，甚至已嫁作人妇，仍然招蜂引蝶的那种女人。在我十几二十岁的时候，一见钟情成了我的特殊爱好，那时我的最高纪录是一年恋爱四次。也许是过犹不及，我失去了对生活的把握。每一次的邂逅都是激情四射，但很快就会在哭泣和相互厌恶中灰飞烟灭。就这样，我整夜的失眠，白天昏昏沉沉、无精打采，现在回想起来，就像个在戒酒的酒鬼。当然，我并不喝酒。

这样一个年轻的女人可能会在二十五岁时结婚吗？有理智和谨慎的人都不会这样做的。不过我也不会邀请理智和谨慎的人出席我的婚礼。（由于我的坚持，新郎的客人里也没有这样的人）。无论怎么说，我都是一个粗心的女孩。我曾经在报纸上读到过一篇报道，说的是一个人造成数千英亩的森林被烧毁。这位肇事者开着车在国家公园里逛了一整天，车后的消声器脱落下来，刮碰到路面，擦出的火花落到干枯的灌木丛中，这样每隔几百英尺就点起一小堆火苗。后面其他开车的人不断地按喇叭、挥手，试图引起司机地注意，但是车里这位依然自得地听着收音机，对身后发生的事一无所知。

这个人就是年轻时候的我。

当我到了三十岁出头的时候，当我和前夫携手毁了我们的婚姻的时候，当我的生活被彻底打乱的时候，我对几个好人和几个不怎么好的人，

---

①美国著名短篇小说作家。

还有一大群无辜的旁人问道："你不是在说这些乱七八糟的东西是我弄出来的吧？"

然后我就抑郁了。

贵格教派的牧师帕克·帕尔默在谈及自己的生活时说过，抑郁就像一位老朋友，帮助他摆脱了过去极度夸张的虚假欢愉。帕尔默说，是抑郁带他回到了现实当中，可以脚踏实地地生活着。在豪放不羁地生活了很多年之后，我也需要把自己带到现实中来。我也需要抑郁起来，如果可能的话，甚至还要严肃而且悲伤。

我利用那段孤独的日子来认真审视自己，如实地回答痛苦的问题，并且在一位医生的耐心帮助下，寻找过去惨淡人生的原因。我四处旅行（比方说和英俊的西班牙人邂逅在汽车终点站），努力追寻着快乐的真正源泉。我花了很长时间独处，我以前从未试过如此孤独，但我还是坚持了下来。我学会了如何祈祷，祈求那片被我烧成一片焦土的大地能够原谅我。不过最重要的是，我学会了自我安慰，可以抵御所有不长久的爱与性的诱惑，以一种全新的成年人的角度问："从长期来看，这样的选择是不是对两个人都有好处？"简而言之，我长大了。

伊曼努尔·康德[①]认为，鉴于人类的情感是如此复杂，我们一生中会经历两次青春期。当我们第一次进入青春期的时候，是身体变得成熟；而在第二次青春期时，我们的思想变得成熟了。我始终认为，正是年少轻狂时的失败，才教会了我们如何在情感上成熟起来。但是在很长很长的时间里，这两件事一直不能相提并论。向一个二十岁的女孩询问那些四十岁的女人需要几十年才会理解的问题是不现实的。换句话说，也许我们都必须

①德国哲学家、德国古典哲学创始人。他被认为是对现代欧洲最具影响力的思想家之一，也是启蒙运动最后一位主要哲学家。

经历第一次青春期的痛苦和错误，才会把自己提升到另一个境界。

不过，就在我沉浸在长期的孤独和无助之时，我遇见了斐利贝。他是那么的善良、忠诚和体贴，不过我们俩都没有着急。因为这不是青春期躁动的爱，也不像早恋或者“夏令营最后一天”的那种爱。虽然我承认，从表面上看，我们的爱情故事似乎很浪漫。真的，我们是相遇在热带的巴厘岛上，在摇曳的棕榈树下，等等。你很难再想到比这里更完美的场景了。当时，我还记得自己在写给住在费城的姐姐的邮件里，详细地描述了整个梦幻般的场景。现在回想起来，这可能有些不公平。凯瑟琳——在家里带着两个小孩，还要面对一栋巨大的需要维修的屋子——只是简单地回复说：“好的，我也打算这个周末找个热带岛屿度假去，带上我心爱的巴西情人，不过到那时可能就人满为患了。”

是的，我和斐利贝的爱情是如此的浪漫，我将永远珍视这份爱。但那种爱并不是迷恋，这就是我所能告诉你的：因为我从没要求他变成我的大救星或者生命之源，也从未扑进他的怀抱做小鸟依人状。在漫长的恋爱过程中，我始终保持着自己的个性，同时也尽力迎合斐利贝的特点。在彼此的眼中，我们很有可能是漂亮而完美的，但我们也从未丢掉自己的本真：我是一个可爱但憔悴的离婚女人，需要控制好自己的浪漫情结和胡思乱想；斐利贝则是一个深情、秃顶的离婚男人，需要控制自己的酒瘾，以及内心深处对背叛的恐惧。我们是两个相当不错的人，忍受着内心深处的伤痛，在彼此的身上寻找着某种东西：善良、吸引力，以及对信任和被信任的向往。

时至今日，我不想让斐利贝承担起做我另一半的巨大责任，这只会使他徒增烦恼。在这个时候，我知道他还不能，即使他自己也想这么做。我已经习惯了一个人，这就是我的生活习惯。弄懂了这样的事实，我才可以说自己在哪里结束，别人就在那里开始。这话听起来像是一个不怎么样的小花招儿，但我必须说清楚的是，我花了三十五年才弄清了这一点，明白了那些理智的人们对隐私的看重。就像C.S.刘易斯[①] 在形容他妻子时说的那样："我们都清楚这一点：我有我的痛苦，与她无关；而她有她的隐忧，不干我的事。"

换句话说，一个人加上一个人，有时候还可以等于两个人。

可是我怎么会知道自己不再陷入迷恋当中？我可以相信自己的直觉吗？斐利贝对我有多忠诚呢？我们不会因为外界的诱惑而背叛对方吗？

当我意识到斐利贝和我已经变成了我姐姐所说的"长期囚徒"时，就开始反复地在心中询问自己这样一些问题。老实说，说到忠诚，我对他比对我自己更有信心。斐利贝在感情生活上的经历比我更简单。他是个无可救药的一夫一妻论者，对待自己的伴侣一心一意。他的忠诚体现在各个方面。比如一旦他认准一家餐厅，就恨不得每天晚上都去吃饭，从不考虑换换口味。如果他爱上一部电影，他能连续地看上一百多次。他最喜欢的衣服可以穿上一年。记得我第一次给他买了一双新鞋的时候，他对我说："噢，你真是太贴心了，亲爱的，但是我已经有一双鞋了。"

斐利贝的第一次婚姻破裂并非是因为不忠（他已经有了一双鞋子，如

①作家、教授、学者，一直任教于牛津大学和剑桥大学这两所英国最著名的高等学府。"纳尼亚传奇"系列的作者。

果你明白我的意思的话）。相反，他们的婚姻承担了太多来自各方面的压力和不幸，最后以失败而告终。这是件很遗憾的事，因为我真的认为斐利贝是个完美的丈夫。他对婚姻的忠诚是骨子里的。我这么说可能有些随意。不过近来学界盛行着一个理论，它认为世界上存在着两种人：一种是打算生孩子的人，另一种是打算养孩子的人。前者形形色色，而后者总是一成不变。

这就是著名的“好爸爸和坏爸爸”的理论。在进化学的圈子里，这个观念并不作为一个道德评判标准，而是被降格当做遗传基因的水平线。在男性体内似乎存在着一种叫做“血压激素受体基因（vasopressin receptor gene）”的微量化学成分。具备这样基因的男人通常忠诚可靠，是值得信赖的伴侣，可以与之生儿育女，白头偕老。（就让我们把这种男人称做“哈利·杜鲁门[①]”吧）另一方面，而缺少这种基因的的男人缺乏家庭观念，很容易出轨，经常会出去寻花问柳。（我们管这样的男人叫“约翰·F·肯尼迪[②]”）。

在女生物学家当中，流传着一个笑话，说的是在男性生理解剖当中，他的准伴侣只会担心一个部分的尺寸。不要乱猜，我们说的是他的血压激素受体基因的长度。拥有较短基因的约翰·F·肯尼迪们在这个世界里到处游荡，四处留情。他们的后裔遍地都是，这对人类这个物种来说是个好事，但是对那些爱过她们的女人来说则是一场噩梦。而那些具有较长基因的哈利·杜鲁门们则经常会发现自己抚养的是约翰·F·肯尼迪的孩子。

斐利贝是个“哈利·杜鲁门”式的人。当我遇见他的时候，我刚刚离开了一个“约翰·F·肯尼迪”，对于他们的光鲜的外表和用情不专极度厌

①②此处用两名不同风格的美国总统来指代老好人和花花公子。

倦，我想要的只是一份坚贞的承诺。但是我并没有把斐利贝的一本正经当回事，也没有过于看重自己的忠贞。历史告诉我们，在爱情和欲望面前，几乎任何人都是无能为力的。在我们的生活中总是出现这样那样的事情，挑战着哪怕最坚固的忠诚。也许这就是我们最害怕的东西，当我们步入婚姻殿堂的时候，那种难以控制的“事情”就会出现，并最终打破这个平衡。

你该怎样防范这样的事情呢？

关于这个问题，心理学家谢莉·P·格拉斯的书给了我答案。她对婚姻当中的不忠行为做了大量的研究。她总是提出这样的问题：“这一切是如何发生的？”一些原本善良正派的人，甚至是哈利·杜鲁门一类的人，突然发现自己被欲望的洪流所包围，在不经意间破坏了自己的生活和家庭，这一切是如何发生的？这里我们谈论的不是那些情场老手，而是一些值得信赖的老实人，我们想知道的是他们是如何失掉了自己的道德底线的。有多少次我们听到过这样的话——“我并没有打算出轨，但是它就是这样发生了”！照这么说，通奸听起来就像是一起车祸，发生意外的全部原因就是司机的瞭望不周。

但是通过研究，格拉斯发现，只要你能够“挖”得更深一些，你就会洞悉这些偷情的真相。在大多数的情况下，格拉斯写道，当一个丈夫或者妻子交了一个新朋友之后，一段显然单纯无害的亲密关系就诞生了。你不会觉得有什么危险的，难道友谊还会有什么不对劲吗？即使我们都已经结婚了，为什么我们就不能拥有异性的朋友呢？

答案就在于，格拉斯博士解释说，已婚的男女之间的友谊无可厚非，只要他们能够摆正自己的关系就行。根据她的理论，每一桩健康的婚姻都是由墙壁和窗户构成的。窗户是向外界敞开的，是你与家人和朋友联系的必要通道；而墙则是值得信任的保障，护卫着你不为人知的秘密。

但是，这些所谓单纯的友谊的最终结果，就是你会和你的新朋友分享一些隐私，那些本应该藏在墙后面的东西。你倾述了自己的秘密，那些心灵最深处的渴望和挫败感，而这种释放的感觉会很好。你打开了一扇窗户，但那里本该是一面坚固的承重墙，你对自己的新朋友打开了心扉。由于不希望你的配偶吃醋，你把自己的新朋友藏在了心底。但是这样做的结果就带来了一个问题：你不得不在自己和配偶之间砌起了一堵墙，而那里原本应该充满了空气和阳光。整个婚姻的格局就此改变，过去每一面墙的地方被改成了观景窗，而原来每一扇窗子的地方被木板封死，变成七扭八歪的围墙。你在不经意间就为自己绘制了一幅红杏出墙的蓝图。

所以当有一天你的新朋友走进你的办公室，流着泪向你述说一些坏消息的时候，你不禁张开双臂去拥抱他（当然只是为了安慰），不过接着你们的嘴唇相互接触了，你突然感到一阵眩晕，你意识到，你喜欢这个人，你一直都非常喜欢这个人！一切已经太晚了。现在保险丝已经熔断了。你正是在玩火。在某一天（也许就在不久的将来），你将不得不直面破裂的家庭，还有被你背叛了的伴侣（顺便说一下，你心里依然在乎着这个人），抽泣着试图解释你从未打算伤害任何人，还有你从未想过会发生这样的事。

这是真的。只是你还看不到它的到来。但你正在一手促成它，如果你行动够快的话，你还来得及阻止它的发生。如果有一天，你发现自己正打算和一个新朋友分享本该是夫妻间的秘密，请不要惊慌，根据格拉斯博士的建议，还有更聪明更诚实的方法可以遵循。那就是，回家，把这件事告诉你的丈夫或者妻子。你可以这样说："我有一些担心想告诉你，我这个星期和马克出去吃过两次午饭，我很担心我们的关系会变得更加亲密。我发现自己在跟他说一些以前只会跟你说的东西，这种感觉就好像我们俩刚刚在一起时的那样，我很喜欢这种感觉，但是我很害怕，我怕失去你。我很怀念当初我们在一起时亲密的感觉，你觉得我们是不是可以做一些事，让这种感觉重新回来呢？”

不过说真的，他的答案也许就是：“不。”

那么你们也许就真的无法再找到当初的感觉了。我有一个朋友，她就曾经这样同她的丈夫谈过，而他的回答是：“我他妈的才不管你和谁在一起呢。”可想而知，他们的婚姻很快就破裂了。（如果有必要的话，我可以论证一下）但是如果你的配偶对此反响很热烈的话，他或者她或许听出了你心中的渴望，而且满怀希望地回应了你的要求，甚至可能会说出自己的渴望。

也有可能你们两个都无法理出头绪，但是至少你们心里都明白，两个人都为了挽救婚姻而作出了自己的努力，仅凭这一点就已经足以自慰了。同样的，你也在避免欺骗自己的配偶，无论从哪方面来说，这都是一件好事情。我的一位做律师的老朋友说过：“在人类的历史上，没有比通奸更简单、更慈悲、更迅捷也更经济的离婚方式了。”

不管怎么样，阅读格拉斯博士关于婚姻与忠诚的著作还是会带给我一种近似于希望的愉悦感。她的想法并不十分复杂，但我只是从未听说过这些东西而已。我不确定自己是否真的明白她那令人尴尬的治疗方案，或许那只是对你的人际关系的一种控制方法吧。尽管我不想承认这一点，但这却是真的。我曾经认为欲望就像龙卷风一样无法控制，你所能做的只有希望它没有把你的房子刮到半空中，然后撕裂它们。至于那些数十年如一日相濡以沫的夫妇们又怎么样呢？他们一定是非常的幸运，起码我觉得不会有什么龙卷风落在他们头上。（我也从来没想过，也许在他们的房子底

下，会有躲避风雨的地窖，这样当风起的时候就可以钻进去避难）

尽管人们的心里藏着无穷无尽的欲望，而这个世上也充满了形形色色的诱惑，但一个人似乎总可以擦亮眼睛，避免和控制自己陷入盲目的迷恋当中。如果你正担心自己的婚姻会在未来出现什么“麻烦”的话，那么你应该明白，麻烦并不是必然“发生”的，它们滋生于小小的培养皿里面，在你的生活中随处可见。

对其他人来说，我说得够明白了吧？可惜它对我没有用。如果是在十多年前，当我第一次结婚的时候，这些道理也许会用得上。我当时对这种事一无所知。有时，我甚至会惊恐地意识到自己结婚的时候，居然是如此的无知。现在回想起来，当时我的想法就和很多朋友第一次把他们的孩子从医院里带回家时一样的。据说，当护士把新生儿递给我的朋友时，这位新的妈妈恐惧地想着：“哦，天哪！他们打算让我把这个小东西带回家吗？我可是一点准备都没有啊！”不过医院是一定会把孩子送到母亲手上的，因为所有人都认为，母爱是天生的，你会无师自通地学会如何照料自己的孩子。爱是与生俱来的，即便你对这项崇高的事业毫无经验。

我相信，我们也时常如此地看待婚姻。我们都坚信，只要两个人真心喜欢对方，爱就会降临在他们身上，而就算凭借感情的力量，他们的婚姻也会海枯石烂。因为你所需要的就是爱情！至少在我年轻的时候是这么想的。你根本不需要策略、帮助、方法或者建议什么的。这话果然应验了，我和自己的第一任丈夫就是这样在无知和幼稚当中，匆匆忙忙地结婚了，仅仅因为我们觉得应该去结婚。我们许下了誓言，却根本不知道该如何履行它。

然后我们就直接回家了，这还有什么可奇怪的吗？

所以在十几年之后，当我再次准备步入围城之际，有些准备的工作似乎就应该提到日程中来了。事情总有好的一面，在等待国土安全部回复的那一段漫长的日子里，斐利贝和我终于有了充足的时间来探讨关于婚姻的问题和看法（事实上，在那几个月里，只要我们醒着，都会思考这个问题）。我们讨论着所有的问题。在远离家园的地方，痴迷于一次又一次的长途汽车旅行，我们有的是时间。所以每天斐利贝和我就这样谈来谈去，反复商讨着我们婚姻的形式。

忠诚，当然是非常重要的。这是我们结婚无可争论的条件之一。我们都认为一旦彼此的信任被打破，想重新拼接起来就非常费力和痛苦，甚至是不可能的。（作为一名环保工程师，我的父亲在谈到水体污染的时候曾经说过："保持河流的洁净非常简单，也很便宜，但是当它被污染之后，想要再把它变干净就要困难和昂贵得多了。"）

另一项潜在的难题就是如何分担家庭琐事，不过这对于我们来说相当简单。我们已经同居过一段时间，而且发现自己在处理这类事情的时候很轻松。另外，在生儿育女方面斐利贝和我有着相同的想法（也就是说：谢谢，但是不用了），这样就使我们在面对婚姻当中另一个巨大的潜在冲突时显得游刃有余。令人高兴的是，我们在性生活方面也很和谐，这也有助于解决其他方面的问题，所以我认为杞人忧天是不明智的。

这样就只剩下一个主要的问题需要考虑了：金钱。而就这个问题，又有太多的东西需要讨论。我和斐利贝在什么才是生活中最重要的（比方说，丰盛的食物），而什么是不重要的（比方说，用来盛食物的昂贵瓷器）时，轻易地就达成一致。但我们却在金钱这个问题上出现了严重的分歧。我一直过得很节省，强迫自己存钱，不去购买自己无法承受的东西。这种生活习惯得自我勤俭的父母，他们把每一天都当成是1929年的10月30日[①]来过，而且在我小学二年级的时候就为我开了一个储蓄账户。

而斐利贝成长的理财环境与我截然不同，他的父亲曾经拿一辆非常不错的汽车去交换了一根鱼竿。

节俭是我家一贯秉承的信仰，而斐利贝则没有这样的习惯。他是一个天生的企业家，永远愿意承担风险，对于失去一切重头再来的承受力也比我强得多。（让我再重申一下，我绝不愿意失掉现有一切，重新开始生活）另外，和我不同的是，斐利贝对金融机构没有任何信赖，这可以归结于他在一个货币季度动荡的国家里的成长经历。当他还是孩子的时候，他的母亲每天都在为巴西克鲁塞罗的通货膨胀而调整自己的储蓄，这让他早早地就学会了计算自己的账户余额。因此，对他来说，现金非常的不保靠。更不用说储蓄账户了。银行的结算单只不过是一种“清零”的把戏，一夜之间就会一无所有。因此斐利贝对我解释说，他宁愿把自己的财产全换成宝石，或者房地产，也比放在银行里强。他坦白地说自己绝不会改变这个观点。

好了，这很公平。事情就该是这样的，不过即便如此，我依然征询了斐利贝的意见，看看他是否愿意让我来处理我们的生活费用，并且管理家庭账户。我很确定电力公司不会接受紫水晶来付账单的，所以即便只是为了交付各种费用，我们也必须申请一个银行账户。值得安慰的是，他同意了我的这个想法。

①1929年的10月29日，华尔街股票大崩盘。从次日开始，美国历史上的大萧条时期开始了。

更让人觉得开心的是，斐利贝愿意利用我们一起长途旅行的这段时间，认真地考虑一下制定婚前协议的问题。事实上，和我一样，他一直坚持这么做。这可能会让一些读者难以理解，但请您务必考虑一下我们的情况。作为一个独立自主的女人，我一直靠自己的创作生活，甚至还曾经养活过几个男人（令人痛苦的是，现在我依然要给我的前夫寄支票），所以这件事对我极其重要。至于斐利贝，离婚不仅使他的心灵饱受创伤，也大大地损害了他的经济状况……好吧，这对他也很重要。

一般来说，只有当有钱的老人迎娶美丽的年轻女人时，才会在媒体上公布婚前协议，这一点我很清楚。因为这种话题总是显得比较暧昧，很容易让人联想到金钱与美色的交易。但是，斐利贝和我既不是大亨巨富，也从未妄想嫁入豪门，我们只是历经坎坷，充分地意识到无论什么样的关系，总有结束的那一天。刻意地否认它，假装这种事情不会发生在我们身上，那是非常幼稚的行为。不管怎么说，半路夫妻在金钱的问题上与那些年轻的情侣是截然不同的。我们每个人都必须把自己所有的一切都带入婚姻当中，包含我们的工作、生意、财产、子女、我的版税、他多年精心收藏的宝石，以及我的退休金账户，打我二十岁在餐馆当服务员时就设立了……所有这些东西的价值都需要认真地考虑、估量和讨论。

单单从字面上看，在结婚的前几个月起草一份婚前协议怎么都算不上一件浪漫的事。但是请您一定要相信我，正是在对这个问题进行沟通的过程中，我们度过了几次真正温馨的时光，尤其是当我们发现自己争论的焦点，其实正代表了对方的利益。当然，这期间也发生过几次不愉快的小插曲。但真正制约着我们的是，我们不得不在讨论一个问题的时候停下来，决定是否应该换个话题，还是再花几小时在原来的问题上。有趣的是，几年以后，当我和斐利贝一起起草遗嘱的时候，我们又遇上了相同的问题，一种由心而发的疲惫，折磨得我们无数次打算放弃。这是一件沉闷单调的工作，规划着你最坏的结局。所以无论是起草遗嘱还是婚前协议，我们的脑海中不知道有多少次浮现出一个词，“但愿不要”。

但是我们还是坚持下来了，完成了婚前协议，并且在最大限度上使我们双方都满意。或许这里用“满意”来形容并不恰当，因为在两个人刚刚开始相处的时候，就采取这样的防范措施毕竟有些不妥。不管怎样，设想爱情的破灭对于任何人都是非常残酷的，但我们还是完成了。我们这样做的原因，是因为婚姻并不仅仅是两个人的爱情故事，它还包含了一系列最严密的社会和经济关系。若非如此，也就不会有那些数以千计的市、州和联邦法案来约束它了。我们这样做的原因，还因为我们知道最好还是自己人之间说清楚，总比将来某一天在严肃的法庭上，由一个陌生人来决定这件事要好得多。所以，我们还是完成了这尴尬的关于金钱的谈话，因为我和斐利贝都真切地明白：如果你不想在爱意正浓的时候谈论金钱，那就只能等到以后，当你感到孤独和愤怒，当你的爱情已经凋零之时再去谈。

但愿不要。

但是，难道我还能奢望自己的爱情永不凋零吗？

我敢做这样的梦吗？在我们的旅程中，我花费了大量的时间来做一些选择问卷，里面有些选项是我整理出来的斐利贝的优点，就像一些幸运的鹅卵石一样，被我揣进口袋里，手指不断地在上面紧张地摩挲着。我的家人和朋友会接受斐利贝吗？这到底是一种有意义的认可，还是仅仅是幸运的魔法呢？我最聪明、最有远见的老朋友（这个女人在当初我嫁给第一任丈夫的时候就警告过我）会认同斐利贝做我的丈夫吗？我那九十一岁高龄的顽固的爷爷会喜欢他吗？（当我第一次带斐利贝去见斯坦利爷爷时，老头花了整个周末仔细地观察他，最后他宣称说：“我喜欢你，斐利贝。”

他大声地说道，“你看起来像一个幸运的家伙，事实最好也如此，因为这个女孩已快要等不及了。”）

我坚持需要这些人的认可，并非是为了证明斐利贝的优秀，相反，我只是在说服我自己。就像斯坦利爷爷说的那样，我对浪漫的理解完全无法让人相信。在我漫长而又多姿多彩的恋爱史中，不乏大量对男人的相当糟糕的决定。所以我需要别人的意见，用来支撑自己的信心和决定。

我也需要其他一些鼓舞人心的证据。从我们俩一同度过的两年时间里，我知道作为一对夫妇，斐利贝和我正是像心理学家说的那种“无争执者”。这个词的意思是“没有人隔着餐桌把盘子扔向其他人”。事实上，由于斐利贝和我基本上没怎么吵过嘴，我还一度为此担心过。传统的看法认为，夫妇间必须发生争吵，这样有利于把双方的怨气释放出来，但是我们真的几乎没有吵过架，这难道意味着我们一直在压抑着心中的愤怒吗？难道有一天它就会化作一股怒气爆发出来吗？事情不应该如此。（当然不会是这样子，那只是可怕的恶作剧，不是吗）

不过当我进一步对这个问题进行研究后，我感到轻松了很多。新的研究表明，一些夫妇在数十年的生活中想方设法地避免争执，却没有任何不良的后果。这样的相处方式被称做“相互协调行为”，巧妙而谨慎地对自己进行剖析，以避免产生纷争。顺便说一句，这种方式只有在两个人都具有随和的个性的基础上才能产生效果。不用说，如果只有一方温顺可人，而另一方是个独断专行的莽夫或者顽固不化的愚妇，这绝不是健康的婚姻。但是如果双方都会相互礼让，则不失为一种琴瑟和谐的婚姻方式。无争执的夫妇宁愿将自己的不满忍耐下来，也不愿意用对抗来解决问题。从精神的角度看，这一想法让我无比向往。佛祖曾经说过，只要给予足够的时间和空间，绝大多数的问题最终都会不复存在。我不知道过去的一切是否还会继续困扰着我们。我只知道，斐利贝和我似乎真的很相配。尽管我也说不清楚是为什么。

人与人的关系是如此神秘的一种东西。而且这种神秘的关系也不仅仅出现在人类身上！自然学家威廉·乔丹写过一本可爱的小书，名叫《海鸥的离婚》，他解释说，即使在海鸥这种忠于配偶的鸟类当中，也存在着25%的“离婚率”。也就是说，四分之一的海鸥伴侣都会因为存在不可调和的分歧而分开。没有人能明白为什么那些特殊的鸟儿不能和睦相处，但是很明显：它们就是不能共处。它们相互争吵，抢夺食物。它们在争论谁去筑巢，谁来保护未孵化的蛋，它们也可能在飞行中争吵。最终，它们无法生出健康的幼鸟。（为什么这些爱争吵的鸟会互相吸引，或者它们为什么没有听听它们的朋友的警告呢？这是一个谜，但是我想可以明白）总之，在经过一两个季节的争斗之后，这些可悲的海鸥夫妇不得不放弃旧爱，去寻找自己的新欢。这时出现了另一个问题：这些“二次婚姻”的海鸥总会是非常快乐的，而且很多最终会相伴一生。

想象一下吧，我求求你们了！即使是那些大脑只有相机电池那么大的鸟类当中，也确实存在着如此差异化的事情。就像乔丹所说的那样，这似乎是建立在“最基本的心理差别”的基础之上的，而这种事情还没有任何科学的证据来证实。鸟儿或许可以容忍对方很多年，或许不能。这是如此简单，又是如此复杂。

人类的情形也是如此。我们中的一些人令人痴狂，而另一些人却没有这种魅力。也许在这种事上，人和人是有差别的。爱默森[1]写道“我们并不会经常责怪自己不幸的婚姻”，那么也许可以推论，我们也不应该过于信任自己幸福的婚姻。不管怎么说，难道每次艳遇都会出现在同一个地方，两个陌生的人总是会有感情和欲望的交集吗？那么人们该怎样才能预见到多年之后事情的发展变化呢？有些事可以归结为机缘。是的，这是有一定的关系，但是我也知道相当多人很好的夫妇，为了挽救自己的婚姻曾经费尽心力，但最后却不得不以失败而告终。而另外的一些夫妇，为人并不比他们的邻居更出色，却可以愉快地生活在一起很多年，就像是可以自动清洗的电烤箱一样历久常新。

我曾经读过对一位纽约离婚法庭的法官的采访报道，他曾经说过，在“9·11”之后那些悲伤的日子里，出乎意料的是大量原本打算离婚的夫妻决定撤回诉讼请求。所有这些夫妇都声称自己被那场大悲剧所感动，因此决定重新开始他们的婚姻。这是可以理解的。与如此规模的灾难相比，那些生活中的琐碎争吵根本不值一提，它使人产生一种忘记旧恨，重新开始生活的想法。这是一种高尚的冲动，真的。但是正如那位离婚法庭的法官说的，六个月后，所有这些夫妇又回到了法院，重新申请离婚。尽管这种冲动是如此高贵，但是如果你真的无法忍受和某人共同生活，恐怖袭击也无法拯救你的婚姻。

说到两个人相处，我也时常在想，斐利贝和我之间十七岁的年龄差距也许对我们的关系很有好处。他一直坚持说，同二十年前相比，自己现在已经变得更加体贴了，我也非常喜欢（也很需要）他的成熟。或许正是因

①美国历史上最著名的作家，以创作散文著称。

为年龄上的差距始终在提醒我们生老病死的规律，我们才会如此小心翼翼地处理双方的关系。斐利贝已经五十多岁了，我不可能永远地拥有他，所以我不想把日子都浪费在争吵当中。

我还记得二十五年前，亲眼看着爷爷把奶奶的骨灰埋葬在自家的农场里的情形。当时是11月份的一个寒冷的冬夜，在纽约州的北部，我们这些后辈跟着他走在暗夜笼罩下的熟悉的草地上，一直走到河边的沙滩上，那是他多年以前就为妻子选好的埋骨之地。他一只手提着一盏灯，另一只手扶着扛在肩膀上的铁铲。地面被积雪覆盖，即便是像斯坦利爷爷这样强壮的男人，想要挖出一个可以容纳骨灰罐的小坑都是很困难的。但是他把灯挂在旁边的树干上，低着头开始干了起来，直到把它挖好。逝者如斯夫。你可以暂时拥有某个人，然后那个人就会一去不复返了。

这一切将会发生在我们每个人的身上，尤其是那些相爱的夫妇们，总有一天（如果我们可以幸运地一辈子待在一起的话）我们将会永远地失去另一半。时间在我们身边不断地流逝着，带走我们的日常生活中的每一分每一秒，不断地提示着生命的最终归宿。只是对于我们当中的一些人来说，这种提示分外的急迫……

我为什么要在现在谈论这些事情呢?

因为我爱他。难道我在书里鬼扯了半天还没有说明白这一点吗？我爱这个男人。因为种种稀奇古怪的理由而爱着他。我喜欢他那强壮如霍比特人的双脚。我喜欢听他做饭时哼唱的《玫瑰人生》。（更不用说我爱他做的饭了）我喜欢他说英语的腔调，口音地道，但是总喜欢自己造词。我最喜欢的是“Smoothfully（光滑地）”，还有，他管“lullaby（摇篮曲）”叫做“lulu-bell（噜噜钟）”。我还喜欢他对很多成语的使用。（“不要在鸡屁股里还有蛋的时候就去捡。”就是一个好例子，不过我也热衷于“胖女人唱歌的时候没有人敢张嘴”）我还喜欢他记错好些美国名人的名字。（“乔治·克鲁斯[①]”和“汤姆·皮特[②]”就是两个最主要的例子）

我爱他，所以我想保护他，甚至有必要的话，连我都不能去伤害他。我不想跳过任何婚前准备的阶段，也不打算留下任何今后可能让他担心劳神的事情。即便是经过如此多的讨论、研究和法律咨询之后，我依然担心自己可能会遗漏掉某些重要的问题，我想方设法地搞到了一份罗格斯大学出版的名为《共赴孤独：婚姻在今日美国的变化》的报告，并如饥似渴地研读着。这份鸿篇巨著中仔细整理了对美国二十年来婚姻状况的调查，这是在这一领域最大范围的研究报告，我很推崇这本书，就像《易经》一样。我在统计数字里寻找安慰，在各种图表中搜寻“婚姻的延续”，希望能够从对比数据中找到斐利贝和我的影子。

关于这份报告，从我所能理解的部分（我很怀疑自己可能什么也没看懂），基于一定的人口学的因素，研究者们似乎已经找到了导致“离婚的倾向”的诱因。某些夫妇总是比其他人更容易离婚，甚至达到可以预测的程度。其中有一些观点是我很熟悉的。比方说，我们都知道，那些父母离异的人比别的人更有可能会离婚，就好像这种事可以遗传一样，这样的例子不胜枚举。

---

①②此处是斐利贝将几个明星的名字记混了。

不过另外一些的观点我就不太熟悉了，甚至忧心忡忡。举个例子说吧，我总是听人说到，离过一次婚的人在统计学上更容易跌倒在第二次婚姻上面，但是也不尽然。据罗斯特大学的调查显示，许多再婚的人有时候也会幸福地过一辈子。（就像那些海鸥一样，有些人第一次没有选择正确，但是可以重新挑选更好的伴侣）但是，当人们带着根深蒂固的恶习开始第二段婚姻的时候（例如酗酒、赌博成瘾、精神病、暴力倾向，或者拈花惹草等），很多问题也就随之产生了。这个时候，你和谁结婚都没有用了，因为毁掉这份生活的正是你自己，是你那些无法改正的恶习。

接下来还有美国那声名狼藉的50%的离婚率。我们都熟悉这个经典的统计数字，不是吗？我们每个人都听说过这件事。就这个问题，人类学家莱昂内尔·泰戈尔曾经尖锐地写道："这真让人难以置信，在这种情况下，婚姻仍然是合法的。如果有近半数的其他事情以悲剧收场，政府一定会立刻禁止它。如果餐馆供应的玉米饼有一半会引起痢疾的话，如果有一半学习空手道的人擦破了自己的手掌的话，即使只有6%的人因为乘坐过山车而造成中耳损伤的话，公众都会要求采取行动。但是这种最隐秘的灾难……却一而再再而三地发生。"

但是，如果你把这个统计数字放在人口学的范畴内，你就会发现事情并不如你想象的那样简单。年龄的因素在离婚的概率方面起到很重要的作用。你结婚得越早，就越容易离婚。事实上，如果你结婚的时候年纪很小，那么你离婚的可能性就很大了。举个例子说，如果你在二十岁之前就结婚了，那么你离婚的概率就比三十到四十岁结婚的人高二至三倍。

导致这种情况的原因是显而易见的，但我仍在犹豫着，是否应该把它列举出来，因为我担心会刺激到我的读者们。我还是把它写出来吧：当我们还很年轻的时候，我们往往会缺少责任感，缺乏自知之明，更粗心，经济条件也更不稳定。因此，我们结婚宜迟不宜早。这就是为什么十八岁就结婚的人有着接近了75%的离婚率，风险曲线高于其他所有的人。而二十五岁似乎是一道分水岭。在这个年龄之前结婚的夫妇都比其他的人更容易离婚。在这个问题上，统计数字具有强大的说服力。所以，直到你活到五十多岁，否则不要结婚。这让我觉得难以置信的鼓舞，假设一下吧，如果把斐利贝和我的年龄加在一起，再除以二，我们的平均年龄大约是四十六岁。按照方才的算法，我们的婚姻应该坚如磐石。

不过年龄并不是唯一考虑的因素。根据罗斯特大学的报告，关于婚姻，还会受到一些其他的因素的影响，这里面包括：

1. 教育水平

从统计学的角度讲，你所受过的教育越高，你的婚姻就会越美满。特别是受过良好教育的妇女，她的生活会更加幸福。受过大学教育的职业女性结婚相对较晚，却是婚姻生活最稳定的被调查者。这听起来像是个好消息，特别是对斐利贝和我这样的人。

2. 孩子

统计数据表明，家里有小孩儿的夫妇比那些子女已经成年或者还没有子女的夫妇“更加现实”。新生儿对夫妻关系的影响是显而易见的，所以我想任何一个刚刚为人父母的人都会明白我的意思。我不知道这对于未来的世界会有什么影响，但是对斐利贝和我来说，这也是个好消息。年纪偏大、受过良好教育又没有孩子，至少根据罗斯特的那些书呆子们的报告，斐利贝和我的前景应该不错。

3. 共同生活

啊，现在终于出现对我俩不利的因素了。看来婚前同居的人比结婚后才住在一起的人的离婚率稍高一些。社会学家也搞不清这是为什么，只能猜测说也许婚前同居的人对承诺的看法更加随意一些。不管怎么说，这是对斐利贝和我的第一条不利因素。

4. 异族通婚

这一条使我感到十分的沮丧：你和你的伴侣的种族、年龄、民族、宗教、文化背景和职业越不一样，你们离婚的可能性就越大。异域的风情确实引人入胜，但总有你无法忍受的一天。社会学家猜测，这种偏见会随着时间的推移而被社会所纠正，但是现在怎么办？对我和我那年迈的、出身天主教家庭的、南美血统的商人恋人来说，这是第二个打击。

5. 社会关系

一对夫妇与朋友和家人的关系越紧密，他们的婚姻也就越牢固。事实上，现在的美国人都不太认识自己的邻居，也很少加入社区俱乐部，或是和亲戚们住得很近，这样就严重地影响到了婚姻的稳定。这是对斐利贝和我的第三个打击。当我读着这篇报告的时候，我们俩正待在老挝北部的一个破旧的旅馆里。

6. 宗教信仰

尽管信仰只不过起到很小的作用，但是一对夫妇对宗教越虔诚，他们的关系也就越稳固。在美国，信仰基督教的夫妇的离婚率仅比他们不信上帝的邻居低两个百分点，或许是因为这些虔诚的夫妻结婚的时候太年轻了吧？总而言之，我不知道这些宗教问题跟我有什么相干。如果把斐利贝和我对神学的观点综合起来，可以组成一个哲学名词“迷茫的信徒”。（斐利贝说：“我们俩一个是信徒；另一个则是迷茫的。”）罗斯特大学的报告里没有给出特定的数据说明宗教对婚姻的影响，所以这个问题我们就忽略不计了。

7. 家庭地位

在传统观念的婚姻中，女人在家庭中的地位往往不高，生活也过得不甚快乐。而在夫妇双方地位平等的家庭里，男人也会参与分担部分妻子的家务活。对于这件事，我所能说的就是，有一次，我听到斐利贝对客人说，他认为在一个家庭中，妻子的位置就应该是在厨房……坐在舒适的椅子上，端着一杯酒，跷着脚看她的老公做饭。我是不是可以给这个人加一些分呢？

我还可以再说下去，但是我已经有些头昏脑涨了，我快被这些数据逼疯了。我的表妹玛丽是斯坦福大学的一位统计学者，她警告我不要过于看重这类研究报告。很显然，他们读起来艰涩难懂。玛丽还特别提醒我不要被报告中所谓“幸福”的概念所迷惑，因为“幸福”目前还没有科学的量化标准。另外，统计研究显示的只是两种事物之间的关系（比方说，良好的教育和婚姻的稳定性之间），但并不意味着两者一定互为因果。据统计数据显示，在美国冰激凌销售最旺盛的地区，其溺水的比率往往也是最高的。但是很明显，这并不意味着，购买冰激淋可能会让你淹死。它只是说明，冰激淋最好卖的地方往往是在沙滩上，而人们到沙滩上去是因为那里靠近大海。这个冰激凌和溺水的例子就是所谓的逻辑悖论，而统计数据里往往充满了这种悖论。这也许就是为什么当一个夜晚，我在老挝读着罗斯特大学的报告，打算在心里编造出一个最不容易离婚的夫妇模板时，我会拼凑出这么一对科学怪人来。

首先，你得找两个有着相同的种族、年龄、宗教、文化背景和智力水平的人，而且他们的父母从未离过婚。然后你必须让这两个人一直等到四十五岁左右，才可以让他们结婚，而且在这之前还不能先同居。确保他们都虔诚地相信上帝，信奉家庭至上的价值观，但两个人都不能有孩子。（同时，丈夫一定要是女权主义的坚定拥趸）他们住在同一个小镇，不用因为自己的高学历而在外从事听起来炫目的职业，有足够的时间和邻居们一起打保龄球、玩牌，度过许许多多诸如此般美好的时光。

问题是你上哪儿去找这种人呢？

我这是在做什么啊，汗流浃背地躺在闷热的老挝旅馆房间里，仔细地研究那些统计数据，试图拼凑出一个完美的美国婚姻吗？这让我想起一个明媚的夏日，当我和朋友贝基在科德角散步的时候亲眼目睹的一幕。我们看到一位年轻的母亲带着她儿子出去骑自行车。这个可怜的孩子被从头到脚地武装起来：头盔、护膝、护腕、辅助轮、橙色预警标志，还穿着一件反光背心。另外，那位母亲还把自己用一根绳子拴在车上，跟在后面疯狂地奔跑，以确保她的儿子不会离开她的范围，即便一会儿也不行。

我的朋友贝基看到了这一幕，不由得长叹一声。“我得跟那个女士说说，”她说道，“那个孩子早晚有一天会被虱子咬一口的。”

意外总是在你不注意的时刻出现的。

换句话说，那个胖女人唱歌的时候，没有人敢张嘴。

但是，我们就不能尽量避免这种危险吗？有没有一种理智的方式来处理这个问题，而不需要这样疑神疑鬼呢？由于不知道该如何做好婚前准备，我只好跌跌撞撞地摸着石头过河，尝试每一种方式，每一种可以预计的可能性。我需要做的最后也是最重要一件事情，就是让斐利贝明白，他和我即将面对的是什么。我不想把自己像商品一样出售，或者为自己贴上一些诱人的标签。就像酒吧里的女侍：她所做的一切就是迷惑别人——这正是她的职业，况且我也不想像她一样生活在虚伪的面具之下。事实上，那天和斐利贝一起坐在湄公河岸边的时候，逐条地把自己的缺点向他罗列了出来，因为我觉得这样做对他更加公平一些。（姑且把这称之为婚前知情会议吧）以下就是我想出的自己最可怜的缺点，或者说至少是我煞费苦心找出的排名前五的缺点。

1. 我自视过高。一般来说，我相信自己了解这个世界上每一个人的生活方式，特别是你，真对不起。

2. 我需要大量发自内心的奉承，多到会使玛丽·安托瓦内特[①]脸红。

3. 我对生活有着难以比拟的热情。在我兴奋的时候，我愿意承担自己生理和心理都无法承受的重任，这也经常搞得我疲惫不堪。而你必须承担起每一次我精神崩溃后，抚慰我的工作。这将是难以置信的乏味，我提前向你道歉。

4. 我从不避讳自己的高傲，却又害怕与人冲突，所以只敢暗地里评判别人。这种时不时出现的情况让我变成了一个大话王。

5. 而所有的缺点当中，我最感到不齿的是：虽然经过很长时间的思量，但是一旦我认为某人是不可原谅的，那么他在我心里就已经永远死掉了，不需要任何公正的警告和解释，也没有第二次机会。

这不是一份吸引人的清单。它驱使我去读它，我从未如此诚实地把

①原奥地利帝国公主，是神圣罗马帝国皇帝弗朗索瓦一世与奥地利女王玛丽亚·特蕾西亚的第十五个孩子。其一生极尽奢华，最有名的一句话是当大臣告知玛丽，法国老百姓连面包都没得吃的时候，玛丽天真甜蜜地笑道：“那他们干吗不吃蛋糕？”

自己的缺点罗列出来。但是当我把这个东西给斐利贝看的时候，他对此没有感到任何吃惊。事实上，他只是笑了笑，说："你还有什么我不知道的事情打算跟我坦白吗？"

"你还爱我吗？"我问道。

"当然。"他确定地说。

"有多爱？"

这是一个最基本的问题，对吧？我的意思是，一旦最初那疯狂的欲望消退后，我们就会发现对方变得无比的平凡，这时我们该如何像过去一样地相互爱慕，相互宽容呢？

斐利贝好长时间没有回答我。过了一会儿，他说："当我过去在巴西收购宝石的时候，有一种叫做'包圆'的批发方式。就是从矿工、批发商等那里，随机地买一堆原矿。一般来说，一堆打包的原矿也许可以出二十到三十枚的蓝宝石。当然，这种交易很合适，因为你可以按照批发的价格购买。但是你必须得小心，因为那帮家伙总是跟你玩些小伎俩，他们会把品相不好的石头掺杂在上品宝石里卖给你。"

"所以当我刚开始做珠宝生意的时候，"斐利贝接着说道，"我损失惨重，因为我太专注于在打包的原矿里发现一两块完美的宝石了，而没有注意到那些混杂在里面的下等货。我被坑了几次之后，才终于学会了这一点：你必须把注意力从那些完美的宝石身上挪开，甚至不要多看它们一眼，因为那会使你丧失判断力。你应该先冷静一下，然后在心里问自己：'我能接受它吗？我能从这里面得到什么吗？'如果不，那么你就是花了冤枉钱，只买了一两块宝石和一大堆一文不值的垃圾。

"我想，它和两个人相处是一样的道理。人们总是爱上彼此身上最完美的方面。谁不是呢？任何人都可以爱上另一个人最精彩的部分，但这不是明智的做法。真正的聪明人应该是这样的：你能否接受对方的缺点？你可以看着你伴侣的缺点，然后诚实地说："我可以接受它吗？我可以从中得到什么吗？因为好的东西总是呈现在你的面前，鲜活而生动，让你爱不释手，但是坏的东西总是隐藏起来，让你猝不及防。"

"你是说你可以明智地接受我的缺点吗？"我问道。

"我想要说的是，亲爱的，很久以来，我一直在仔细地观察你，我相信我可以接受整个的'包圆'。"

"谢谢！"我说，而且我是认真的。真的，为了我身上的每一处缺点而感谢。

"你想知道我最大的缺点吗？"斐利贝问道。

我必须承认，听到这句话的时候我在想：我当然知道你最大的缺点，先生。但我还没来得及回答，他就已经自顾自地说了起来，就像每一个熟悉自己的人那样。

"我一直都很能挣钱，"他说，"但是我从未学会如何攒钱，我喝了太多酒。我对孩子们过分地溺爱了，或许对你也是。我过于偏执，也许这就是巴西人的天性使然吧，所以一旦我误解了什么事，我总会作最坏的打算。因为这个，我失去了很多朋友，我非常后悔，但这就是我处世的原则。我喜怒无常，对社会总是满腹怨言。我是个刻板的男人，同我待在一起相当无聊，我对于傻瓜也没什么耐心。"他微笑着，停顿了一下，"同样，每当我看到你，都无法抑制住想和你上床的冲动。"

"我可以理解。"我说。

人们总是这样，我们无法去爱别人，就像爱自己一样。我这样说是因为，开诚布公地听别人说起自己的缺点并不是什么愉快的事，不过这样倒可以真正了解自己性格中黑暗的一面。这并不是什么好玩的事，它们可以对你造成伤害，可以破坏你的生活。我的极端自恋与斐利贝的乱花钱一样，都有可能会对我们未来的关系造成了不小的伤害，当然，还有他在面对不确定环境时的疑神疑鬼。如果我们能够清醒地认识自己，我们就会努力地控制这些天性当中的不稳定因素，但是它们是无法消除的。还好，我们知道：斐利贝无法完全改变自己性格上的缺陷。当然，我也不能。而且还有一些我们无法改变的事情，是大家所不愿意看到的。如此说来，要完全被别人所了解、被别人所热爱，从人性的角度来说是不可思议的。

我对佛祖和早期基督教徒发自内心地尊重，但有时我还是怀疑他们对独身和隐修的宣扬，其实是对我们生命中很多东西的一种否定。也许他们对亲昵行为的禁止，使我们错失了体验许多生活中最基本的情感的机会。“所有的人类都有缺点，”埃莉诺·罗斯福[①]写道（她的婚姻经历曲折艰辛，荡气回肠，所以她知道自己在说些什么），“所有人类都有需求、诱惑和压力。在一起生活了多年的男人和女人了解彼此的缺点，同样，他们也了解对方和自己身上值得尊敬和钦佩的地方。”

也许你应该在自己心里创造出一个足够大的空间，用来承装别人对你的批评，哪怕那只是一些白痴的言论。这是一种高尚的行为。也许修行不止可以在荒无人烟的山顶或是寺庙当中进行，还可以在你家厨房的餐桌旁，通过容忍你的另一半的各种缺点而进行。

我并不是说任何人都应该学会“宽容”地对待虐待、轻慢、蔑视、酗酒或是拈花惹草这些事，我当然也不认为那些婚姻已经破裂的夫妇还应该强颜欢笑。“我都不知道该如何面对自己伤痕累累的心。”我的一个朋友在和丈夫分手之后，泪眼婆娑地说。对于这样的人，谁又能忍心去责备她

①美国第32任总统富兰克林·德拉诺·罗斯福的妻子，杰出的社会活动家、政治家、外交家和作家。

呢？有些婚姻会随着时间而逐渐腐烂，它们中的一些必须结束。结束这样的婚姻并不一定就是道德上的失败，有时这种分手甚至代表了完全相反的东西：那就是希望的开始。

所以，不，当我提到“宽容”的时候，我不是在谈论学会如何忍受痛苦。我说的是学会如何适应你的生活，学会大度地对待那些你无法忍受的人。这样，你家的厨房就变成了修行的庙宇，在那里我们可以学会宽恕，而我们自己也会被宽恕。是的，这可能只是平凡的小事，当然跟神圣更是靠不上边。但也许正是这些微不足道的行为，在用一种默默的方式把我们的生活变得不平凡，不是吗？

除了上面说的那些缺点，斐利贝和我之间还有一些小小的不同，我们不得不接受它们。我向你保证，他永远也不会和我一起参加瑜伽课，尽管我一再地向他保证说，他一定会喜欢的。（看来他是绝对不会喜欢瑜伽的了）我们从未一起在周末进行过心灵的冥想。我永远也说服不了他少吃点红肉，并且跟我一起进行节食，就算是为了好玩也不行。我永远也无法让他改改他那暴躁的脾气，尽管有时会让他精疲力竭。他永远也不会和我分享爱好，这一点我很清楚。我们不会手拉手地穿行在农贸市场里面，或者徒步旅行，只为了去欣赏一朵野花。尽管他很乐意坐下来听我说喜爱亨利·詹姆斯[①] 的诸多好处，但是他永远也不会坐在我身边阅读詹姆斯的文集，所以这种我个人认为的最高雅的乐趣只好由我一个人享受了。

同样的，他生活中的某些乐趣，我永远也无法享受。我们在不同的年代里长大，又生活在不同的半球，有时候我根本无法领会他的文化含义和笑话。我们也从来没有在一起抚养过孩子，所以斐利贝无法同我一起回忆

①美国著名作家。

祖和艾瑞卡小时候的故事，而如果他还和孩子的母亲待在一起的话，他们就可能很愉快地聊上好几小时了。斐利贝对葡萄酒的热爱几乎到了崇拜的境界，但是我对酒却一窍不通。他喜欢讲法语，而我不懂法语。他喜欢懒洋洋地在床上躺一上午，而我如果不在清晨做点什么的话，整个人就会闲得要抽搐了。斐利贝和我在一起之后，就再也没过过他以往的清净日子了。他喜欢孤独，而我不是。我就像一只狗一样，永远也闲不下来，而他像猫一样，喜欢待在安静的屋子里。如果他娶了我，他的屋子就再也安静不下来了。

这还只是一小部分差异。

有一些差异很重要，还有一些则没那么重要，但是所有的差异都是不可更改的。看起来，只有相互谅解才是我们爱情中唯一的调和剂，可以避免由此产生的失落感。我们人类来到这个世上，就像阿里斯托芬尼斯阐述的那样，带着一种被割裂的感觉，急切地希望有人可以修复（或者重新配对）自己。欲望总是流淌在我们的血液当中。宽恕我们吧，所有人知道完美的结合是不可能的，但是不管怎样我们都要在一起，所以你必须足够地小心和温柔，当心别把自己搞得伤痕累累。

有的时候，我几乎可以看见斐利贝和我之间的差异，那总是会让我感到一种隔膜——尽管我一直希望可以靠别人的爱来弥补自己的缺憾，尽管我已经努力地尝试了很多年，但是在过去的岁月里，我从未发现自己完美的另一半，没有发现能够完善自己的那个人。与此相反，我们的个性和缺点，总是如暗流一样在我们身边涌动着。但有时，就在那股暗流当中，就在我们两个中间，我还是可以捕捉到一丝希望。上帝保佑，也许那就是一个机会。

CHAPTER FIVE

婚姻中的女人们

Marriage and Women

在今天，最令人摸不到头脑的问题就是
如何兼顾工作、爱情、家庭和孩子。

——贝蒂·福莱顿，《第二阶段》

如果你想为你的女儿的未来出谋划策，如果你想让她长大后过上幸福的生活，你就必须鼓励她完成自己的学业，尽可能推迟自己结婚的时间，拥有属于自己的生活，控制儿女的数量，并且找一个乐意清洗浴缸的男人。这样，你的女儿才有可能过上健康、富裕和幸福的生活，就像她的丈夫一样。

卡西是湄公河边一家小旅馆的老板，斐利贝和我在那住了好长时间。在这段时间里，我已经步行和骑车游遍了琅勃拉邦全城，已经看腻了那些和尚化缘，已经对这个小城的每一条街道、每一座寺庙熟得不能再熟了。于是我问卡西，看看他能否找一个会说英语的朋友，可以开车带我们到城外的山上去转转。

在琅勃拉邦的最后一个星期，我们认识了一个叫乔的男人。

乔是卡西的一个朋友，于是卡西就把乔介绍给了我们，而乔也大方地同意用他叔叔的车带我们出去逛逛。

乔是个爱好广泛的年轻人，今年才二十一岁。我知道这一点，是因为我们刚一见面，他就告诉我说："我是一个爱好广泛的年轻人，今年二十一岁。"乔还跟我说，他出生在南亚最贫穷国家的一个最贫穷的家庭里，是七个孩子里最小的一个，但也正因为如此，他在学校里始终名列前茅。在学校里，每年只有一个学生被授予"最佳英语学习者"的称号，而这个最好的学生总是乔。所以老师在课堂上总是喜欢提问他，因为他总能正确地回答问题。乔还跟我说，他对烹饪非常热爱。不仅精通老挝菜，还会做法国菜，因为他曾经在一家法国餐馆当过服务员，并且他也很高兴与我分享这方面的经验。另外，乔还曾经在大象园里为游客表演过驯象，所以他也知道很多关于大象的事情。

为了证明他对大象有多么的了解，一见面他就问我："你知道大象的前脚上有多少个脚趾吗？"

我很随意地说了三个。

"你错了，"乔说，"我再让你猜一次。"

我又猜了五个。

"很不幸，你又猜错了，"乔说，"我来告诉你答案吧，大象的前脚上有四个脚趾。现在，你再猜猜后脚掌上有几个？"

我猜了四个。

"不幸的是，你又猜错了，我再给你一次机会。"

我猜了三个。

"还是错，大象的后脚掌上有五个脚趾。现在，你能猜出大象的鼻子能容纳多少公升的水吗？"

我猜不出来。我根本无法想象大象的鼻子能装多少升的水。但是乔知道：8升！恐怕他还知道数以百计的关于大象的事情。就这样，跟乔一起在老挝的群山里逛一天，你就像是上了一堂关于厚皮动物的生物课！但是乔还知道很多其他的事情。他细心地跟我解释说："我不仅了解大象，我还知道很多关于斗鱼的东西哩。"

这就是乔，一种典型的二十一岁的年轻人。斐利贝并没有参加我们的琅勃拉邦一日游活动，因为他有一个缺点（尽管他之前并没有把它列出来），就是忍耐力很差，他绝对无法容忍自己因为大象的脚趾问题而被一个二十一岁的年轻人如此挖苦。

不过，我很喜欢乔，我对他这一类的男孩子抱有很大的好感。他生性好奇，为人热情，也很有耐心地对待我的好奇心和热情。不管我问他什么样的问题，无论多么古怪，他总是乐意试着给我一个答案。有时他可以凭借自己丰富的历史知识来回答，有时他也说不出什么所以然。有一天下午，我们开车穿过一个非常贫穷的山村，村子里的屋子满是灰尘，没有大门，窗户是用铁皮粗略地剪切出来的。但是，就像我在老挝其他村镇里看到的那样，这些小屋的屋顶上都安装着昂贵的卫星电视接收器。我默默地琢磨着，为什么这些人有钱去安一个卫星电视接收器，却没有钱买个大门呢？最后，我问乔："为什么在老挝，人们这么看重这些卫星电视接收器？"他只是耸耸肩说："因为这里的电视接收信号实在是太糟了。"

但是我问的最多的问题还是关于婚姻的。当然了，因为这是我今年的主题。乔很乐意向我解释在老挝的婚姻是怎样的。他说，在老挝人的一生中，婚礼是最重要的事情。只有生日和葬礼才能跟它相比，而且人们也不可能为了办丧事去开一场派对。所以婚礼就会变成一个盛大的节日。乔告诉我，去年他自己举行婚礼的时候，就邀请了七百人来参加，这还只是普通规模的。乔对我说，就像大多数的老挝人一样，"因为他们有太多的表亲、太多的朋友，每个人都必须要邀请到"。

"有七百个客人来参加你的婚礼？"我问道。

"哦，不，"他信誓旦旦地跟我说，"来了一千多人！"

出现这种情况是因为，每一个受邀请的表亲和朋友又会邀请他们自己的表亲和朋友（而且客人的客人有时还会邀请客人），而主人永远不可能赶走上门的客人，所以事情很快就失去了控制。

"你想让我给你说一些老挝传统婚礼的事情吗？"乔问道。

我对他说，如果可以的话就太好了，于是乔跟我讲起来了。当一对老挝夫妇即将结婚的时候，他们会给每一位客人寄请柬。客人们把这些带着他们姓名和地址的请柬折成信封的形状，然后在里面塞上一些钱。婚礼那天，所有的这些信封会被投进一个巨大的木头盒子里，这笔巨大的捐赠是用来帮助新婚夫妇开始新生活的。这就是为什么乔和他的新娘邀请了那么多客人来参加婚礼：礼金当然越多越好了。

等到婚礼结束的时候，新娘和新郎会通宵达旦地清点礼金的数额。新郎负责数钱，而新娘则坐在一旁，用一个笔记本记录着每一位客人的礼金。这样做并不仅仅是为了写一封感谢信（就像我用西方人的思维想的那样），而是要详加合算，并且长久地保存下去。那个笔记本（其实就是银行账簿）将被放在一个安全的地方，以便在今后的数年间可以随时查阅。这样，在五年以后，当你远在万象的表哥结婚的时候，你就可以去翻阅那本古老的笔记本，确认一下你结婚的那天他给了多少礼金，然后按照相同的数额还回去。事实上，你还会多给一些钱作为利息。

“连通货膨胀的因素都要考虑到！”乔自豪地解释说。

不过，婚礼上的礼金其实并不是一件真正的礼物：它只是一笔精心测算、不断变化的贷款，从一个新家庭流转到另一个新家庭。你用自己收来的钱开始新的生活，买一小块地，或是开一处小买卖。然后，当你挣到钱后，你会在以后的几年间，把这笔钱也按照礼金的形式慢慢还回去。

这个系统为这样一个经济极度贫困的国家作出了杰出的贡献。老挝在过去十几年间一直受困于严重的危机，一个又一个无能的政府先后出台了各种金融政策，其结果却使全国的银行都濒于破产，腐败和无能摧毁了这个国家的经济。为了应对这种环境，人们把手头的小钱聚集起来，把婚礼礼金变成了一整套行之有效的银行系统：也许是这个国家里唯一值得信任的系统。这种社会契约是建立在以下共同认识的基础上的，即作为一对年轻的新婚夫妇，你们的礼金并不属于你们自己，而是属于所有人的，是必须偿还的，而且还要附加利息。在某种程度上，这就意味着你的婚姻并不完全只属于你，它也是属于所有人，是大家共同入股的结果。这么说来，你的婚姻就变成了一门生意，而你周围的每个人都拥有一份固定的股权。

当有一天下午，乔开车带我们到琅勃拉邦山区的一个叫班法农的小村庄的时候，我终于可以更直观见到这种股权分红的形式了。这个边远的村子里聚居着一个刘姓的族群，他们是在几个世纪以前为了躲避偏见和迫害从中国迁徙过来的，随身带来了自己的蚕茧和农业技术。乔的一个大学时代的朋友住在这个村子里，现在她成为了一个织布工，就像这里的其他女人一样。这个女孩和她的妈妈已经同意了和我聊聊关于婚姻的故事，乔为我们做翻译。

这个家庭居住在一栋整洁的竹楼里，地上用水泥垫平。为了避免炽热阳光的照射，屋间里没有窗户。当你走进这栋房子时，感觉就像进到了一个巨大的柳条篮子里，这完全是天才的大手笔。她们为我搬来一把椅子，又倒了一杯水。屋子里几乎空荡荡的，没有什么像样的家具，只是在客厅里摆放了这个家庭最珍贵的东西，按照次序排成了一排：一台全新的织布机，一辆全新的摩托车，还有一台全新的电视。

乔的朋友名叫佐伊，她的母亲婷是一个四十多岁的风韵犹存的女人。女儿静静地坐在一旁给一幅织物锁边，而她的妈妈热情地忙前忙后，所以我决定把提问的对象转向母亲。我向婷打听关于这个村落的婚姻习俗。她告诉我，一切都很简单。如果一个男孩喜欢上一个女孩，而这个女孩也对男孩情有独钟，那么双方的父母就会聚在一起，商量出结婚的方案。如果一切顺利的话，两边的家长就立刻去拜访一位特殊的僧人，这个和尚会根据佛教历法为新人推算出一个适合结婚的日子。到那一天两个年轻人会举办婚礼，村子里的每个人都会去随礼。婷跟我解释说，他们的婚姻会持续一辈子，因为在这个叫班法农的村落里，从来也没有发生过离婚这码事。

这话其实早在我旅行之前就曾经听说过，但我对此一直抱着怀疑的态度，因为我根本不相信这个世界上还有没听说过“离婚这码事”的地方。如果你细心一点，你总能发现一个关于婚姻失败的凄惨故事。相信我，在哪儿都是如此。这一切使我想起了伊迪丝·华顿的《欢乐屋》里那个饶舌的老太太说的：“每一个家庭都会有离婚，就像都会得阑尾炎一样。”（顺便说一句，在爱德华七世的时代，“得阑尾炎”其实就是“堕胎”的一种隐晦说法。当时，这种事情随处可见，甚至会发生在很多匪夷所思的人身上）

不过，在有的社会环境里，离婚也是极少见的。

婷的氏族就是这样。在接受采访的时候，她也承认一个她童年的朋友不得不搬到首都去，因为她的丈夫遗弃了她，但那是她所能想到的过去的五年里唯一的离婚事件。不管怎么样，她说，总有方法帮助家庭保持完整。你可以想象到，在这样一个小村落里，每个人的生活（甚至包括财产）都与其他人息息相关，所以保持家庭的完整是当务之急的。婷解释说，当某个人的婚姻出现危机的时候，周围的人都会帮忙想办法来解决问题。首当其冲的，处于危机中的妻子必须尽可能地服从丈夫的意志。“只有一个人说了算，生活才会幸福，”她说，“最简便的方法就是一切都听男人的。”

我礼貌地点着头，希望可以顺利地把谈话引到更加深入的方向。

但是有的时候，婷对我说，即便是绝对的服从也无法解决所有的家庭争端，这时你就不得不求助于外援。所以干预的第二个阶段就是把双方的父母请进来，看看有没有可能使问题得到有效的解决。父母们会召开一个家庭会议，与会的每个人都必须尝试提出解决方案。

如果父母的介入依然无法解决问题，这对夫妇就会尝试第三阶段的干预。那时他们必须去求助于村里的长老会，也正是这些人见证了他们结婚的过程。这些老人会把这个问题带到村里的公共会议上研究。这样，个人的危机就变成了公众的议题，就像乱涂乱抹和学校的费用一样，需要所有人同心协力地去解决。邻居们会给出自己的意见和解决方法，甚至提供一定的援助，比如说帮忙带一两个星期的小孩子，以便这对夫妇可以心无旁骛地处理自己的问题。

如果这一切还没有奏效，那就只好进入绝望的第四阶段了。因为所有人都无法弥补他们的家庭矛盾（这是及其罕见的），这对夫妇将到远离村落的大城市去，以完成双方合法的离婚手续。

听着婷说的这一切，我不由得反思起自己第一次婚姻的失败。我不记得自己和前夫是否曾经采取过什么补救的措施来挽救我们的婚姻。假如我们曾经求助于朋友、家人或是邻居们，结果会有所不同吗？也许我们可以及时地改正错误，并重新生活在一起。在离婚之前，我们确实参加过六个月的辅导。但是，当我听到那些心理医生讲述患者们悲伤的故事时，才意识到一切都太迟了，我们已经回天乏力了。仅仅靠每个星期去接受一小时的心理疏导，对我们已经僵化了许久的关系毫无用处。对于我们糟糕的婚姻关系，即便是最好的医生也于事无补。但是假如当初我们及时地采取行动，或者更加信任对方呢……假如我们向家人和朋友们寻求帮助呢……

当然，也许这一切都没有用。

那是一场问题多多的婚姻。即便是整个曼哈顿的人都加入帮助我们的行列当中，我也不确定我们是否还能忍受下去。另外，我们也没有与婷的氏族一样相似的文化背景。我们都是些现代、独立的美国人，居住在离老家几百公里的地方。假如我们召集所有的亲戚和朋友，一起来开一个关于私人问题的会议，那才是这个世界上最古怪的事情呢。我们总不能以维持婚姻和谐的名义去牺牲一只鸡，然后把解决所有问题的希望寄托于家庭会议上吧。

毕竟，幻想是没有用处的。我们不能容许自己被困在无尽的猜想和遗憾当中，尽管这种极度的心理扭曲非常难以控制。基于这个原因，我相信所有离婚的人的保护神一定是古希腊巨人厄庇墨修斯[①]，那个被赐福（或者说是诅咒）成为出了名的后知后觉者。他是个不错的人，但是只能看清发生过的事情，这并不是一个有用的实际能力。（顺便说一句，有趣的是，厄庇墨修斯是一个已婚男人，他的天性使他总是觉得自己应该选择另一个女孩，而他的妻子正是脾气暴躁的潘多拉，多么有趣的一对）在人生的某些时候，不管发生了什么事情，我们都要停止对过去错误的悔恨，无论那看起来有多么的痛苦，我们必须继续自己的生活。或者就像斐利贝曾经说过的："我们不能沉迷于过去的错误当中，亲爱的。让我们把注意力放在未来可能犯的错误上。"

潜意识里，那一天我总觉得婷和她的村落在对待婚姻的事情上具有很重要的想法。当然，这跟如何服从男人没有关系。她们认为，当一个群体在遇到问题的时候，群体中的每一个人不仅仅要分享自己的金钱和资源，而且还要有一种集体责任感。也许从某种程度上说，我们每个人的婚姻都与其他人息息相关，共同构成了一张社会大网。这就是为什么那天我写下

①宙斯的儿子，普罗米修斯的弟弟，传说中的"后知者"，后来娶了潘多拉为妻。

了下面的话：别把你和斐利贝的结合看做自己的私事，那只会让你们变得孤独、脆弱……

我想问一下我的新朋友婷，看看她是否曾经作为村里的长者参与过调停邻居的婚事。但是在我问下一个问题之前，她突然打断我，问我是否可以为她的女儿佐伊找一个优秀的美国老公，最好是受过大学教育的。接着婷向我展示了一幅她女儿的美丽织锦，深红的底色上面绣着一头正在跳舞的金色大象。也许她认为，在美国有些人打算娶一个有如此巧手的女孩子吧。

顺便说一句，当我和婷说话的时候，佐伊自始至终都沉默地坐在那儿绣着，她穿着牛仔裤和T恤衫，头发扎成一个松散的马尾辫。她大部分时间都在礼貌地倾听着妈妈说话，只是当谈到这个话题时才略带羞涩地瞥了一眼。

“会有受过教育的美国人愿意娶一个像我女儿这样漂亮的老挝女孩吗？”婷又问了一遍。

婷并不是在开玩笑，这一点从她焦急的语气就可以看出来。我请乔慢慢地探一探她的口风，婷立刻就毫不避讳地说了起来。她告诉我们，这个村子最近面临着很大的麻烦。这个麻烦就是，村里的年轻的妇女开始挣得比男人们多了，也逐渐地开始接受教育。这个民族的女人心灵手巧，而最近大量西方游客拥入老挝，这些外国人对她们的纺织品非常感兴趣。所以当地的女孩子从很小的时候就可以挣到大笔的现金，而且越攒越多。就像婷的女儿一样，她们中的一些人不仅可以用自己挣到的钱来支付学费，而且还能为家里添置东西，比如说摩托车、电视以及新的织布机等，而当地的小伙子们只能靠务农为生，并且收获寥寥。

当大家都很贫穷的时候，这个问题还不明显，但是当这些年轻的女孩们挣到大把大把的钱时，平衡被打破了。婷说，现在村子里的年轻女孩已经习惯于自力更生，她们当中有些人甚至推迟结婚，但这还不是最大的问题！最大的问题是，当这些年轻人结婚后，男人们很快就习惯于花妻子的钱，这意味着他们不会再像以往那样努力地工作了。这些年轻男人逐渐认识不到自己的价值，于是开始自暴自弃，沉迷在酗酒和赌博当中。而女人们发现这种情况后，对她们的丈夫感到非常的失望。因此，近来许多的女孩放弃了结婚的打算，这也颠覆了这个村子多年以来的意识形态，并进一步引发了各种各样的矛盾和紧张。这就是为什么婷会担心她的女儿可能永远也不会结婚的原因（除非我可以安排一个同样受过良好教育的美国人），不过这对于家庭来说意味着什么呢？而一旦女孩子都离开了村子，男孩子们该怎么办呢？村子里原有的社会网络又该何去何从呢？

婷告诉我，她把这种情况称之为“西式的问题”。这说明她是看报的，因为这确确实实是一个西式的问题，一个困扰了西方世界好几百年的问题，一个女人与财富的问题。在任何社会里，一旦女人们开始获取属于自己的收入，那么最先发生变化的就是婚姻的本质。你可以在所有国家和所有人的婚姻中看出这一趋势。女人们的经济自主权越大，她们结婚的年龄就越晚，甚至不结婚。

有些人谴责说这是社会的倒退，并且宣称女性的经济独立正在破坏婚姻的幸福。但是当那些保守主义者缅怀女人待在家里相夫教子，离婚率大大低于今天的黄金岁月的时候，他们应该记住，在几个世纪以来，还有许多妇女不得不在悲惨的婚姻中挣扎，因为她们付不起离婚的费用。甚至在今天，很多美国离婚妇女在离婚后，平均收入水平下降了30%，甚至更多。一句古老的谚语这样精确地说道：“每个女人距离破产只有一张离婚书那么薄。”确切地说，一旦离婚了，面对着嗷嗷待哺的孩子，又没有受过教育，她该何去何从？我们都倾向于理想当中永恒的婚姻，但是我们不能想当然地认为忍耐就是婚姻美满的唯一条件。

比方说，在大萧条时期，美国的离婚率大幅下降。当时的时事评论家喜欢把这种下降浪漫地形容为，困难把夫妇们更加紧密地联系在一起了。他们描绘出一幅激动人心的画卷，坚强的一家人用一个破旧的碗分享他们简单的饭菜。这些评论家曾经这样说过，很多家庭虽然失去了汽车，却找到了自己心灵的归宿。事实上，正如任何婚姻顾问会告诉你的那样，深陷财务问题的家庭在婚姻上举步维艰。短暂的外遇，公开的偷情，没有比贫穷、破产和债务更能迅速地打垮你的婚姻的了。当现代历史学家进一步审视大萧条期间的低离婚率时，他们发现，许多美国夫妇之所以继续住在一起，是因为他们根本无法分开生活。独自一个人养家是非常困难的，还不如两个人共赴时艰。在大萧条时期，许多家庭不得不把一条床单挂在他们的起居室里，用来隔开丈夫和妻子，这实在是一幅很让人沮丧不已的画面，真的。还有一些夫妇在事实上已经分居，但是没有钱来申请合法的离婚。遗弃在20世纪30年代随处可见……大量破产的美国人抛下了自己的妻子和儿女，一去不复返（要不你以为那么多流浪汉是怎么来的）。但是很少有妇女向当局报告她们丈夫的失踪，因为她们还有更重要的事情需要操心，比如说如何填饱肚子。

极度的贫困就会引发极度的不安，没有必要为此过于惊诧。在全美各地，离婚率最高的往往是那些受过教育，但经济情况不良的人们。金钱本身当然会导致一些问题，但是金钱也有它的好处。钱可以帮你雇人照看孩子，让你拥有单独的浴室，出去度假，还可以使你免于被账单所困扰，所有这些东西都有助于维护你的婚姻的稳定。当女人们有了属于自己的钱，当你不再把经济因素视为促进婚姻的第一要素之后，一切就都变了。到了2004年，未婚女性成为美国增长最快的人口。三十岁左右的女人单身比率是70年代的三倍。她们同样不愿意过早地生育，甚至干脆不愿意成为母亲。在美国，没有孩子的家庭数量达到了空前的高度。

当然，社会对这一变化并不是完全欢迎的。在日本的那些日子里，我们发现这里的妇女是世界上工薪最高的（不巧的是，也是世界上出生率最低的国家）。保守的社会评论家管这些不想结婚和生孩子的年轻女人叫做“寄生族”，意思是这些未婚的、没有孩子的女人享受了社会的一切优待（比如说，个人的成功），却没有尽到自己的义务来回报社会（比如说，生个孩子）。即使在如伊朗一样保守的社会里，年轻的妇女也在选择推迟结婚和生育的年龄，以便把更多的精力投入受教育和事业当中去。这种日益增强的趋势被保守主义者大加批判，引用一位伊朗官员的话说，这些不结婚的女人们已经“比敌人的炸弹和导弹更危险”。

作为一位生活在老挝农村的母亲，我的新朋友婷对于自己的女儿抱有一种极其复杂的情感。一方面，她对佐伊高超的编织手艺非常骄傲，她也为这个家带来了新的织布机、电视和摩托车。另一方面，她对女儿所追求的教育、金钱和独立的新世界一点也不理解。当她想到佐伊的未来时，她只能看到一大堆莫名其妙的新问题。这样一个受过教育的、有文化、经济独立的现代女孩在老挝传统的社会里没有先例。你该怎样和她们相处？她怎么会和邻家大字不识一筐的农家小子有共同的语言呢？你可以把摩托车停在客厅里，你也可以把卫星电视接收器放在屋顶上，但是你究竟应该把这样一个女孩摆在家里的什么地方呢？

还是让我来告诉你，佐伊本人对这场争论的态度吧：在我们谈话的时候，她站起身，径自走到屋子外面去，然后就再也不露面了。关于婚姻的事，我没有从女孩的嘴里听到哪怕一句话。但是我坚信，在这件事上她有着自己强烈的意愿，她只是不想跟我和她妈妈说罢了。佐伊自顾自地去做自己的事了，你会感到她可能走到街角的熟食店去，买了一些香烟，然后和朋友们看电影去了。真希望这个村子没有熟食店，没有香烟，也没有电影，只有一些鸡在泥泞的道路上咯咯地叫着。

那么那个女孩去哪儿了呢?

啊，这才是问题的本源，不是吗?

顺便说一句，我有没有提到乔的妻子已经怀孕了呢？事实上，这个婴儿的预产期正是在我遇到乔，然后雇他做我的翻译的那个星期。我知道这件事，是因为乔对得到这份兼职非常开心，因为他需要一些钱来为婴儿的诞生作准备。乔对拥有一个孩子非常的骄傲，当我们在琅勃拉邦的最后一个晚上，他邀请斐利贝和我到他家吃饭，向我们展示一下他的生活，顺便把我们介绍给年轻的准妈妈诺伊。

“我们是在学校里认识的，”乔说，“我一直很喜欢她，她比我年纪小一点，现在只有十九岁。她长得很漂亮。说实话，一直到现在，我也搞不懂怀孕是怎么回事。她以前那么瘦，几乎就像没有什么分量一样。但是现在，她可是最有分量的人啦！”

于是我们就搭旅店老板卡西的车到乔的家里去。斐利贝买了几瓶老挝当地产的啤酒，而我则带了一些可爱的婴儿服装，那还是我不久前在市场里买的，现在正好当做送给乔的妻子的礼物。

乔家的房子坐落在琅勃拉邦城外的一条土路的尽头。这里的房子似乎都一模一样，一直延伸到树林旁边。乔的家里有一个长约30英尺，宽约20英尺的长方形院子，一半的地上布满了水泥池子，乔在那里饲养斗鱼和青蛙。在作为一名小学教师和临时导游的同时，他还把这些青蛙卖给食品加工者，用以补贴家用。他自豪地解释说，这些青蛙大约可以卖到25 000基普[①]一公斤，合2.50美元。因为这些青蛙长得非常肥硕，平均三到四只青蛙就有一公斤。所以这门生意利润相当不错。同时，他也饲养斗鱼，可以卖到5 000基普每条，约合50美分，而且它们繁殖得很快。他把这些鱼卖给当地那些赌鱼的人。乔对我们说，他还是个孩子时就开始饲养斗鱼了，这样他可以挣一些钱，避免成为父母的负担。尽管乔不喜欢自夸，他还是禁不住对我声称，他可能是琅勃拉邦最好的斗鱼饲养者。

院子里剩下的部分就是乔的房子了，由于青蛙和斗鱼占去了大部分的面积，也就意味着属于乔的只有大约15平方英尺了。这是一栋用竹子和胶合板搭成的房子，屋顶是用薄铁皮做成的。原来的一间房间现在被分成了两块，近似于客厅和卧房。隔离的墙是一块胶合板，乔搜集了一些诸如《曼谷邮报》、《先驱论坛报》之类的英文报纸，然后把它们整齐地糊在墙上。（后来，斐利贝诉我，他猜测乔就是每天夜里躺在那儿，读着墙纸上的每一个单词，才练好自己的英语的）只有一个电灯泡挂在客厅里。还有一个小小的水泥卫生间，里面设置了一个便池和一个洗澡用的澡盆。不过在我们做客的那个晚上，澡盆里却盛满了青蛙，因为前院的水泥池子里已经放不下了。（饲养大量的青蛙还有一个小小的好处，就像乔说的那

①老挝货币。

样：“在所有的邻居里，只有我们不受蚊子的骚扰。”）厨房就设在房子外面低低的屋檐下，地面是土地，但是打扫得很整洁。

“总有一天，我们会踩在真正的地板上的。”乔轻松地说道，他终有一天会为自己的家人盖一栋过冬的房子，“但是我还需要挣更多的钱。”

这个家里没有任何桌子，也没有椅子。只有一条长凳放在厨房的外面，凳子下面趴着家里的宠物狗，几天前它刚刚生了一窝小狗。这些幼犬像沙鼠一般大小。在乔为我们介绍他的幸福生活的过程中，唯一感到不好意思的就是他的狗非常小。他似乎觉得为自己的嘉宾介绍这样一条矮小的狗实在是有点惭愧，仿佛这样娇小的狗多少有些配不上他，至少与他宏大的理想不相匹配。

“我们总是嘲笑它，因为它长得太小了。我很遗憾，它就是长不大。”他带着歉意说，“但是它真的是一条好狗。”

家里还有一只鸡。它也住在厨房和玄关里面，一条绳子把它拴在了墙上，这样它就可以四处活动，却无法逃走。它有一个小小的纸板盒，每天它都会在盒子里下一个蛋。当乔把他的母鸡和盒子举起来给我看的时候，他就像一个矜持的农夫，骄傲地伸出臂膀，说：“这就是我们的鸡！”

在那一刻，我用眼角的余光瞥了一眼斐利贝，正好看到他脸上闪过的一阵复杂的表情：亲切、痛苦、怀念、赞赏，以及一丝丝的悲伤。斐利贝出生和成长在贫穷的巴西南部地区，就像乔一样，但是他一直对此引以为豪。事实上，斐利贝从不避讳这件事情，他喜欢跟别人说自己的家庭有些“落拓”，但并不“贫穷”。也就是说，他只是把窘迫的生活当做临时的（不过就是缺一点钱而已）。就像乔一样，斐利贝在幼年时期就已经表现出了做生意的潜质。他挖到的第一桶金是在九岁的时候，当时他注意到，在家乡阿雷格里港，开车的人们总是会陷进一座山脚下的水坑里。于是他找了一个朋友来搭伙，两个人整天地守在水坑旁边，帮助把那些陷进去的汽车推出来。司机会付给这两个男孩一些零钱作为报酬，而他们就会用这些钱去买一些美国的漫画来看。在他十岁的时候，斐利贝开始回收废旧金属，他从城里捡回铜和铁，然后积攒起来变卖成现金。十三岁时，他把动物的骨头（其实是从肉店和屠宰场外面捡来的）卖给生产胶水的工厂，他用这样挣来的钱为自己买了一张船票，然后第一次离开了巴西。如果他早就知道青蛙肉和斗鱼可以买卖的话，相信我：他也会这么做的。

在那天晚上之前，斐利贝对乔一直都没有什么好感。事实上，我的向导那爱管闲事的天性让他有些受不了。但是当他来到乔家里，看到那些墙上的报纸、整洁的地面、浴室里的青蛙、盒子里的小鸡，还有温驯的小狗以后，他的看法改变了。当斐利贝看到乔瘦小的妻子诺伊忙前忙后地为大家做晚饭时，他的眼神里透出了温和的目光，可惜他太拘谨了，只会把这种感情化作对饭菜的赞美。诺伊对斐利贝的夸奖表现得有些不好意思。（“她会说英语，”乔说道，“但是她不太敢去使用它。”）

后来斐利贝和我被介绍给诺伊的母亲，一个矮小但是神情高贵的女人，她穿着蓝色的布裙，被称做“老祖母”。我的丈夫向她深深地鞠了一躬。这个“夸张”的动作只换来了老祖母一丝笑意（仅仅是眼角稍微眯缝了一下）。她微微地点了一下头，然后说：“对于您的恭敬我很高兴，先生。”

在那一刻我爱死了斐利贝，也许我从未这样爱过他。

在这里我必须澄清一下，方才我说乔和诺伊没有家具是不对的，其实在他们家里还是有三件奢侈品的：一台内置音箱和DVD的电视机，一台冰箱，还有一个电风扇。当我们进入房子的时候，为了欢迎我们，乔把这三个电器都打开了。风扇开始旋转，冰箱嗡嗡作响，冻着我们要放入啤酒里面的冰块，电视里面播放着卡通片。

乔问我们说："你们喜欢在吃饭的时候听音乐还是看看动画片？"

我告诉他，我们更喜欢听音乐，谢谢。

"你们是喜欢听西方的摇滚乐，"他问，"还是老挝本地的轻音乐呢？"

我感谢他周到的考虑，告诉他老挝的音乐就可以了。

乔说："这并不麻烦，我有一些非常好的轻音乐，你们会很喜欢的。"他放了一些老挝的爱情歌曲，但是声音很响，显示出音响的质量很好。基于同样的原因，乔把风扇直接对着我们的脸吹。他希望我们能够最大限度地享受这些舒适的设施。

于是这个夜晚变得非常的吵，但这并不是世界上最糟糕的事情，因为声响带来了一种节日的气氛，而我们的兴致也很高。不久我们就喝着啤酒，高谈阔论起来了。至少斐利贝、乔、卡西和我都喝得很开心，而怀孕的诺伊苦于酷暑，而又不能喝啤酒，只好静静地坐在硬泥地上，每隔一小会就换个姿势，使自己坐得舒服一点。

至于老祖母，她也喝了一些啤酒，但是她没有和我们一起把酒言欢。她只是用一种安详而宁静的目光注视着我们。我们了解到，老祖母是从靠近中国边境的北方嫁过来的，在这里种了一辈子的水稻。她出身于农民世家，一共生了十个孩子（诺伊是最小的），每一个都是生在自己家里的。

在我的请求下，通过乔的翻译，她给我们讲述了自己的故事。她告诉我们她的婚姻（十六岁的时候）简直就是个“意外”，她嫁给一个只是从村子里路过的男人。那个人寄宿在她家里，然后就爱上了她。仅仅几天以后，他们就结婚了。我试着又问了几个关于她的婚姻的问题，但是她说来说去无外乎还是下面几个事：种水稻的农夫，意外的婚事，还有十个孩子。我很想知道她所说的“意外”到底意味着什么（在我的家里，有很多女人也是因为“意外”，最后不得不结婚了），但是我什么信息也没得到。

“她只是不习惯人们对她的生活感兴趣。”乔解释说，于是我只好放弃了。

不过整个晚上，我都一直在偷偷地观察老祖母，发现她好像也在远远地看着我们。她置身事外，只是默默地坐着，有的时候你甚至以为她消失了。尽管她就坐在我对面的地上，尽管我一伸手就可以触摸到她，但她仿佛距离你非常遥远，就像一位女王坐在月球上的宝座上，仁慈地审视着你。

乔的家里地方虽小，但是非常干净，你可以直接坐在地上吃饭，而我们也正是这么做的。我们坐在竹凉席上共进晚餐，用手把米饭团成一团来吃。根据老挝的风俗，我们共用一个杯子来喝酒，酒杯按照年龄的大小在屋子里传来传去。当晚我们吃的食物有：鲜辣的鲶鱼汤、绿色木瓜沙拉配鱼露、黏米饭，当然了，还有青蛙。青蛙作为当晚的主菜被主人隆重地推出，因为这些都是乔自己饲养的，所以我们不得不多吃了一些。我过去吃过青蛙（嗯，或者说田鸡腿），但是这次有所不同。这些是巨型青蛙：巨大、肥硕的肉用牛蛙，它们被斩切成大块，像炖鸡一样地连皮带骨地烹制。吃青蛙的皮比较困难，在烹饪的时候并没有被去掉，而这种带有斑点的黏糊糊的两栖动物的皮实在让人有些受不了。

诺伊仔细地看着我们，她很少说话，只是不时地提醒我们，“不要只吃米饭，多吃点肉”，因为肉很贵，而且我们也是尊贵的客人。所以我们开始大嚼所有的青蛙肉，连坚韧的皮和偶尔出现的骨头都一起吃了下去，毫无怨言。斐利贝不止一次地赞叹晚饭的味道，这使得诺伊低着头腼腆地笑了起来。不过我知道，斐利贝宁愿吃掉自己的鞋子，也不愿意吃炖青蛙，这让我越发赞赏他的善解人意。

你可以带这个人到任何地方去，我自豪地想着，他绝不会让你丢脸的。

晚饭后，乔放了一些老挝传统婚礼上用的音乐光碟，算作饭后的娱乐。录像里是一群严肃的老挝妇女站在迪斯科舞台上，她们化着夸张的妆，穿着闪闪发光的罩裙。她们跳舞的时候基本上是站着不动的，只是挥舞着手臂，脸上带着呆板的笑容。我们静静地看了大约半小时。

“这些都是优秀的、专业的舞者，”最后，乔说道，打破了我们奇怪的遐想，“在背景音乐里演唱的那个歌手在老挝非常有名，就像你们美国的迈克尔·杰克逊，我曾经见过他。”

乔从不知道伤心为何物。事实上，他们一家人比我遇到过的任何家庭都要纯洁。尽管拥有电视、冰箱和电风扇，但是他们仍然远离现代生活，至少没有被现代社会的冷酷所沾染。在同乔和他的家人的谈话中，你看不到任何玩世不恭和冷嘲热讽。事实上，在美国，连五岁的小孩子都比他们要谨慎和精明一些。我真想给这栋房子罩上一层保护膜，把他们同外面的世界隔离开来，而且考虑到房子的面积，估计也用不了多少的纱布。

在舞蹈结束之后，乔关掉了电视机，再次把我们的谈话内容引到他和诺伊未来的梦想和计划上了。婴儿出生以后，他们肯定会需要更多的钱，这就是为什么乔要饲养这么多的肉食青蛙。他解释说，他希望有朝一日能够发明一种设备，可以全年无休地养殖青蛙。在我看来，他说的设备可能指的是某种温室，在里面产生“人工的阳光和雨水”，从而使青蛙注意不到冬天的来临。这将是一项伟大的发明，因为对于青蛙养殖者来说，冬天总是特别难过。每年冬天，乔的青蛙都会开始冬眠（或者，像他称呼的那样，开始“冥想”），在那段时间里，它们会不吃不喝，从而失掉太多的体重，而这对于按照重量出售的商品来说，实在不是什么好消息。如果乔能够把青蛙的饲养周期覆盖到全年，那他就变成全琅勃拉邦唯一可以这么做的人，他和全家人就发达了。

“这听起来是个好主意，乔。”斐利贝说。

“这是诺伊的主意。”乔说，于是我们都再次把注意力集中在漂亮的诺伊身上，只有十九岁的准妈妈局促不安地坐在地上，她的肚子高高地隆起。

“你真是个天才，诺伊！”斐利贝赞叹道。

“她确实是个天才！”乔也附和说。

诺伊的脸红了，可以看出她对这种赞美极其陶醉。她没有对视我们的目光，但你可以感觉出她的骄傲，你能看出她是如何充分地享受自己丈夫的赞美。年轻英俊、思维活跃的乔对自己的妻子极其看重，以至于控制不住想为尊贵的客人介绍一番！经过这样郑重的赞叹，诺伊看上去似乎更加害羞了（而她的体形也好像比以前增大了两倍）。老实说，在那一瞬间，年轻的准妈妈仿佛有些飘飘然，我很担心她会飘浮起来，最后飞到月亮上面，和她的妈妈待在一起。

当我们开车回到酒店以后，回想着晚上经历的一切，我不由地想起了自己的外婆，还有她的婚姻。

我的外婆莫德最近刚刚过了九十六岁生日，她出生在一个与乔和诺伊差不多的家庭。莫德一家是从英格兰北部移民到美国的，坐着大篷车一路来到明尼苏达中部，躲在粗糙的茅草屋里度过了很多个漫长严酷的冬夜。通过一辈辈人的辛勤劳作，他们开辟了土地，建造起房屋，并且不断积累着牲畜和财产。

她出生于1913年的1月，当寒风席卷草原的时候，一个小女孩呱呱坠地。她患有严重的唇裂，在嘴唇的上方有一个很大豁口。大约在4月的时候，家附近的铁路开通了，她的父亲带着她到罗切斯特进行了第一次外科整形手术。直到那时，因为无法进食，她的父母都不知道该如何把她养大。甚至到了今天，莫德外婆仍然不知道她的父母是怎样做到的，她猜测，也许她父亲从挤奶工那里借来的长长的橡胶管发挥了一定的作用。最近，她跟我说，她现在很想问问她的母亲，关于自己这辈子最艰难的那段岁月的事，可惜在这个家庭里，悲伤和痛苦的回忆是不受欢迎的，所以没有人愿意提起这个话题。

我的外婆并不是一个喜欢抱怨的人，不过她的生活确确实实极富挑战性。当然了，她周围每一个人的生活都是具有挑战性的，但是她额外的医疗费用负担，以及脸部正中那道明显的疤痕，都使她成为议论的焦点。而这也就毫不奇怪地使她变得很害羞。基于这些原因，大家普遍认为莫德外婆永远也不会结婚了。虽然没有人公开说这种话，但是每个人心里都是这么想的。

但是即便是最不幸的命运有时也会给你带来特殊的好处。对于莫德外婆来说，这个好处就是：她是家里唯一接受过良好教育的人。她被允许尽可能多地读书，因为她确实真的需要知识，以便将来可以一个人养活自己。所以，在那个男孩子们读到八年级就结束学业，回家种田的时候（而当时的女孩子很少读完高中课程，因为她们还在学校里的时候就已经嫁人了），她却被送往镇上，寄宿在一个当地的家庭里，开始了勤奋的学生生活。她在学校里表现得很优秀，而且特别喜爱历史和英语，期待着有朝一日能够成为一名教师。她在业余时间打扫房子，为继续读教师学校积攒学费。可惜大萧条来临了，大学的学费一日千里地飞涨。但是她仍然在继续攒钱，最终，她依靠着自己的积蓄在整个明尼苏达中部地区声名鹊起：独立的年轻女人依照自己的方式生活。

她高中毕业后的生活总是最吸引我的，因为与其他人相比，那段岁月是如此与众不同。她没有选择回到家里相夫教子，而是一个人在外面闯荡。她不想像自己的母亲那样，成天窝在自己的农场里，一个月才到镇里去一趟（冬天还除外），只是为了购买家里所需的面粉、糖和布匹。于是在高中毕业后，她孤身一人去了蒙大拿，在一家向牛仔们提供咖啡和派的小餐馆里打工。这时是1931年。在她的家人看来，这些是难以想象的。在火车站里，她让一个理发师为她烫了一个漂亮的发型（花了足足两美元）。她去看了电影，到图书馆读书。然后她搭上一辆货车从蒙大拿返回了明尼苏达，开车的是个俄罗斯移民，有一个和她差不多大的英俊的儿子。

结束了在蒙大拿的冒险之旅后，她为自己找了一份工作，给一位叫做帕克夫人的富有的老太太做管家和秘书。这是一个烟酒俱全、只知道开心地享受生活的老富婆。用莫德外婆的话说，帕克夫人“甚至不害怕诅咒”。她在家里举办豪华的聚会（最好的牛排，最好的黄油，屋子里热浪滚滚、烟雾缭绕），在这里，你可能永远也不知道这个世界上还有什么愁事。帕克夫人是如此慷慨大方，她经常把自己那些漂亮的衣服送给我的外婆。可惜她的身材只有帕克夫人的一半大小，所以很不幸，对于这种慷慨的馈赠她总是无福消受。

我的外婆努力地工作，不断地攒着钱。在这里我必须强调一点：她攒下的钱都归她自己。我相信，就算上溯几代人，也不会找到一个像她这样拥有自己的积蓄的女人。她甚至可以用一些额外的钱去支付手术，好把脸上的疤痕修复得更不明显。但是在我看来，她年轻时的独立性可以用一个具象的实物被最好地概括出来：一件华丽的酒红色大衣，带着真正的貂皮领子，这是她在30年代初期花了二十美元为自己购置的。对于她的家庭来说，这是件前所未有的奢侈品。当听说到这样一件衣服是如此昂贵时，她的母亲吃惊得说不出话来。让我再强调一遍吧，纵观我们家族的上上下下，老老少少，还从未有一个女人曾经买过这样一件又奢侈又华贵的东西，而且还是为了她自己。

假如今天你问她关于这次消费的事，她的眼睛里依然闪烁着快乐的光芒。那件带着毛领的酒红色大衣是她一生中拥有过的最美丽的东西，真的，那是她一生中最美丽的收藏。直到现在，她还能记得毛茸茸的领子摩挲着下巴时的感觉。

那一年的晚些时候，也许就穿着那件大衣，她遇到了一位年轻的农夫，卡尔·奥尔森。当时他的兄弟正在向她的姐姐献殷勤，而卡尔，后来我的外公，也一下子爱上了她。卡尔缺乏浪漫，也不会诗情画意，当然更不是一个富有的人（与她的积蓄相比，他的财产少得可怜）。但是他是一个英俊的男人，而且非常勤奋。奥尔森兄弟都是公认的勤劳肯干的帅小伙。我的外婆也爱上了他。很快地，出乎所有人意料，莫德·艾德娜·莫尔克姆结婚了。

每当我想起这件事的时候，我总是认为正是这场婚姻终结了莫德·艾德娜·莫尔克姆自由自在的生活。而从那以后，她的生活变得日益艰辛，这种情况一直持续到1975年。并不是因为她已经不再熟悉如何工作，而是世事开始越来越棘手。她搬出了帕克夫人的豪宅，搬进了我外祖父家的农场（那里没有牛排，也不再有派对，更没有空调系统）。卡尔外公一家是瑞典移民，莫德外婆搬过去之后，他们不得不和卡尔的父亲和小弟弟挤在一栋狭小的农舍里。作为家里唯一的女人，莫德外婆必须为三个男人做饭和打扫卫生，还要经常在农场里帮忙。作为罗斯福总统的农村电气普及计划的一部分，镇子上终于通了电，但是在她的家里，用的都是最低功率的灯泡，而且还不经常使用。

就是这栋房子，莫德外婆七个子女的前五个都出生在这里。我妈妈就生在那里。就像乔和诺伊的孩子一样，.他们的前三个孩子是在一间只有一个灯泡的房间里长大的（卡尔的父亲和弟弟各住了一个房间）。当莫德与卡尔的大儿子出生时，付给接生婆的报酬是一大块牛肉。没有付钱，也跟本没有钱。莫德当初积攒起来的打算做手术的积蓄，早就投入了农场的运作当中了。所以当她的大女儿，我的玛丽姨妈出生时，她不得不把珍藏已久的那件酒红色带毛皮领的大衣拿出来，重新裁剪，为小姑娘缝了一件圣诞童装。

在我的脑海中，我始终把这件事当成她们那代人婚姻的缩影。这里“那代人”指的是我们家的那些女人，甚至还包括了我妈妈那个年代的女人们。因为我外婆剪开她的大衣（她最心爱的东西），也正是那个时代的女性为她们的丈夫和孩子所做的。她们舍弃了自己最好也是最引以为傲的东西，只为了这个家。她们推己及人，舍不得吃喝。她们最后一个吃晚饭，却在每天早上第一个起床，生起炉火，开始新一天的操劳。这可能是她们唯一会做的。如果要给这种行为下一个定义的话，那就是：奉献。

这个毛领大衣的故事总是让我热泪盈眶。如果我告诉你，听了这个故事之后，我还没有对婚姻有所触动，还没有明白婚姻对女人来说意味着什么，还没有为那些女人的奉献而感到一丝忧伤的话，那我就是在撒谎。

其实我确实是在说谎，至少我隐瞒了一些关键的信息，因为我没有告诉你这个故事那意想不到的结局：就在我和斐利贝被国土安全部勒令必须结婚的几个月以前，我曾到明尼苏达去探望我的外祖母。她坐在一架缝纫机前面，我坐在她的旁边，她给我讲了一些故事。然后我问了她一个我从未问过的问题："你这辈子最快乐的时光是什么时候？"

在我心中，我相信自己已经知道了答案。那应该是在20世纪30年代初，当时她还住在帕克夫人家里，穿着黄色的紧身裙子，留着时髦的发式，当然，还有那件酒红色带毛皮领的大衣。这一定就是她的答案，对吧？可惜我还是错了。尽管她们把所有的一切都贡献给了别人，但是对于生活，她们依然坚持着自己的看法。莫德外婆的原话是："我这辈子最快乐的时光就是刚刚嫁给你的外公，一起住在奥尔森农场的那段日子。"

让我提醒你们一下：当时他们一无所有。莫德要替三个成年农夫做家务（他们都是粗鲁的瑞典乡下人，而且都不太喜欢对方），她还要喂养嗷嗷待哺的孩子，在阴暗湿冷的卫生间里洗尿布。随着一个又一个孩子的出生，她也变得越来越衰老，越来越病弱。由于持续的大萧条，她的公公拒绝在家里安装热水系统……

"外婆，"我拉着她患有关节炎的双手说，"你怎么可能把那些年当做最幸福的日子呢？”

“是的，”她说，“我很快乐，因为我有了自己的家庭，我有一个丈夫，我还有一大群孩子。我做梦都没有想到，自己这辈子会拥有这些东西。”

尽管她的话让我很吃惊，但我还是相信她。但这种相信并不意味着我了解她。事实上，我一直都不懂，直到几个月以后的那天晚上，当我在老挝的乔和诺伊家吃晚饭的时候。坐在泥地上，看着诺伊因为腹部的不适而不断调整着自己的坐姿，我自然而然地开始替她设想今后的生活。我同情诺伊所面临的困难，她是如此年轻，该如何在养着一群牛蛙的家里养活孩子呢，我忧心忡忡地想着。但是，当乔向我们吹嘘他的妻子有多么聪明（那个温室的主意就是她想出来的）时，当我看到那个女孩的脸上浮现出一丝喜悦（这是一个害羞的女孩，她整晚都不敢和我们对视）之时，我突然想到了我的外婆。从她的身上，我突然明白了我的外婆，通过一种我从未了解的方式。我的脑海中浮现出她年轻时的样子：一个骄傲，有活力，怀着一颗感恩之心的年轻妻子和母亲。为什么莫德最喜欢1936年那段日子呢？原因也许和诺伊最喜欢2006年是一样的，她知道自己成为了别人生活的一部分。她高兴，因为她有了一个伙伴，因为他们正共同营造一项事业，因为他们坚信自己的选择，因为他们选择的这项事业是如此令人着迷。

我不会暗示说，外婆或者诺伊应该把自己生活的目标定得更高一些，应该去追求更多的东西（一些更接近于我的抱负和理想的东西），那是一种侮辱。我也不会去说，那些把自己置于以丈夫为生活中心的妇女是不正常的。我承认，诺伊和我的外婆都明白自己需要什么样的幸福，我尊重她们的选择。现在看来，她们得到的，正是长久以来她们追求的。

所以这就对了。

难道不是吗？

为了把这个问题说得更清楚，我打算把那天在明尼苏达，我们俩聊天的最后一部分说出来。她知道我最近爱上了一个叫斐利贝的男人，而且她听说我们的关系正变得越来越成熟。莫德并不是一个爱打听的女人（这一点跟她的外孙女不一样），但是我们那天所谈到的都是些隐私话题，这就是为什么她可以直截了当地问我："你跟那个男人是怎么打算的？"

我告诉她，我不确定，我只说我想留在他身边，因为他人很好，可以依靠，他使我很幸福。

"那么你会……"她压低了声音说。

我没有让她说完这句话，我明白她想知道什么，但是在这个问题上，我还没有再次结婚的打算，所以我什么也没说，只希望把这个话题蒙混过去。

沉默了一会儿，她又试探着问了一遍："你们两个有什么计划……"

这次我还是没有答话，我不想粗鲁地回绝这个问题，或者有所保留。我只知道自己是绝对不会生孩子的，但我真的不想让她失望。

不过接下来，这位差不多一百岁的女人再次让我感到震惊。我的外祖母伸出她的手，说道："噢，我干脆问个彻底吧！现在，你遇到一个好男人，但是你不打算跟他结婚，也不打算生孩子，你的书也不想再写了，对吧？"

那么，我该如何选择呢？

当莫德跟我说，她一生中最快乐的决定就是为了丈夫和孩子放弃一切之后，她紧接着又说（几乎都没有喘气），她不想让我作出同样的选择，真的是这样吗？我真的不太确定该如何选择，但我相信这句话是真实的，虽然它们看起来完全是相互矛盾的。我相信，任何一个像外婆那么大年纪的女人，说出一些前后矛盾和故作神秘的话都是可以理解的。和我们大多数人一样，这个女人经历了太多的事。另外，当说到女人和婚姻的问题时，你很难下一个简单的结论，各种各样的问题让你分不清方向。

不管你想如何阐述妇女和婚姻这个话题，我们都无法绕开一个冰冷而丑陋的事实，那就是男人在婚姻中会比女人受益更大。这不是我臆造的事实，我也不喜欢提及它，但它是一个悲哀的事实，是在不断的经验积累基础上得来的。相比女人，男人们在婚姻当中一直受到极度的宠爱。如果你是一个男人，如果你想过一种长期的、快乐、健康、富裕的生活，那么你可以为自己做的最精明的打算就是结婚了。结了婚的男人过着一种比单身男人更逍遥的日子。已婚男人比单身男人长寿，也可以积累下更多的财富；已婚男人比单身男人更容易获得高级职位，更不容易横死；已婚男人据称比单身男人更幸福，更不容易沾染上酗酒和吸毒的毛病，得抑郁症的概率也更小。

“没有任何事情比婚姻更能损害人们的幸福的了。”珀西·比谢·雪莱[①] 在1813年这样写道。可惜，至少对于什么才是男人的幸福，他至死都没

①英国文学史上最有才华的抒情诗人之一，一般直呼为雪莱。

有弄清楚。从统计学的角度来看，一个男人似乎可以从他的婚姻当中得到任何想要的东西。

令人沮丧的是，这一观点在女人身上是不成立的。现代的已婚妇女并不比她们的单身同胞过得更好。在美国，已婚的妇女并没有比单身女人活得更长，也不比单身女人积攒下更多的钱（平均来看，仅仅是结婚就要花去你7%的积蓄）。结过婚的女人并没有比单身女人获得更多晋升机会，也没有身体更健康；相比之下，已婚的妇女更容易患抑郁症，也更容易死于暴力（而这通常都是拜她的丈夫所赐，统计数字显示，一个严峻的现实就是，女人生命中最危险的人往往就是她的丈夫）。

所有这一切加起来，就是使社会学家困惑不解的所谓“婚姻利益失衡”。隐藏在这个名词之下的，则是一件悲惨的事实，那就是：女人们在交换结婚誓言的那一瞬间就失去了一切，而男人们则成为了大赢家。

现在，在我们伏在桌子上哭泣（这是在得出那个结论之后我唯一想做的事），我必须确保每个人的状况都会变得更好。随着时间流逝，更多的女性变得独立，婚姻利益失衡也在逐渐变小，一些有利因素也在缩小这种不平等。一个已婚女人受的教育越多，她挣的钱就越多，结婚就越晚，生的孩子越少，她的丈夫对她的帮助会越多，她的婚姻生活也就越幸福。如果非要在西方的历史找出一个时期，作为妻子的女人们过得还算比较幸福，那就是现在了。所以，如果你想为你的女儿的未来出谋划策，如果你想让她长大后过上幸福的生活，你就必须鼓励她完成自己的学业，尽可能推迟自己结婚的时间，拥有属于自己的生活，控制儿女的数量，并且找一个乐意清洗浴缸的男人。这样，你的女儿才有可能过上健康、富裕和幸福的生活，就像她的丈夫一样。

差不多吧。

因为即使差距已经缩小，但婚姻利益的失衡依然存在。鉴于这种情况，我们必须暂停一会儿去考虑一些扑朔迷离的问题，比如说，当婚姻已经被一遍又一遍地证明是个坟墓的时候，那些妇女为什么还要对它充满了渴望呢？你也许会说那些女人可能没看过统计数字，但是我不认为这个问题会那么简单。关于女人和婚姻的问题还应该有一些其他的原因，一些更深层、更感性的原因，一些无法改变或者形容的公共情感问题（不要结婚，直到你至少三十岁，并且有独立的经济能力）。

为了弄清楚这个悖论，我就这个问题用电子邮件向我在美国的一些朋友提出了咨询，我的那些女性朋友都渴望着找到一个丈夫。她们对婚姻的渴望是我从未经历过的，我无法真正理解这种渴望，但是现在，我打算透过她们的眼睛来认识它。

“这到底是怎么一回事？”我问道。

我得到了一些很有见地的答案，还有一些回复则非常有趣。一个女人用长长的篇幅写下了她对“寻找一位志同道合的男人共度余生”的渴望。而另一位朋友则说她打算跟某人共建一个家庭，只为了“生儿育女，为我丰满的胸部找个用武之地”。但是，现代很多妇女不需结婚也可以找到生活的伴侣，也可以抚育子女，那么她们为什么还要对法定的婚姻充满向往呢?

当我再次提出这个问题时，我的另一位单身朋友答道：“对我来说，结婚就是一种渴望被选择的欲望。”接着，她又写道，与其说是对和另一个人共同生活的渴望，真正吸引她的其实是对一场盛大的婚礼的渴望，而且“这将毫无疑问地证明给每个人，特别是给我自己看，如果被上天选中，我将珍惜这份姻缘，直到永远”。

现在，你可能会说，我的这位朋友可能是被美国媒体给洗脑了，只能活在美丽的梦想当中（穿着白色婚纱的美丽，戴着鲜花和缎带，被其他的未婚女伴们簇拥着），但我可不会受到这种影响。可是我的朋友是一个聪明、博学、思虑周密而理智的成年人，我绝不会相信她会被迪斯尼动画片或者下午的肥皂剧所误导。我相信她完成这些欲望完全是依靠了自己的力量。

我也相信，这个女人不应该为了她想要的东西而被谴责和定罪。我的朋友是一个拥有伟大心灵的人，她对爱情的巨大渴望得不到宣泄。因此，她不得不与自己无法满足的情感作激烈的斗争，并且不断地质疑自己存在的价值。对于她来说，还有什么比在一座美丽的教堂里举办一场神圣的仪式更值得珍视的呢，在那里她就是公主，是神圣的处女，是天使，是比红宝石更珍贵的宝贝。谁又会去怪她去尝试（哪怕只是一次）这种滋味呢？

我真心地希望她能体验爱情的感觉，当然，必须得找到合适的男人。谢天谢地，我朋友的意志还是足够坚强的，并没有为了满足自己对婚姻的幻想，随随便便找个男人就嫁了。当然，还有一些女人不惜赌上自己的幸福（请不要忘记，同时交出去的还有她们7%的收入，以及好几年的寿命），只为了在某个下午，在大庭广众之下展示自己的价值。我必须说一下：我不会嘲笑这种冲动。人们总是渴望得到那些珍贵的东西，甚至不惜做一些愚蠢的事情，这些我都明白。但是我也明白，我们女人必须尽可能清楚和完整地规划这些美好的事情，有时为了达到这一目的必须付出几年的努力，当然还需要清醒的洞察力。

我想起我的朋友克丽丝汀，在四十岁生日前夕，她才发现自己的现实生活被结婚的幻想永久地耽误了，她甚至还没有意识到自己已经变成了一个成年人。她从未身着白色纱裙和面纱走过那道长廊，她从未觉得自己被上天选中。所以几十年来，她只是日复一日地重复着：工作、锻炼身体、吃饭、睡觉，并且在暗中等候着自己的白马王子。但是，直到她四十岁生日来临之际，也没有人走上前去为她戴上公主的花冠，于是她开始意识到，这一切等待都是荒谬的。不，这甚至比荒谬还荒谬：这是一种禁锢。她被自己的想法绑架了，变成了“疯狂的新娘”，于是她决定一定要打破这个魔咒。

所以她做了如下的事：在她四十岁生日的那天早上，我的朋友克丽丝汀迎着黎明的阳光来到北太平洋的海岸边。天空阴沉而寒冷，一点都不浪漫的一天。她划着自己亲手做成的小木船，船舱里铺满了玫瑰花瓣和大米，用来象征神圣的婚礼。她跳进刺骨的海水里，水立刻漫到她的胸部。船上逐渐燃烧起熊熊烈火，她看着它慢慢漂向大海的深处，就好像自己那些强烈的欲望和幻想也随着小船离去，她仿佛完成了一次自我的救赎。克丽丝汀后来告诉我，海水把那个疯狂的新娘（燃烧着的小船）永远地带走了，她感到超然，力量又回到了她的身体里，仿佛自己真的迈过了一道艰难的关卡一样。她终于嫁出去了，好在还不算太晚。

这也是一种解决的方法。

不过坦率地说，这种勇敢而任性的举动，我从未在自己家族的历史当中见到过。在我的成长过程中，也从来没有见过像克丽丝汀的小船一类的东西。我从未见过有哪个女人嫁给了自己的生活。那些一直影响着我的女人们（我的母亲、外婆，还有阿姨们）都按照传统的方式结的婚，而且我不得不说的是，所有这些女人都或多或少地放弃了自己的生活，这一点打我小时候开始就耳濡目染了。

另外，我也不想过多地解释那些婚姻利益的失衡是如何产生的。至少，在我的家族当中，丈夫和妻子之间地位的不平等由来已久了，而造成这一切的根本原因就是女人们甘愿为了自己所爱的人而作出巨大的牺牲。

心理学家卡罗尔·杰灵甘写道："妇女诚实的本性可能源于道德和伦理的考虑，她们会把自己同家庭本能地连接在一起。"而这种严重的道德本能经常导致我们家里的女人们总是选择牺牲自己，不断地放弃自己的健康、时间以及利益，也许只是为了自己家庭的幸福。

我估计这种事情一定也发生在其他的家庭里。不过也请放心，例外终归是存在的。我本人就曾亲眼见过一些丈夫比妻子承担更多的家务活，或者担负起抚养孩子的重任，或者接管更多传统意义上女性应该做的家务事，不过这样的家庭实在是屈指可数。（顺便说一句，我现在就举起了一只手，向那些男人表达我巨大的钦佩和尊重）但是据美国人口普查上一次的统计数字显示：在2000年，全美大约有五百三十万的全职太太，而只有十四万的全职丈夫待在家里。全职夫妇间相互转换的比率也只有2.6%。当我写这本书的时候，这个调查已经过去快十年了，所以我希望这个比例已经产生了变化，不过这种变化也可能没有我想的那么快。而且在我的家族历史当中，那种罕见的现象：父亲扮演母亲的角色，从未出现过。

我完全不理解为什么那些我认识的女人会付出如此巨大的牺牲，只为了迁就别人，或者为什么我也会继承这种强烈的冲动，使我总是倾向于替别人考虑，甚至有时候明知道这样做对自己不利也在所不惜。难道这种思维方式是遗传的吗？是在潜移默化当中学会的吗？还是已经深深地藏在我们的身体里的？对于女性这种自我牺牲的倾向，传统的智慧只给了我们两种解释，而且还都不能令人满意。我们一直被告知，在这个父权世界里，女人天生就应该处在不公正的地位。这两种对立的观点也意味着，我们要么为自己的无私感到无上的荣耀，要么就为它黯然神伤。那些为了别人而放弃一切的女人要么是智者，要么就是蠢货。我对这两种解释都不太感冒，因为我从未在我的女性亲戚身上看到任何一种潜质。我根本不相信女人比男人更细心的那套鬼话。

想想我妈妈的事吧。相信我，自打我发现自己必须再次结婚之后，每一天我都在想着她，因为我相信，每一个人结婚之前，至少都应该把自己母亲的婚姻弄明白。心理学家们建议，如果打算探寻家族中任何一个人的感情问题，必须回溯至少三代人才能找到一些蛛丝马迹。这就好像我们正在看一个三维立体电影，每一代人就代表了一维的景象。

我的外婆是典型的大萧条时期的农妇，而我的妈妈则属于那一代我称之为“女权主义者”的女性。作为70年代妇女解放运动的一分子，她稍微老了一点。她生来就被教导说，女人就应该结婚生子，同理，一位女士的手提包和鞋子一定要搭配，因为老天就是这么规定的。她年轻的时候正值20世纪50年代。当时，一个叫保罗·兰德斯的家庭问题咨询专家宣称，每一个成年的美国人都应该结婚，“除了那些生病的、严重残疾的、心理情感扭曲的人”。

为了让自己回到那个年代，更清楚地理解我母亲那代人的婚姻和生存环境，我从网上订购了一部名为《现代人的婚姻》的电影。这部电影拍摄于1950年，由麦格劳·希尔执导，它是根据亨利·鲍曼教授的研究改编的，他是密苏里斯迪芬学院的博士，家庭以及婚姻教育部门的头头。当我无意中发现了这部古老的片子时，我心想：“上帝呀，让我们开始吧。”我期待着看到一大堆稀奇古怪的东西，包括演员佩戴的珍珠项链，还有他们标致的孩子们。

但是这部电影让我感到十分惊奇。这个故事开始于一堆相貌平常的年轻夫妇，穿着朴素的衣服，坐在一个城市公园的长凳上，在宁静而严肃的环境下彼此交谈。镜头一转，一个严肃的男人开始讲述在“今日之美国”，年轻人的婚姻是如何的困难和痛苦，以及生活是如何的艰辛。按照他的说法，我们的城市已经变成一个“日益枯萎的贫民窟”，我们每个人都处在一个“动荡的年代，一个无休无止的混乱的年代，每天都生活在战争的阴影之下”。经济陷入了困境，“上涨的生活成本，不断下降的购买力”。（这时，屏幕上出现了一个沮丧的年轻人，垂头丧气地从一家公司的告示牌下走过，牌子上写着：没有工作提供）同时，那个画外音接着说：“每四对结婚的人当中就会有一对以离婚而告终。”这也难怪，在这种条件下，想要维持婚姻的誓约确实是困难了一点。“这不是懦弱的行为，”他解释说，“但这是不争的现实。”

我不太相信自己听到的那些东西。这些“不争的现实”并不是我想从这部电影里找到的东西。难道那个十年不是我们的黄金时代吗？那时，正是我们的家庭、工作和婚姻都进入神圣的理想国的时候。但是正如这部电影体现的那样，对于某些夫妇来说，至少他们的婚姻在1950年不再像以往那样的单纯了。

这部电影主要讲的是关于一对叫做菲利丝和柴德的新婚夫妇是如何平衡自己的收支的。当我们第一次见到菲利丝的时候，她正站在自己家的厨房里洗碗。但是画外音告诉我们，仅仅几年前，这个年轻的女人“还站在大学的病理实验室里研究着染色的幻灯片，还在按照自己的目标生活着”。我们被告知，菲利丝曾经是一个职业女性，拥有很高的学历，而且相当喜爱自己的工作。（“当一个‘剩女’并不是社会的耻辱，虽然我们的父母管她们叫做老姑娘。”）摄影机捕捉到的了菲利丝购买杂货的镜头，那个画外音又解释说：“菲利丝并不是被逼着结婚的，她可以嫁人，也可以不嫁人。像她这样的现代人类把婚姻当做一种自愿的行为，你拥有选择的自由，这就是现代人的特权和责任所在。”我们还被告诉说，菲利丝之所以结婚，是因为她想要一个家庭，想要生儿育女，这种愿望更甚于她对职业的渴望。所以，尽管为此付出了许多的牺牲，她还是义无反顾地选择了婚姻。

但是，很快地，我们就看到了另一些迹象。

菲利丝和柴德是在大学的数学课堂上认识的，在那个时候，“她的成绩要更好一些，但是现在，他是个工程师，而她是个家庭主妇”。接下来，镜头里的菲利丝正在家里给她的丈夫熨衬衫。不过我们的女主人公有些走神了，因为她突然发现自己的丈夫正在筹划着一栋大楼的承建竞标。她拿出自己的计算尺，开始核对上面的数据，因为她知道他希望她这么做（“他们都清楚，她比他的数学更好。”）。她专心地计算着，忘记了时间，也忘记了正在熨烫的衣服。过了一会，她突然想起，自己还有个约会马上就要迟到了，她要和健康专家探讨关于怀孕的事（这在她还是第一次）。她太聚精会神地沉浸于数学运算当中了，甚至已经把肚子里的小宝宝忘记了。

甜美的天堂，我想着，难道50年代的家庭主妇都是这样的吗？

“这是一个典型的例子，”那个旁白说，他好像听见我的问题，“也是一个现代的例子。”

故事还在继续。那天晚上，数学天才、准妈妈菲利丝和她可爱的丈夫柴德坐在他们的小公寓里，一起吸着烟（啊，50年代的婴儿们都是闻着尼古丁的气味长大的），他们在一起研究柴德的新工程设计计划。这时电话铃响了，是柴德的一个朋友，他打算去看电影，柴德看着菲利丝，希望得到她的批准。但是菲利丝没有同意。竞标的截止日期就在下个星期，而计划还有很多需要完成的部分。他们两个必须努力地工作！但是柴德真的想看那部电影。菲利丝坚持自己的立场，因为他们的未来就在这个项目上面！柴德看起来像个孩子一样的失落。但是他退让了，生着闷气，由着菲利丝把他推回到绘图桌旁去。

对于这一幕，我们睿智的旁白大加赞许。他解释说，菲利丝不是一个爱唠叨的人，她完全有权利要求柴德待在家里，完成那个投标计划，以改变两个人的生活条件。

“她为了他放弃了自己的职业，”他说，“所以她必须要求一些回报。”

看完这个电影，我体味到一种复杂而奇怪的感觉。我很不好意思，我以前从来没有想过20世纪50年代的美国夫妇对传统文化有怀旧之情，这段时期是一个“单纯的年代”吧。可是，对于生活在那个年代的人们来说，什么时候才算是一个单纯的年代呢？另外，这部电影里还有一件事情让我深受感动，那就是导演用他自己的方式，试图向美国的年轻人传递一个信息：“你那漂亮、聪明的新娘为了你放弃了一切，浑小子，所以你他妈的一定要努力工作，给她一个富足而稳定的生活，这样才算对得起人家。”

此外，我也没有想到一个如亨利·鲍曼这样的男人，这位密苏里史蒂芬学院的教授、婚姻与家庭部门的主席，居然会对女人们为了家庭的牺牲产生如此的同情之心，这让我又好好地感动了一番。

但是，我不知道二十年后，随着他们的孩子们逐渐长大，以及他们家庭财富的不断增长，菲利丝和柴德一家会发生什么样的变化。也许菲利丝依然待在家里，而柴德也开始反思自己为什么要数十年如一日地为了养家糊口而操劳不已。在过去的几十年里，作为一个忠诚而顾家的好男人，他完美地尽到了自己的职责，但他所得到的奖赏只有一个疲惫的妻子，一群叛逆的孩子，自己走形的身体，以及越来越忙乱的事业。也许正是这些原因，对70年代美国人的婚姻和家庭产生了巨大的影响。这么说来，难道鲍曼博士和其他人一样，都没有发现这股即将席卷全美而至的文化暴风雨吗？

噢，那就祝你们好运吧，柴德和菲利丝！

也祝每一个人好运！

还有我的父亲和母亲，大家都好运吧！

从时间上来看，我的妈妈应该属于70年代结婚的那一辈人，不过她更愿意把自己定义为50年代的新娘（她是在1966年结的婚，和梅米·艾森豪威尔[①]一样）。在她刚刚结婚五年，也就是她的女儿也才摘掉尿布的时候，女权主义的浪潮席卷了整个美国，她对婚姻和牺牲的传统观念也被深深地动摇了。

这里我要提醒你，女权主义并不是一朝一夕的事，尽管它有时看起来是那样。它绝不是如此简单的，好像女人们在早晨醒来的时候突然意识到，她们已经受够了，然后就走上街头游行那么简单。早在我的妈妈出生以前的数十年间，女权主义思想就已经在欧洲和北美洲广为流传了。但是，具有讽刺意味的是，正是这前所未有的经济繁荣年代，却揭开了70年代思想变革的大幕。一旦家庭的最基本生存需要被解决之后，女人们就会将注意力转移到社会分工不公这样的事情上，甚至还会关注起自己的情感欲望来。更重要的是，一个庞大的中产阶级在美国突然地兴起（我的母亲就属于其中的一员，她出身于贫困的家庭，但是接受培训成为了一名护士，后来又嫁给了一个化学工程师）。在这个阶级里，一些节省劳动力的创新发明，诸如洗衣机、电冰箱、加工食品、服装成衣、热水器（我的莫德外婆在30年代做梦都想要拥有的东西）先后出现，历史上第一次把女性们从家务劳动中解放了出来（至少是部分地解放出来）。

而且，由于媒体的广泛宣传，即便不住在大城市里的女性们也能够随

①美国第43任总统艾克·艾森豪威尔的妻子。

时了解这些革命性的新观念，哪怕你正在爱达荷州的厨房里，报纸、电视、广播也可以把任何新的消息带到。这样大量的普通妇女现在有时间（还有精力、朋友以及足够的教育程度）开始去问一些诸如“等一下，我为什么还要这样的生活？我可以为女儿要点什么呢？为什么我每天都要给这个男人做饭？为什么我就不能也到外面去工作呢？虽然我的丈夫是个大老粗，难道我也不能接受教育吗？还有，为什么我不能开立一个银行户头？我养这么多的孩子真有必要吗”等这样的问题了。

这最后一个问题是最重要的，而且与其他的问题息息相关。虽然自从20年代开始，各种避孕方式就已经在美国推广开来了（当然，只是针对那些有钱的，又不是天主教徒的已婚妇女），但是直到20世纪的下半叶，当口服避孕药被发明和推广之后，社会中对婚姻和生育的看法才有所改变。就像历史学家史蒂芬妮·孔茨说的那样：“直到妇女们获得安全而有效的避孕方式，可以控制自己怀孕的时间和次数时，她们的生活和婚姻才算是具有了真正的意义。”

我的姥姥前后共生了七个孩子，而我的母亲只生了两个。这是一个巨大的差异，仅仅是一代人的时间。妈妈还拥有真空吸尘器和热水器，所以她可以更加容易地处理家务。这也使得她可以有一小部分的时间用于思考其他的事情，而到了20世纪的70年代，她思考的事情越来越多。母亲一直不确定自己到底是不是个女权主义者，而这一点我也一直想弄清楚。尽管如此，她的耳朵里还是灌满了新女权革命的声音。作为一个大家庭里最善于观察的孩子，我母亲一直善于收集各种消息，相信我，对于任何涉及妇女权益的事情，她都听得很认真，而很多东西都让她茅塞顿开。第一次，那些她在心里思量过很久的东西可以公开地加以讨论了。

这其中最重要的就是关于女性身心和生殖健康的问题。在明尼苏达州的小农场里，多年以来她亲眼目睹了一幕又一幕的悲剧，这曾让她非常的难过。当某个年轻的姑娘发现自己怀孕了之后，她就“不得不嫁人”。事实上，大多数的婚姻就是这样发生的。但每次发生这样的事，每一次，它都会被女方的家庭视为奇耻大辱，而这个可怜的女孩也将被周围的邻居所诟病。每一次发生这样的事，都会引起前所未有的轰动，仿佛以前从来没有出现过这种情况一样，虽然这种事一年总要发生个四五回之多。

然而对于那个惹祸的小伙子，却往往会得到宽恕。他通常会被看做是无辜的，有时甚至会被当成是被诱惑和勾引的受害者。如果他同意去娶那个女孩，那算她命好，好像这是一种慈善行为似的。而如果他没有娶她，那个女孩就会被送到别的地方去待产，而这个男孩则可以像什么事也没发生过一样，或者继续留在学校里，或者照常在田里耕种。仿佛在大家的脑子里，当两个人发生关系的时候，那个男孩甚至都没有出现在现场一样。在这件事情上，他扮演了一个奇怪的、甚至是圣洁的无辜者。

当我妈妈住在乡下的那段时间里，她曾经无数次地看过这一幕，所以在她还很年轻的时候，就已经得出了一个相当复杂的结论：如果在一个社会中，贞节牌坊对女性来说至关重要，但是男人们却可以四处拈花惹草，那么这个社会就是一个非常扭曲的不道德的社会。虽然她以前从未把这些敏感的字眼同自己的感觉联系起来，但是当70年代早期妇女们开始发出这样的呐喊之后，她终于醒悟过来了。同时，其他一些类似的问题也被女权主义者提了出来，比如说，平等的就业机会、平等的受教育机会、平等的法律权益，以及夫妻双方平等的社会地位，这一点正与我妈妈心中真正意义上的性别公平不谋而合。

基于以上的信仰，她为自己找了一份工作，在康涅狄格州的托林顿从事计划生育工作。她从事这项工作的时候，我和我姐姐都还很小。护士的经历帮她找到了这份工作，而先天的管理能力又使她成为这个团队的重要一分子。很快，我妈妈变成了整个办公室的中心。这个在起居室里发起的团队迅速地成长为一个相当不错的医疗诊所，那真是些让人兴奋的日子。在那以前，公开地讨论避孕或者流产（上帝，请原谅我吧）还被视为一种背叛的行为。当她怀着我的时候，避孕套在康涅狄格州还是非法的，而当地的一位主教曾在州立法庭上作证说，如果对避孕药具的限制被取消的话，不出二十五年，这个州将会变成“一大片冒烟的废墟”。

我的妈妈深爱着她的工作。她始终站在医疗改革的第一线。她们希望通过公开的讨论，打破桎梏人们性权力的各种规则，试图把计划生育机构开遍这个州的所有角落，让年轻的女性可以自主地选择生育的权利，揭下妊娠和性病的神秘面纱，同那些不合时宜的条条框框作斗争，而最重要的是，为那些疲惫不堪的母亲们（当然，也包括疲惫不堪的父亲们）提供一丝希望。仿佛通过她的工作，能够发现一种方式，可以补偿那些表亲、阿姨、朋友和邻居们，过去因为没得选择而遭受的不幸。她一直辛勤地工作着，而这份工作，这项事业，已经深深地融入到她的身体里，她爱自己每一分钟的工作。

但是后来，在1976年，她辞职了。

她作出这个决定的那个礼拜，正好要到哈特福德去参加一个重要的会议，可是这时我和姐姐恰好都生了水痘。当时我们一个十岁，一个七岁，不能到学校上课，只好待在家里。于是妈妈问爸爸，看他是否可以请两天假在家里照顾我们，这样她就可以去参加那个会议了，但是他拒绝了。

听着，在这里我不想说我父亲的坏话。我全心全意地爱着那个男人，所以我必须替他辩护：他已经后悔了。就同我母亲一样，他也是50年代的那一辈人。他从来没有要求过，甚至没有期待过自己的妻子到外面去工作。他从未想过女权运动会发生在他的身边，而且对妇女的健康和生育问题也没有什么特别的兴趣。即使是在我妈妈得到那份工作的时候，他也没有表现出一丝的兴奋。在他看来，她的事业充其量不过是一种业余爱好。他不反对她有这个爱好，只要它不会妨碍到他的生活。她可以出去工作，只要她还能继续照料一家人的生活。但是，因为我们不止要养活一大家子人，还有一个小小的农场需要管理，所以她的工作非常繁重。不管怎么说，直到水痘事件发生之前，妈妈还是把一切都管理得井井有条。她没日没夜地工作，修剪花园、做家务、为全家准备一日三餐、照顾孩子、挤羊奶，还要在每天晚上五点半的时候迎接我父亲的归来。但是当水痘袭来，而爸爸又不愿意牺牲两天的时间来照顾孩子时，突然之间，她撑不住了。

我妈妈在那个礼拜作出了她的选择。她辞掉了工作，留在家里陪我和姐姐。当然，这并不意味着她再也不会到外面去工作了（在我们的成长过程中，她经常会去做一些兼职之类的工作），但是她的事业呢？它已经结束了。就像她后来对我解释的那样，她觉得自己必须要作一个抉择：她可以选择家庭，也可以选择事业的召唤，但是没有自己丈夫的支持，她根本无法同时做好两件事。所以，她放弃了。

不用说，这成了她婚姻生活中的最低谷。对于其他女人来说，这件事情可能会导致婚姻的结束。而且就在那一年，就在我母亲的身边，有许多的女人也因为类似的原因选择了离婚。但是我的母亲不是一个冲动的人，她平静而仔细地分析了那些工作的女人离婚的原因，并且估量了这样做是否会给她们带来更好的生活。老实说，她并没有看到巨大的改变。当她们离婚以后，看上去仍然和结婚时一样的疲倦而且心事重重。这告诉我的母亲，那些人也许抛弃了一些旧的麻烦，但是新的问题一样应运而生，比如说新男友或者新丈夫的问题。除此之外，我母亲曾经是（现在也是）一个骨子里很保守的人，她相信婚姻的神圣。更重要的是，她知道自己还爱着我的父亲，尽管她很生气，而他也让她深深的失望，但是这份爱没有变。

所以她作出了决定，要遵守自己的誓言，就像她自己说的那样：“我选择了家庭。”

如果我在这里说，很多女性也曾面临着这样的抉择时，我是不是说的太直白了呢？出于某种原因，我想到了约翰尼·卡什①的妻子。“我可以拥有更多的专辑和纪录。”琼②在晚年的时候说，“但是我更想要结婚。”这样的故事数不胜数，我把这称之为“新英格兰公墓综合征”。如果你到新英格兰地区任何一个拥有两三个世纪历史的公墓去的话，你会发现一行行的家族墓群，整齐地排在一起，一个接着一个，按时间的顺序排列下去。很多孩子陆陆续续地死去。而他们的母亲不得不埋葬好逝去的孩子，怀着一颗忧伤的心，然后挣扎着继续生活下去。

当然，现代的妇女不必再面对这样苦涩的损失了，至少不用像她们的先辈们那样频繁，那样无助，甚至年复一年地面对它。这是一件好事。但是请不要天真地认为，现在的生活已经变得容易了，对于现代女性来说，悲伤和损失依然存在。我相信，许多现代的女性，包括我母亲在内，为了她们的家庭，用同样整齐的方式，悄悄地把自己的梦想埋葬在新英格兰的墓地里。宁静的墓园里飘荡着琼·卡特·卡什的歌声，仿佛在为她们已逝的事业唱着挽歌。

于是这些妇女不得不迫使自己适应新的现实。她们用自己的方式暗自悲伤，然后继续生活。总之，我们家族的女人们都非常擅长于擦掉泪水，然后把目光投向远方。她们也善于调整自己，去满足伴侣、子女，或者是

---

①约翰尼·卡什，美国乡村音乐的传奇人物，2003年7月去世。

②琼·卡特·卡什，约翰尼的妻子，也是一位多才多艺的音乐家。

现实生活的需要，而这种天赋也经常会体现在我的身上。她们调整、适应、接受。她们拥有出乎意料的适应性，甚至可以具备像超人一样的力量。在我的成长过程中，我亲眼看着我的母亲随着环境的需要而不断变化着自己的风格，时而雷霆万钧，时而和风细雨。

我的父亲则完全相反，他是一个男人，一个工程师，性格执拗而倔犟。他不善变通，他是一家之主，就像溪水里的石头一样，所有人都要围绕着他生活。特别是我的母亲，她就是流动的溪水。基于这种无与伦比的适应性，她为我们营造了世界上最好的家庭氛围。她下决心辞去自己的工作，待在家里，因为她相信这样才会为这个家带来最大的利益，而且我必须说，这样做也确实让我们受益匪浅。在她辞去工作以后，我们所有人的日子（当然，除了她自己的）确实变得舒心多了。于是爸爸又有了一位全职太太，而凯瑟琳和我又有了一位全职妈妈。老实说，我和姐姐在妈妈出去工作的那段时间里确实过得不好。当时在我们的镇上，还没有全天照看小孩的机构，所以我们在放学后不得不经常到邻居家去串门。除了在邻居家看电视时才能体会到一些快乐（因为我们家没有这种奢侈而豪华的家庭电器），凯瑟琳和我讨厌任何其他的看管方式。坦白地说，我们都很高兴妈妈放弃了自己的梦想，回到家里来照顾我们。

最重要的是，妈妈决定维持和爸爸的婚姻，这一点对我和姐姐来说至关重要。离婚对孩子的打击最大，它会为你留下挥之不去的心灵创伤。很幸运我们躲过了这一劫。我们有一位细心的妈妈，每天放学后，她都会在家门口迎接我们，为我们的生活出谋划策，而且当我们的爸爸下班回家时，桌子上早就摆好了晚饭。与很多单亲家庭的朋友不同，我永远也不用见到爸爸新交的女朋友，我们的圣诞节也总是在一起度过，这种稳定的家庭氛围使我可以从容地面对自己的学业，而不是把精力花费在替家里操心上，所以我的成绩相当好。

但是，在这里我只想说，我们获得的这些利益其实是得之于母亲的牺牲基础之上，是建立她的理想的灰飞烟灭之上。事实上，我们全家都从母亲的放弃而获益，而作为一个人，她的职业生命在那一刻也就终止了。最后，她就像自己的母亲做的那样：把自己所有的理想和抱负拆成一片片的，密密地缝进儿女们的冬衣里。

顺便说一句，社会上那些保守主义者总是宣称只有男主外女主内的家庭，才是对子女成长最有利的家庭，对此我从来不敢苟同。好吧，我就出生在这样一个家庭里，我也承认自己从中受益匪浅。但是请那些保守派们，请你们想一想（哪怕只有一次），这样做会给女人们带来多么难以承受的负担呢？这样的家庭要求母亲们必须近乎苛刻地无视自己，才能为家人营造如此优越的家庭环境。而正是这些保守派们，他们把母亲们捧到神圣而尊贵的境界。但是早晚有一天，他们会愿意加入一场大讨论，事关全社会如何联合起来，共同构建一个有利于孩子成长、家庭和睦的美好世界。在那里，女人们不必再为了家庭放弃一切，那时的她们还是现在这个样子吗？

请原谅，我有些失态了。

对我来说，这才是一个非常、非常大的问题。

现在，我快四十岁了。在这里我要说的是，也许正是因为看到了那

个我最尊敬也最爱的女人所付出的一切，才使我产生出不愿要一个孩子的感觉。

当然，还有一个至关重要的问题需要在结婚之前讨论一下，那就是孩子的问题。因为它与我们的婚姻有着错综复杂的内在联系，所以绝对不可以忽略掉。我们都听过那一首歌，对吗？先是爱情，然后是婚姻，接下来就是婴儿车里的小宝贝了吗？即使是“婚姻”这个单词，也是从拉丁语中“母亲”演化来的。这就是我们不会把婚姻称做“财产”的原因。婚姻就好比是母亲，而我们这些结婚的人就像是她的婴儿。实际上，许多的婚姻也确实是因为婴儿才出现的：在许多时候，一对男女之所以结婚，恰恰是因为意外的怀孕，还有一些时候，为了保证家族血脉的延续，两个人会在确认怀孕了之后，才携手走进婚姻的殿堂。如果不试验一下，你怎么知道自己的准新娘或者准新郎不是个无能的人呢？在早期的美国殖民者当中，这种现象非常常见。正如历史学家南希·科特说的那样，在很多人数稀少的聚居地当中，怀孕被视作一种可以被社会所接受的信号，代表着两个年轻人就要结婚了。

但是，随着现代社会中生殖科技的发展，整个问题变得越来越难以控制。目前，这个公式已经不再是“怀孕导致结婚”，也不再是“结婚为了生育”。恰恰相反，现在这个问题可以归结于三个关键条件：时间、方式，以及可能性。也许你和你的配偶会对这几个条件有所异议，那样的话你的婚后生活可能变得非常复杂，因为对于这三个条件，我们从感情上说是无法妥协的。

对于这件事我有着痛苦的经验，因为我第一次婚姻的失败在很大程度上说正是源于生小孩的问题。我的前夫始终坚持，我俩早晚应该生个孩子。他的确有权利这样要求，因为我也希望有个孩子，当然，我只是对什么时候怀一直无法确定。当我们结婚的时候，这件事看起来还遥遥无期，它只是“未来”会发生的一件事，在“恰当的时候”，当“我们都准备好了”的时候。但是将来有时比我们想象的来得要快一些，而恰当的时候也并不总是出现得很明晰。而接下来出现的一系列问题也让我疑虑重重，不知道我和这个男人是否已经准备好了共同面对挑战，比如说，生儿育女。

另外，因为我天生对母亲这个概念只有着模模糊糊的概念，所以逐渐逼近的现实也让我感到有些恐惧。随着年龄的增长，我发现自己对孩子的渴求越来越少，我的身体里好像没有配备那个著名的闹钟。不像我的那些朋友们，每次看到一个婴儿都恨不得是自己亲生的（对于我来说，每次看到二手书店里那些好书，都恨不得是自己的）；每天早晨，我们都会像做X光扫描一样检视自己的肚子，希望可以发现怀孕的迹象，但是每次都失望了。其实这并不是势在必行的，我相信抚养一个孩子必须得有一股动力，必须是一种由渴望，甚至是命运来驱动的，要把它当做一项重大的使命来完成。我可以从别人那里看到这种渴望，我知道那应该是什么样子的。但是很可惜，在我自己这里，我找不到。

而且，随着岁月的流逝，我发现自己越来越喜欢写作这个工作了，我不想放弃它，哪怕是一小时也不行。就像弗吉尼亚·沃尔夫的《海浪》里的金妮一样，我有时会觉得有“一千种能力”藏在自己的身体里，而我想要把它们全都找出来，并且一一地表达出来。几十年以前，小说家凯瑟琳·曼斯菲尔德在一本年轻时的日记中写道：“我想工作！”她那种极度的激情和向往，在几十年之后，依然激荡在我的心中。

我也要去工作，永不间断，乐在其中。

那么，我该如何处理关于孩子的问题呢？这个问题使我终日不得安宁，而我前大的耐心也逐渐被消磨殆尽。于是我花了整整两年的时间，向每一个我能遇见的女人（单身的、已婚的、没有孩子的、艺术家、充满母性的）打听她们关于生孩子的意见，还有她们是如何选择的。我希望这些答案会解决我所有的疑虑，但是她们的回答太泛泛了，我发现自己变得更加混乱了。

例如，我遇见了一位妇女（她是一个在家里工作的艺术家），她对我说：“当初我也曾经疑虑重重，但是从我生下小孩的那一刻起，生命中所有的一切都已经不重要了。从此，我的眼中只有我的儿子。”

但是另一个女人（她被我认为是世界上最好的母亲，她的孩子们都已经成长起来，而且很成功）的回答让我极其震惊：“现在回想起来，我一点也不相信生了孩子以后生活会变得更好一些。我放弃了太多，这让我现在非常后悔。我并不是不为自己的孩子骄傲，但是说实话，有时我真的觉得自己应该重活一遍。”

一个魅力四射的西海岸商界女强人对我说：“当我怀孕的时候，从没有人告诉我，让我准备好迎接一生中最大的快乐。我根本没有任何准备，那种欢乐就像雪崩一样突然就降临了。”

但是，当我和一位精疲力竭的单身母亲（一位才华横溢的小说家）聊起此事的时候，她说：“养育孩子其实是非常矛盾的事，有时我实在无法想象，为什么一件事情能够同时令我恐惧和兴奋呢？”

我的另一个朋友说：“是的，你将失去你的自由。但是作为一名母亲，你将获得另一种自由，一种可以全心全意地去爱一个人的自由，这也是自由的价值。”

还有一个朋友，她放弃了自己编辑的工作，待在家里抚养三个孩子，她警告我说：“这个问题你可要仔细地想一想，小莉，想成为一个真正的母亲绝不是一件简单的事，如果你没有百分之一百的决心，不要生孩子。”

另一个女人，她并没有因为生产而放弃自己蒸蒸日上的事业，甚至有时会带着自己的三个孩子到海外出差，说：“大胆地去做吧，这不是什么难事。当你面对任何阻力的时候，只要告诉你自己，现在你是一个母亲了，这就够了。”

但是，当我遇见一位六十多岁的著名摄影师时，她的话也深深地触动了我。她说：“我从来没有过孩子，亲爱的，但我也从没有错过什么。”

你能从中看出什么共同点吗？

我看不出。

因为她们本身没有任何的共同点。这只是一大群聪明的女人按照自己的模式想出的回答，每一个人都是结合自己的想法来解决问题。关于我是否应该成为一个母亲，这个问题显然不是这些女人能够回答的。我必须靠自己来作出选择，但是我的选择就像泰坦尼克号一样沉下去了。一旦我宣布不想要孩子，也就意味着我的婚姻结束了。当然，我选择离婚还有其他的原因（坦白地讲，我们的婚姻问题多多），但是孩子成了压垮骆驼的最后一根稻草。在这个问题上没有任何回旋的余地。

于是，在他的怒骂和我的哭喊声中，我们离婚了。

但这好像是另外一本书的内容了。

基于这段历史，当我几年后遇到斐利贝时，立刻就陷入爱河也就不值得大惊小怪了。他已经有了一把年纪，而且还有一对漂亮的成年子女，所以对再次当上父亲不感兴趣。而斐利贝爱上我也没什么好意外的，一个正值盛年的女人，没有孩子，而且对于做一个母亲也毫无兴趣。我们真是天生的一对。

当我们发现彼此都无意再为人父母之时，那种难以名状的解脱感至今让人难以忘怀。我仍然不能完全相信这一切。因为出于某些原因，我从未想过自己可能会同一个不希望有孩子的男人结为终身伴侣。由此可见，“先恋爱，再结婚，然后生孩子”这个咒语是如何深深地渗透进了我的潜意识里。我真的忘了说了，就算你放弃了生孩子那件事，也不会有人（至少在我的国家里）为了这个逮捕你。在遇到斐利贝之前，我从未想过上天还会奖励我两个优秀的成年继子。他的孩子们或许需要我的爱和支持，但是他们并不需要一个继母。在我出现以前，他们已经享受过很好的母爱了。最重要的是，在把斐利贝的孩子介绍给我的家人后，一个有趣的戏法出现了：在没有养过孩子的前提下，我居然凭空给我的爸爸妈妈变出了两个外孙子。即使是现在，我依然感到非常的神奇。

在被免除做母亲的职责之后，我相信终于找到了自己的身份：不仅仅是一个作家，也不仅仅是一个旅行者，我还变成了一位姨妈，这太神奇了。确切地说，是没有孩子的姨妈，我终于可以准确地为自己定位了。在我对于婚姻的研究当中，我发现了一个惊人的事实：如果你遍览整个人类的人口变化史，无论在哪种文化的社会，也无论地处哪个大洲（即便是在人类历史中繁育最高峰的时期，比如说19世纪的爱尔兰人，或者是近代的阿米什人），你都会发现大约有10%的女人，终其一生而无所出。不管人口数目如何变化，这个比率从未降低过。事实上，在大多数的社会里，不生育的妇女比例往往都会大大超过10%，而在今天的西方发达国家里，这个比率一直停留在50%附近。例如，在20世纪20年代的美国，高达23%的成年女性从来没有孩子（在那个保守的年代里，这样一个比率多少有些骇人听闻了吧？要知道，当时各种避孕措施还是违法的）。所以，这个比例可能还会继续升高，但绝不会低于10%。

通常情况下，像我们这些不打算生孩子的女人会被认为是缺乏女人的天性或者自私自利，但是历史告诉我们，女人没有孩子也一样可以过一辈子。许多女性或者通过避免与男人发生纠葛，或者小心地使用那种被维多利亚时代的女人们称做“预防艺术”的东西，来避免成为人母（女人们总是有她们自己的小秘密）。而另外一些女人，因为一些诸如不孕症、疾病、独身主义或者在战争期间找不到合适的男性伴侣等原因，被迫接受没有孩子的现实。不过，无论出于什么样的原因，大规模的不生育并不是如我们想象的那样只在现代社会才存在。

不管怎么说，在历史上不生孩子的女性数量是如此之多（而且还是持续地增加），以至于我一度怀疑，这可能是人类进化的一种选择。也许对于一些女性来说，不生孩子不仅是合理的，而且是必须的。作为一个物种，我们需要更多的责任感和同情心，如此说来，那些没有子女的女性就好像在为我们的社会提供一种额外的支持一样。养育孩子需要消耗太多的精力，那些做了母亲的女人无一例外地被这艰巨的任务耗得精疲力竭。因此，我们也许需要更多的女性，需要她们提供新的能量来促进社会的发展。在某些特定的社会环境中，没有孩子的妇女显得至关重要，因为她们可以致力于照顾那些没有亲缘关系的人们，没有其他人比她们更适合这种工作。你经常可以在孤儿院、学校和医院见到她们的身影。她们成为接生婆、修女和慈善机构的发起人。她们为人们治疗疾病，传授艺术，并且在战场上把你从死亡线上拉回来，等等（这让我想起了弗洛伦斯·南丁格尔[①]）。

在历史上，这些没有孩子的女性（让我们姑且称她们为“姨妈们或姑

①护士的先驱，伟大的女性，至今国际护士节依然被称做“南丁格尔日”。

妈们”吧）恐怕从来就没有被很好地尊重过。她们被认为是自私、冷酷，而且可怜的。关于这些没有孩子的女人，曾经有一个非常令人不快的说法，它是这样说的：这些独身的女人在年轻的时候过得非常自由、快乐而富有，但是当年华老去的时候，她们都将会为当初的选择而深深悔恨。而最终，她们将在孤独、悲伤和痛苦中死去。也许你也听说过这样的陈词滥调。我必须澄清一下：这种说法根本没有任何现实依据。事实上，据美国老人之家的最新研究结果表明，那些没有子女的老人在幸福指数方面与那些子孙满堂的老人没有什么特殊的区别。而研究人员却发现了导致老年妇女痛苦的罪魁祸首：贫穷和疾病。因此，无论你是否有孩子，为了晚年的幸福，你都应该这样做：攒下一笔积蓄，用牙线清洁牙齿，驾车的时候系好安全带，并且保持合适的体重。这样的话，你将来就会变成一个快乐的老家伙，我保证。

这就是小莉姨妈给你们的一个小小的忠告。

由于没有留下后裔，这些姨妈们、姑妈们很快就会消失在别人的记忆中。她们的生命如蝴蝶般短暂。但是在活着的时候，她们是举足轻重的。甚至在我自己的家族历史当中，也可以找到这样的例子，一位独身的姨妈在危急时刻拯救了大家。正是由于没有子息，这些女性往往可以有足够的积蓄和爱心去帮助别人，或者在农场陷入困境时伸出援助之手，或者照顾某个母亲病重的孩子。我有一个朋友，她管这些帮助小孩子的女士叫做“编外妈妈”，你可以在这个世界上的每一个角落找到她们。

即使在自己的小圈子里，有时我也会成为姨妈们当中的一员。我的工作不仅仅是溺爱和满足我的外甥女和外甥（尽管对这项工作我一直尽心尽责），而且还雄心万丈地打算成为大众的姨妈，不管谁需要帮助都能伸出援助之手。我可以常年地全力资助一些人，因为我不是一个母亲，我没有需要全天候照顾的孩子，我可以省下少年棒球联盟的制服钱，牙齿矫正费用，还有大学学费等一大笔钱，这些是我永远都不需要支付的，所以我可以把精力和财力放在其他人的身上。通过这样的方式，我也可以孕育生命。有许多的方法可以孕育生命，相信我，每一个人都是至关重要的。

简·奥斯汀[①]有一次写信给一个刚刚得了侄子的友人，她说道："我一直认为做好一个姑妈是很重要的事，现在您当了姑妈，您也就变成一个重要人物了。"简很清楚自己在说什么，她自己就是一个没有孩子的老姑婆，对待侄子和侄女有一种不寻常的亲昵感，永远也忘不了那"阵阵的笑声"。

谈到作家，从一个公认偏颇的角度看，我觉得在这里有必要提及，列夫·托尔斯泰[②]、特鲁曼·卡波特[③]，还有夏洛蒂·勃朗特姐妹[④]都是被没有子息的姑妈抚养长大的，而他们的亲生母亲要么早亡，要么遗弃了他们。托尔斯泰声称，他的姑妈托伊奈特才是一生中对他影响最大的人，她教会了他"道德与爱"。历史学家爱德华·吉本少年时是个孤儿，是由他亲爱的凯蒂姨妈一手带大的。约翰·列侬[⑤]与咪咪姨妈相依为命，后者一直坚信这个男孩总有一天会成一个了不起的艺术家。F·斯科特·菲茨杰拉德[⑥]在忠诚的安娜贝尔姑姑的资助下才完成了大学学业。弗兰克·劳埃德·怀特[⑦]设计的第一栋建筑是为他的姨妈简和内尔建造的，这两个可爱的老太婆在威斯康星州的斯普林格林经营着一所寄宿学校。可可·香奈儿[⑧]从

---

①英国著名女性小说作家，代表作《傲慢与偏见》、《理智与情感》等。

②19世纪俄国伟大的批判现实主义作家，代表作《战争与和平》、《复活》等。

③美国天才作家，代表作《冷血》。

④英国女作家，与妹妹艾米莉·勃朗特和安恩·勃朗特并称为"勃朗特三姐妹"，代表作《简·爱》。

⑤英国著名歌手，"甲壳虫"乐队的主唱。

⑥美国作家，代表作《夜色温柔》。

⑦20世纪美国最伟大、最受争议的建筑大师。

⑧著名时尚设计师，"香奈儿"品牌的创始人。

小就是孤儿，也是被加百利姑姑抚养长大，她教会了她缝纫，我想大家都同意，这个技能对她日后的发展非常有用。弗吉尼亚·沃尔夫[①]深受自己卡洛琳姨妈的影响，这位贵格教派的老处女一生从事慈善事业，她们倾听上帝的声音，用沃尔夫的话说，“一位现代的女先知”。

记住，在文学史上的某些关键时刻，当马塞尔·普鲁斯特[②]嘴里塞满马德琳饼干时，他感到受宠若惊，他没有别的报答方式，只能坐下来写出不朽的著作《追忆似水年华》。书中那份回忆如狂风暴雨般来源于蕾奥尼姑妈，每个周日，当她从教堂回来后，都会与那个男孩分享玛德琳饼干。

你有没有想过，彼得·潘[③]看上去像是什么？他的创造者，J. M. 巴里在1911年是这样回答这个问题的。对巴里来说，彼得·潘的形象、他的精神本质以及种种奇妙之处在世界各地随处可见，你可以朦朦胧胧地在“许多没有孩子的妇女脸上”看到。

这就是我们的这些姨妈们和姑妈们。

虽然我决定走一条与我母亲相反的道路，加入姨妈们的大军，而不是选择自己做一个母亲，但我认为有些事情还是应该跟她聊聊才好。这或

①英国杰出的、富有探索精神的女作家。
②法国伟大的作家，代表作《追忆似水年华》。
③又被称做小飞侠，是苏格兰小说家及剧作家詹姆斯·马修·巴利最为著名的幻想剧《彼得·潘》的主人公。

许就是为什么在一天晚上，我会从老挝打电话给妈妈，试图解决一些长久以来困扰着我的问题，关于她的生活和选择，以及我日后的生活和选择的问题。

我们谈了一个多小时。她一如既往的平静而体贴。她似乎对我的问题并不感到惊讶。事实上，她的反应好像是一直在等待着我去问。也许，她已经等待了数年之久。

她开门见山地对我说："我从不后悔为自己的孩子做的一切。"

"你不后悔放弃了自己喜欢的工作吗？"我问道。

"我不想生活在悔恨当中，"她说（虽然她没有正面回答我的问题，但我还是感到这是一个诚实的开始），"这么多年以来，在家里跟你们姐俩待在一起让我体会到很多的爱。我了解你们两个，这种了解是你父亲永远也不具备的。我亲眼见证了你们的成长。看到你们长大成人让我很骄傲，我是不会错过这一切的。"

同样，她跟我说，她之所以嫁给我父亲这么多年，是因为她依然深深地爱着他。这是真的，我父母之间绝不仅仅是伴侣那么简单。他们的默契无所不在：一同远足、骑单车、下地劳作。记得有一年冬天的晚上，我从大学打电话回家，听筒里传来了两个人上气不接下气的喘息声。"你们俩在做什么？"我问道，而我妈妈大笑着说："我们刚刚去滑雪橇了！"他们偷偷带着邻居10岁孩子的雪橇，大半夜的爬上我家房后的山坡上。爸爸掌控着方向，妈妈伏在他的背上，快乐地尖叫着从山上滑下来。我不知道谁家年纪一大把的人还干这种事？

我的父母相互吸引着，这种化学反应自从他们相遇之时就开始了。"他当初看上去就像保罗·纽曼。"每当妈妈回忆起他们初次见面的时候就会这样说。而当我姐姐问起父亲他印象中母亲最美的样子，他也总是毫不犹豫地回答说“她总是那么吸引我”，他至今还是如此。当妈妈从厨房里走过的时候，他总会抓住她，在她的身上上下其手。她则会半真半假地斥责说：“约翰！住手！”但是可以看出，她对他的粗鲁相当开心。我就是看着这一幕长大的。而且我认为，这可以从一个独特的角度反映出你的父母依然相互倾慕着对方。所以就像妈妈说的那样，她们婚姻和谐的很大一部分原因，其实并不是理性，而是性生活的完美。这是毋庸置疑的，无须争辩。

这就是相处之道。我父母已经结婚四十年了。大体上说，他们掌握了对方的生活规律。随着时间的流逝，他们两个人磨合得越来越合拍。每天，他们都会按照一个基本的模式运行：咖啡、狗、早餐、报纸、花园、账单、家务活、广播、午餐、购物、狗、晚餐、读书、狗、床……日复一日，周而复始。

诗人杰克·吉尔伯特（很遗憾，虽然有着相同的姓氏，但我们俩并没有亲属关系）写道，婚姻只是一些“值得纪念的事”。他说，很多年过去以后，或许这时你的伴侣已经去世了，当我们回首往事的时候，我们可能只会清楚地记得那些“假期和危机”，因为这些才是生活中的高潮和低谷。其余的，诗人强调说，只不过是些相同的琐事。婚姻就是在两千次相同的早餐时，发生的两千次完全一样的对话，像一个缓慢的轮子一样周而复始。当你们变得如此的熟悉，如此的相似，甚至可以达到视而不见的程度，就像空气一样，这时候你该如何衡量自己的价值呢?

同样的，那天晚上，妈妈在电话里表达出的优雅也使我明白了，她从来就不是一个圣人，为了维持自己的婚姻，爸爸也不得不放弃了部分自己的权利。就如我妈妈所承认的那样，她并不是个好相与的人。我的父亲已经学会了沉默和忍耐在各个方面被自己的妻子所管束。在这方面，他们两个完全不一样。我父亲习惯随遇而安，而母亲则喜欢创造生活。比方说，有一天，当父亲在车库里干活时，无意中他手中的棍子把一只小鸟从巢中惊起来。带着困惑和恐惧，那只鸟落在了他的帽檐上。为了不再打搅它，我爸爸就那样在车库的地板上坐了整整一小时，这就是我的父亲。这样的事绝不会发生在我母亲的身上，她实在是太忙了。小鸟？对不起，我还有事要忙，不能等你了。

同时的，事实上正因为我母亲为了婚姻放弃了很多个人的理想，所以她也要求从婚姻里得到更多，而爸爸总是多迁就妈妈一些（“她是卡罗尔家最好的姑娘。”他总是这样说，以至于人们都以为，妈妈嫁了个好男人）。她则处处对他耳提面命，不过她是如此的温柔和善，以至于你根本感觉不到她是在命令你。但是请相信我：妈妈才是操纵方向的那个人。

这就是她的特性，而且她们家族所有的女性都具备这一特性。她们接管了自己丈夫生活的每一个方面，而且就像我父亲总喜欢说的那样，她们甚至永远也不会死去。没有人能比奥尔森家的新娘活得更长，这就是一个单纯的生物学问题。我并没有夸大其词，在任何人的记忆当中，有些事情都永远不会发生，没有人能够避免被奥尔森太太完全地控制。（“我警告你，”当初爸爸是这样告诉斐利贝的，“不管你打算以什么方式开始与我女儿交往，你现在就必须划出属于自己的空间，并且保护它不受小莉的侵略，直到永远。”）我的父亲曾经半真半假地开玩笑说，母亲掌控着他95%的生命。而且奇怪的是，即便是对于剩下的5%，她也好像比父亲自己还要看重得多。

罗伯特·弗罗斯特写道，为了结婚，“一个人必须放弃自己作为男人的部分生活”，而从我家的情况看来，他说的是正确的。在上面，我已经用了很多篇章来说明婚姻对于女性是一种枷锁，但是请记住，对于男性来说，它同样也是一种束缚。婚姻披着文明的外衣，与一个男人的义务息息相关，因此也就承载了他无尽的能量。在传统的社会当中，人们早就意识到，没有比一大群没有子女的单身汉更没有用处的人了（当然，除了他们还可以当做炮灰以外）。在大多数情况下，单身的年轻人只会把金钱花在妓女、饮酒、游乐和懒惰上面，除此之外，他们一无是处。出于社会责任，你需要包容这些愣头青。你必须说服这些年轻人抛开他们幼稚的游戏，像成年人一样为了家庭、事业和周围的社会尽上一份力量。在所有不同的文化当中，总会有这样一条老套的理论，那就是：没有什么比一个合适的妻子，更能让那些不负责任的年轻人规矩起来的了。

这条真理对于我的父母同样有效。“她对我喋喋不休的”，这就是我父亲对于爱情的总结。这是他的好，尽管有的时候，比如说家庭聚会吧，当他被强势的妻子和同样强势的女儿包围的时候，他就会像一只被关进马戏团的老熊一样，惊慌失措，弄不清楚自己为什么会到这个地方来。这让我想起当初他在希腊的佐尔巴时，在被问起是否已经结过婚时，他说：“难道我不是一个男人吗？我当然早就结婚了。老婆、房子、一大群的孩子，真是个大灾难！”（顺便说一句，这也让我想起了一件有趣的事：即便是在希腊的东正教徒的眼里，婚姻并不只是一份誓言，而是被视为一种神圣的牺牲。因为两个人如果打算天长地久，那么就必须为对方放弃掉部分的自我）

我的父母也遵守着这种约束，为了婚姻作出了或多或少的自我牺牲。这是真的。但是我不确定他们一直有思想上的互相交流。曾经有一次，当我问到父亲下辈子他打算变成什么动物时，他毫不犹豫地回答说：“一匹马。”

“什么样的马？”我问道，脑子里浮现出他像风一般地掠过空旷的草原的情景。

“一匹好马。”他说。

我适时地调整着脑海中的图像，现在跑过草原的是一匹神骏的公马。

“什么样的好马？”我继续追问道。

“一匹骟马。”他坦然地回答说。

一匹经过阉割的马！太令人意外了。我脑海中的图像完全改变了。现在我的父亲变成了一匹老实的辕马，温驯地拉着一辆雪橇，而我的母亲则坐在上面。

“为什么是一匹骟马？”我问道。

“我觉得那样活着更轻松，”他回答说，“相信我。”

他的生活确实变得轻松了，婚姻夺走了他的自由，作为交换，他得到了稳定、富裕的生活。干净整洁的衣服，魔术般地出现在他床头的抽屉里，还有每天下班回到家就可以看到准备好的饭菜。而他回报给我母亲的是辛勤的工作、忠诚，以及在95%的时间里遵从她的吩咐。他们两个人都必须接受婚姻的规范，因为五十年来他们都是这样度过的。

当然，这种事情可能并不适合我。鉴于我的外婆是一个传统的乡下妇女，而我妈妈是一个女权主义者，我在成长过程中接受着全新的婚姻观和家庭观。斐利贝和我的关系就像当初我姐姐说的那样“没有妻子的婚姻”——也就是说，在我们的家庭中，没有任何一个人扮演传统意义上的妻子的角色。原来那些由女人一肩承担的家务活，现在由两个人共同分担。而且因为我们没有孩子，我建议你也可以把它叫做“没有母亲的婚姻”——这是一种我外婆和妈妈从未经历过的婚姻模式。同样的，挣钱养家的责任也不会落在斐利贝一个人的身上，就像我的父亲和外公一样。事实上，大部分家庭收入可能会来源于我的稿酬。或许在这方面，我们应该算作“没有丈夫的婚姻”。没有妻子、没有孩子、没有丈夫……在历史上可能从未出现过这样的婚姻方式，所以我们没有可以借鉴的模板。斐利贝和我不得不靠自己摸着石头过河。

不过，我也不确定。或许每个人都得靠自己来规划自己的婚姻模式吧。

不管怎么说，当那天晚上我在电话里问她，这些年她是否过得幸福的时候，她肯定地告诉我，她和爸爸一起生活得很快乐。当我问她这辈子最快乐的时光是什么时候时，她回答说：“现在。跟你的爸爸在一起，身体健康，收入稳定，而且自由自在的。我们俩按照自己的活法过日子，晚上大家一起开开心心地吃晚饭。即便过了很多年，我们仍然可以一连坐在那里好几小时，有说有笑的，感觉真好。”

“好极了。”我说。

然后我们就谁也不说话了。

“我能说点事情吗，希望你不会介意？”她试探地说。

“说吧。”

“坦率地说，我生命中最精彩的部分就是当你们长大以后，离开家的时候。”

我笑了起来（哇哦，谢谢你，妈妈），但是她的话还是透过笑声急切地传来：“我是认真的，宝贝儿。有几件事你必须知道：我这一辈子都在抚养着孩子。我生长在一个大家庭里，所以当你的罗德舅舅、特里舅舅、露娜阿姨小的时候，我不得不去照顾他们。我都记不清那时候有多少次，我睡到半夜还要起来为他们换尿湿的床单，那时我才十岁大。这就是我的童年，忙忙碌碌的童年。后来，我长大了一些，又开始为年长的兄弟们带孩子，经常为没有时间做家庭作业而犯愁。再后来，我自己有了家庭和孩子，又全身心地扑在了你们的身上。只有当你和你姐姐大学毕业之后，我这辈子才终于有了不用换照看孩子的时候了。我不用告诉你我有多么的爱你，但是这种解放的感觉真让我从未如此的开心。”

那么，好吧，我感到很释然。只要她感到开心就好，很好。

我们又沉默了。

然后我母亲突然用一种我从未听过的语调说：“但是我还是想告诉你一些别的事情。有些时候，我真的不想回首当年的生活，还有当初放弃的那些东西。我对上帝发誓，如果我多想一点，很可能就会恼羞成怒，然后一蹶不振。”

哦……

那么，最终的结论是什么?

它慢慢变得清晰起来看，也许根本就不会有什么最终的结论。虽然每个人都会对生活有着不同的幻想（在特定的阶段，我们每个人都会如此），但是我母亲可能很久以前就放弃了找出最终结论的尝试。如果我也需要用这种幻想来平息自己对婚姻的焦虑的话，恐怕我选错了对象。我能说的是，母亲一定有某种方法，可以为自己找到一处安静的港湾，慢慢平息自己的矛盾和怒火。在那里，她可以安静而舒适地安享自己的好日子。

那么，就让我一个人待会吧，看看能不能为自己也找出一块合适的避风港。

CHAPTER SIX

婚姻中永不停歇的战争

Marriage and Autonomy

婚姻是件美妙的事，但它也是一场永不停歇的战争。

——玛姬·辛普森

叔本华认为，恋爱当中的人们，就像寒冷的冬夜里的豪猪。为了抵御严寒，它们会挤在一起。但是正当它们因为彼此靠近而感到温暖的时候，又会被对方刺到。这种疼痛阻止了它们进一步接近。但是一旦分开，寒冷又会再度袭来。于是它们只好再次冒着被刺的风险相互靠近。就这样，它们分开，靠近，再分开。一次又一次。

到2006年10月为止，斐利贝和我已经在外面旅行了六个月，两个人累得精疲力竭。几个星期之前，我们终于看腻了各种各样的珍宝，于是决定离开老挝的圣城琅勃拉邦，像以往一样漫无目的地踏上旅程。日子就这样一天一天地过去了。

我们希望现在就可以回家，但是移民局那边没有任何进展。斐利贝的未来依然悬在深不可测的深渊边缘，我们甚至绝望地认为事情可能永远都不会有结果了。他搁下了在美国的生意，挣不到一点钱，只能把自己的命运寄托在美国国土安全部（当然，我也是一样）。为此，他感到万分沮丧。这不是一个理想的情况。多年以来，我明白了一件关于男人的事，那就是无能为力的感觉会给他们带来很多不好的变化。斐利贝也不例外。他变得越来越紧张、冲动、易怒，甚至疑神疑鬼。

即使在最好的情况下，斐利贝也有一些坏习惯，比如说有时候他会对一些干扰他生活的人极度不耐烦。这种情况倒是很少发生，但我希望它永远也不要发生。在世界各地，我都见过他用各种语言对笨拙的服务员、差劲的出租车司机、狡猾的商人、冷漠的侍者，还有缺乏管教的孩子的父母发过火。有时甚至会挥动着手臂大喊大叫。

我对这种事情极度反感。

由于受到我那沉默寡言的父母的影响，我无论从骨子里还是文化上，都无法理解斐利贝那夸张的巴西式解决矛盾冲突的方法。我们家里的人甚至不会用这样的态度去对待一个抢劫犯。另外，每当我看到斐利贝在大庭广众之下发火，我都在心底问自己，这还是那个我深爱着的温文尔雅而又心地善良的男人吗？坦白地说，我很讨厌这种感觉。如果有一种侮辱是我永远也无法忍受的话，那就是看着人们对我的爱人议论纷纷，大加指摘。

更糟的是，我渴望和这个世界上的每个人都成为最好的朋友，再加上近乎病态的同情弱者，使我常常为斐利贝的对手抱不平，而这又会让他更加的疑神疑鬼。当他表示自己不能容忍那些白痴和弱智的时候，而我则认为其实每个所谓的傻瓜都只不过是不走运罢了。所有这一切都会导致我们之间的不愉快。我们很少发生争吵，但是只要争吵，就一定是关于这种问题的。我永远也不会忘记，有一次在印度尼西亚，我强迫他回到一家鞋店去向年轻的店员道歉，因为我觉得他粗鲁地对待了那个女孩子。他居然真的去道了歉！他不情愿地回到那家骗人的鞋店里，对着迷惑不解的女孩做出一个优雅的表情，他说自己失去了控制，对此他感到很抱歉。不过后来他说，他之所以去道歉，只是因为他觉得我护着那个店员时的样子很迷人。但是，我自己可没有发现什么迷人的地方。没有，我从来没有发现这种事情还有迷人之处。

谢天谢地，在日常生活中斐利贝还是很少失态的。可惜我们现在过的正是一种不正常的生活。六个月无穷无尽的旅行，逼仄的旅馆房间，还有官员们那令人沮丧的拖沓作风都严重地影响了他的情绪，以至于我觉得斐利贝的急躁情绪已经接近大爆发的程度了（不过，鉴于我对冲突的严重反感，以及对情感摩擦的极度敏感，读者们还是不要把我说“大爆发”太当回事）。但是，确凿的证据表明：这些日子以来，他不仅仅是对那些完全陌生的人大喊大叫，甚至还把怒火发泄到我的身上。这真的是史无前例的。因为在过去斐利贝无论如何也不会这样对我的。但是现在，这段甜蜜的时期似乎已经结束了。他很生气，因为我花了太多时间去租电脑，因为我拉着他报了一个贵死人的旅行团，只为了看那些“该死的大象”，还因为我订了一趟悲惨的通宵火车。无论我是花钱还是存钱，不管我到哪里去，甚至当我孜孜不倦地对食物的卫生挑三拣四时，他都会火冒三丈。

斐利贝似乎已经逐渐陷入了一个怪圈，遇到的麻烦越多，越劳累，他的心情也就越坏。这很不幸，因为旅行——特别是按照我们这种廉价而又肮脏的方式旅行——几乎除了疲劳和麻烦就没剩下什么别的东西。最后，我的旅伴很明显失去了享受旅行的乐趣。当我拖着不情愿的斐利贝从一个景点到另一个景点（那些充满异国情调的市场！庙宇！瀑布！）参观时，他变得越来越紧张、越来越不舒服，也越来越不感兴趣。于是，我采取了从我妈妈那学来的对付消极男人的方法，那就是变成比他更开朗、更乐观，而且更活泼。我隐藏起自己的挫折感和思乡之情，戴上一副乐观而积极的面具，希望可以用自己不知疲倦的狂欢让斐利贝也轻松下来。

很遗憾，这没有任何效果。

随着时间的推移，我也变得有些生气，特别是对他的毫无耐心、脾气暴躁，还有死气沉沉的愤怒不已。另外，我对自己也很生气，恼恨自己为了激起他的好奇心，不得不经常故作惊讶状（哦，亲爱的，快看哪！他们把老鼠当吃的卖！哦，亲爱的，快看哪！象妈妈在给它的孩子洗澡！哦，亲爱的，快看哪！这家旅馆的房间正对着一个屠宰场）。同时，不管我们住在什么地方，只要斐利贝去洗手间，回来的时候都会抱怨那里的肮脏和恶臭。他还经常抱怨这里的空气污染使他嗓子疼，还有见鬼的交通让他头大不已。

他的抱怨也使我感到精神异常的紧张，以至于变得非常粗心。这样的后果直接导致了我在河内撞到了自己的脚趾，还有一次在清迈的旅馆里，当我翻找牙膏的时候，被斐利贝的剃须刀割破了手指。最可怕的一回发生在一天晚上，因为没有看清楚瓶子的包装说明，我错把驱蚊水当成滴眼液用了。我对那件事情的唯一记忆就是自己因为疼痛和自责而大叫，还有斐利贝把我的头按在水槽里，用温水反复地冲洗我的眼睛。他一边把我的头尽量地固定住，一边还在大声地诅咒这个该死的国家。那一周过的是如此的糟糕，以至于我现在都无法记得当初曾经到过哪些"该死的国家"了。

这种紧张的情绪终于有一天达到了顶点（或者说，跌落到了最低谷）。那天，我拽着斐利贝坐了12小时的大巴到老挝中部地区去，因为我听说那里有一处令人叹为观止的古老遗迹。我们和一大群牲畜挤在一个车厢里，那些坐椅比贵格教会的长凳还要硬。当然，车里不会安装空调，窗户还都被封着。我不能说那天热得令人难以忍受，因为我们毕竟还挺住了，但是我要说，那天真的真的是太热了。我无法唤起斐利贝对考古遗址的兴趣，就像我无法唤起他对乘坐公车旅行的兴趣一样。不过话说回来，那天的经历实在是太让人难以忘怀了，几乎是我一生中乘坐过的最惊险的公共交通工具。那个司机疯了一样地操纵着他的老爷车，几次差点把我们掀到悬崖下面去。但是，斐利贝对此毫无感觉，甚至当我们差点撞上迎面开来的车子时，他也没有任何的反应。他显得很麻木，只是疲倦地闭上双眼，一句话也不说。他看上去就像死了一样。或许，他正是在等待死亡。

在度过了惊险万分的几小时后，我们的车突然转了个弯，眼前出现了一幕车祸的现场：两辆跟我们差不多的大巴迎面撞在了一起。现场似乎没有人受伤，但是车子已经开始冒起了烟。当我们慢慢地从它们身边经过的时候，我抓住斐利贝的手臂对他说："看哪，亲爱的！有两辆公共汽车撞在一起了！"

他甚至没有睁开自己的眼睛，只是略带嘲讽地说："那么它们到底是怎么撞上的呢？"

在那一瞬间，我的怒火爆发了。

"你究竟想怎么样？"我问道。

他没有回答，这让我更加生气，于是我又问："我只是想尽量让我们轻松一些，难道有什么不对吗？如果你有什么更好的想法或者建议，帮帮忙，那就说出来。我真心希望你能找些东西让自己开心起来，因为老实说，我再也无法面对你的痛苦了，真的再也不能了。"

他的眼睛睁开了。"我只想要一把咖啡壶。"他带着一种出乎意料的感情说道。

"你说的咖啡壶是什么意思？"

"我只想回到自己的家里，跟你平平安安地待在一起。我想要生活正常起来。我想要一把自己的咖啡壶。我希望每天早上能在同一个地方醒来，在自己的房子里，用自己的咖啡壶，为我们做顿早餐。"

如果是在别的时候，这些话或许会让我十分感动。但是现在它只会让我更加恼怒：他为什么老想着这些不可能的事呢？

"我们现在还办不到。"我说。

"天哪，亲爱的，难道你以为我不明白吗？"

"难道你以为我就不想回去么？"我反唇相讥道。

他的声音在升高："你以为我不知道你也想回去吗？你以为我不知道

你在查那些房产广告吗？你以为我不知道你在想家吗？你知不知道不能带你回家，把你困在地球另一端的破旅馆里，无法让你过上更好的生活，这一切都是什么感觉吗？你知道作为一个男人，我有多无助吗？你了解那种他妈的无助的感觉吗？”

我还真的不知道。

我不得不说，因为我只知道结婚是个重大的事，但是有时候我确实忘记了对于某些特定的男人来说，无法给他们至爱的人们提供生活上的保障意味着什么。我忘记了当他们最基本的能力被剥夺之后，这些人会感到多么的沮丧。我忘记了这种事情对于男人来说代表了……

我还记得一位老朋友脸上悲哀的表情，就在几年前，当时他告诉我他的妻子就要离开他了。很显然，当她抱怨说自己感到无比孤独的时候，他并没有意识到她说的“他冷落了她”意味着什么。他认为自己这么多年以来，一直在尽心尽力地照顾着他的妻子。“好吧，”他承认说，“或许我在感情上冷落了她，但是看在上帝的分上，是我在养着那个女人！我为了她干两份工作！这还不能说明我爱她吗？她应该知道的，为了养活她，保护她，我愿意做任何事！假如现在有一个原子弹爆炸了，我也会带上她，用肩膀扛也要把她扛出火海，她应该了解我的！她怎么可以说我冷落了她呢？”

面对悲伤的朋友，我无法实话实说，不幸的是，一般情况下我们是碰不上原子弹爆炸的。在大多数时候，他的妻子唯一真正需要的是更多的关注。

同样，在那一刻，我唯一需要斐利贝做的就是冷静下来，对我和我们周围其他的人便显得更耐心一些，更大度一些。我不需要他来养活我，或者保护我。我也不需要他向我展示自己作为男人的责任感，在这种情况下它毫无用处。我只是需要他能够轻松地看待我们现在的处境。是的，如果能够回家当然很好，待在家人的身边，住在一栋真正的大房子里，但我们现阶段的四处流荡、居无定所的境况和他的喜怒无常一样不能困扰我，我缓解了一下自己紧张的情绪，碰了碰斐利贝的腿说："我能看出情况是如何的令人沮丧。"

我已经从一本叫《改变你婚姻的十堂课：美国爱情研究所的专家与你分享如何改善家庭关系的策略》的书里学会了一些东西。这本书的作者是西雅图家庭关系研究所的研究员约翰·M·戈特曼和茱莉·施瓦茨·戈特曼，一对最近备受关注的幸福的夫妇，他们宣称，只要通过对一对夫妇之间15分钟谈话的文本进行分析，就可以有95%的把握预测出他们未来五年内婚姻的走势（就因为这个原因，我猜想没人敢请约翰·M·戈特曼和茱莉·施瓦茨·戈特曼到家里吃晚餐）。先不管他们是否真的具有如此广大的神通，戈特曼夫妇在他们的书中确实提出了一些切实可行的建议，希望可以帮助人们从所谓的"四个牧马人的启示"当中解脱出来，也就是：阻碍、防御、批评，以及蔑视。我刚刚用的把戏——重复斐利贝的抱怨，以便表明我正在听他说话——就是戈特曼夫妇所说的"把头转向你的配偶"。据说这招可以平息争吵。

但它并不总是奏效。

"你不了解我现在的感受，小莉！"斐利贝厉声地说道，"他们逮捕了我。他们给我戴上手铐，在众目睽睽之下把我从机场带走，每个人都在盯着我看，你知道吗？他们留下了我的指纹，拿走了我的钱包，甚至连你给我的戒指都不放过。这些家伙扣下了所有的东西，然后把我丢进了监狱，最后从你们的国家里驱逐出去。我周游世界三十多年了，还头一次在海关被拦下，现在我再也去不了美国了，他们把我从那个该死的地方赶出来了！如果是在过去，我可能丢下一句：‘去他妈的！’然后就离开了。但是现在不行，因为你住在美国，我要和你待在一起。所以我没有选择的余地。我不得不忍受这一切，我必须把自己全部的生活都放在那些官僚和警察手里，任由他们对我大加侮辱。我们甚至不知道这一切什么时候才能结束，因为这些都由不得我们做主。我们只是政府桌子上的数字。我的生意也垮掉了，我要破产了。所以我当然要很痛苦。可是现在你把我拉到这乱七八糟的地方来，坐在这该死的公共汽车上……”

“我只不过想让你开心而已。”我反驳道，伤心地把手从他身上拿开。如果车上有一根绳子，只要一拉就可以把我弹下车的话，我对上帝发誓，我一定会拉的。我会跳下车，自己跑进丛林里去，把斐利贝一个人留在车上。

他猛地吸了一口气，仿佛正打算说些什么困难的事，但又停了下来。我能感到他的脖子僵了一下，我的挫败感也随之增强了。这些对话对我们没有任何帮助。公共汽车继续蹒跚着前行，车内还是热烘烘的，两旁低垂的树枝摩擦着车厢，鸡、猪还有孩子们在车前惊叫着散开，扬起泛着臭气的黑尘，每一次颠簸都让我们的脖子好像断了一样。还有7小时的路要赶。

我们很长时间都没有说话。我很想哭，但我竭力地控制自己，因为我知道这样做毫无意义。我仍然很生气。替他感到惋惜吗？是的，当然了，但是更多的是生他的气。为了什么呢？因为他没有勇气吗？因为他的脆弱吗？还是因为他比我先向困难投降？是的，我们的状况很糟糕，但还可能变得更糟。最起码我们还在一起。在这段被放逐的日子里，我至少还能够陪在他的身边。有成千上万的情侣处在我们这种情况之下，他们为了能够共度一晚宁愿选择牺牲自己的生命。至少我们还有这一点。至少我们受过足够的教育，可以读懂那如同天书一般的移民法案。至少我们还有足够的金钱，可以雇一个好律师来为我们打理这些事情。总之，即使事情恶化到了最糟糕的地步，美国拒绝斐利贝入境，我们也还可以有其他的选择。天哪，看在上帝的分上，我们总还可以搬到澳大利亚去吧。澳大利亚！一个了不起的国家！一个像加拿大一样繁荣而稳定的国家！我们总不至于被流放到阿富汗北部吧！在现在这种情况下，还有谁能比我们更具有优势吗？

为什么总是我一个人在乐观地想办法，而斐利贝，坦率地说，在过去的几周里只是在那里为了无法改变的环境而大发雷霆？他为什么就不能低下头，对逆境当中的恩典多一点的忍让呢？顺便说一句，难道让他对即将到达的考古遗迹多表示一些热情，就会要了他的命吗？

这样的话我差一点就脱口而出了——一个字不差，用咆哮的方法——但是我克制住了。这是一种感情的爆发，一种约翰·M·戈特曼和茱莉·施瓦茨·戈特曼称做“洪水”的东西——这个时候你会感到极其疲劳和沮丧，以至于头脑完全被愤怒所占据（和蒙蔽）。洪水即将到来的一个直观的表现就是，在你们争吵的时候，开始使用“总是”或者“从未”之类的字眼儿。戈特曼夫妇把这个称之为“崩溃”（比如说，“你总是让我失望！”或者“我永远也不能指望你！”）这样的语言说明你们已经彻底地丧失了理智和冷静。一旦你被这股洪水淹没，一旦你陷入了“崩溃”的境界，一切就都失控了。所以最好还是不要让这种事情发生。就像一位老朋友曾经对我说的那样，如果你打算衡量一段婚姻是否幸福，只要去查一查夫妇双方舌头上有没有为了克制口不择言而咬出的伤疤就可以了。

就这样我们俩都一声也不吭，激烈的沉默维持了很长一段时间。直到他最终拉起我的手，用一种精疲力竭的声音说：“现在我们都小心点儿，好吗？”

我松弛下来，心里知道他是什么意思。这是我们之间一个很老旧的暗语。那是我们第一次开车从亚利桑那到田纳西去旅行的时候发生的事，当时我们才刚刚开始恋爱，住在诺克斯维尔一家奇特的旅馆里。我在田纳西的一所大学教授写作，而那天斐利贝要参加一个图森举办的珠宝展览。所以我们决定自己开车到那里去，这样可以感觉旅途更短一些。大部分时间里我们过得很愉快。我们唱歌、聊天，一起大笑。当然，在汽车里我们也只能唱歌、聊天和哈哈大笑了，直到大约30小时之后，我们终于精疲力竭了。我们都耗光了所有的能量，无论是人还是车子。四周没有旅馆，而我们两个又饿又累。我记得这时我们好像在什么时候停车和停在哪里上面发生了分歧。我们还在慢条斯理地讨论着，但是紧张的气氛已经像雾气一样弥漫在汽车周围了。

“让我们小心点吧。”斐利贝突然说道，这很是出乎我的意料之外。

“小心什么？”我问。

“在接下来的几小时里，我们必须当心自己对对方说的话，”他接着说，“据说人们在疲倦的时候，总是很容易发生争吵。所以在我们到达休息的地方之前，应该对自己说的话多加点小心。”

结果什么事情也没有发生，但是斐利贝的想法是对的。也许，一对夫妇就应当具有解决冲突的先见之明，在争吵发生之前就把它消弭于无形。于是这句话就变成了我们之间的一个暗号，就像路牌一样，提示我们注意路上的裂缝，当心头顶落下的岩石。它是一种工具，帮助我们度过每一次紧张的时刻。过去，它一直很有效果。现在又该它出场了，在这次流放到东南亚之前，我们还从未面临着如此紧张的气氛。从另一方面来说，也许我们从未像现在这样需要看到黄色的旗帜①。

①黄色旗帜出示时代表赛车比赛中存在危险，出示黄旗的赛段将不可超车，并限制赛车速度。

我永远也不会忘记我的朋友茱莉和丹尼斯跟我讲的那个关于可怕的争吵的故事。当时他们刚刚结婚，正在非洲旅行。今天他们无论如何也想不起来，当初是为了什么争执起来的，但是他们还记得是如何结束的：在内罗毕的一天下午，两个人不知为何生起气来，甚至不想发生任何身体上的接触，于是他们就决定沿着同一条街的两边各走各的。在这样怪异的平行前进了很长一段时间之后，丹尼斯最先停了下来。他张开手臂，示意茱莉穿过大街到他这边来。这看起来像是一个和解的手势，于是茱莉接受了他的歉意。她深情款款地走到丈夫的身边，满心期待可以得到一个道歉。恰恰相反，当她走到他身边的时候，丹尼斯俯下身子轻轻地说道："嘿，宝贝儿，见你的鬼去吧！"

作为回应，她立刻冲到机场，差点把她丈夫的返程机票卖给一个完全陌生的人。

最后，这件事情还是被愉快地解决了。十年之后，它作为一个笑话出现在一次有趣的聚会上，但是还是值得人们借鉴：没有人想让事情变成那个地步吧！于是我轻轻地捏了捏斐利贝的手，然后说"*Quando casar passa*"，这是一种甜蜜的巴西式的表达方式，意思是："当你结婚后，一切都会好起来的。"当斐利贝小时候摔倒磕破膝盖的时候，他的妈妈就会这样对他说。这是一种带有小小的哄骗性质的母亲的安慰。近来，斐利贝和我一直在对对方说着这句话。在我们看来，它很大程度上是真的：当我们终于结婚的时候，所有这些的麻烦就会消失了。

他把我紧紧地抱在怀里。在他的胸前，我很快便松弛了下来。我的身体随着大巴的颠簸而抖动着。

毕竟，他是一个好男人。

不管怎么说，基本上，他是一个好男人。

是的，他很好。他很好。

“我们现在应该做点什么？”他问道。

在这次谈话之前，我一直本能地四处跑来跑去，寄希望于不断变化的新鲜景观能把我们从法律的麻烦中解脱出来。不管怎么说，过去这种策略一直很有效。就像婴儿一样，我满足于可以在摇晃的汽车当中找到酣眠的节奏。我一度以为斐利贝也是如此，因为他是我所见过的旅行经验最丰富的人。但可惜他好像从未喜欢过这种漂泊的日子。

有一件事我经常忘记，那就是这个男人比我大十七岁。所以如果他对于像我一样背着背包四处漂泊，不带换洗的衣服，住18美元一晚的小旅店而不感到任何激动的话，我想我可以理解他。这是显而易见的。他早就见识过这个世界。他到过那片该死的伟大遗迹，也坐过那种横跨亚洲的三流火车，而那时我才刚上小学二年级。为什么我要逼着他重来一遍呢？

更重要的是，在过去的几个月里，我发现了我们之间一项很重要的差异，这是我在以前的日子里没有注意到的。那就是，作为一对终生的旅行者，实际上斐利贝和我有着很大的不同。我逐步地发现，斐利贝不仅是我见过的最好的旅行者，也是最糟糕的。他讨厌古怪的浴室、肮脏的餐馆、不舒服的火车，还有国外的床铺——所有这些都限制了他的旅行。如果可以选择的话，他一定会挑选那种他所熟悉的生活方式。所有的这些都会让你觉得，这样一个人其实并不适合去做一个旅行者。但是如果你真的这么想，那你就错了，因为斐利贝具有一种独特的天赋，那是他的秘密武器：他可以在旅途当中的任何一个地方，为自己创造出一个熟悉的日常生活环境。只要你让他停留在那一段时间，他就能在三天之内把这个星球上任何一个地方变个样，然后他就可以毫无怨言地在那里待上十年的时间。

这就是为什么斐利贝的足迹可以遍布世界各地。不仅仅是旅游，而是生活。在过去的几年中，他的行程从南美到欧洲，从中东到南太平洋。当他来到某个陌生的地方，发现自己喜欢这里之后，他就立刻住下，学习当地的语言，很快就会融入进来，变成一个本地人。比如说，斐利贝和我一起在诺克斯维尔住了不到一个星期，他就已经找到了自己最中意的咖啡馆，最欣赏的酒保，还有最喜欢的吃午餐的地方。（“亲爱的！”有一天，当他一个人从诺克斯维尔的市中心回来后，兴奋地对我说，“你知道这里有家叫独脚大盗的餐馆吗？他们提供又好又便宜的鱼哎！”）如果我愿意的话，他可能会一辈子都待在诺克斯维尔的。没问题，他可以住在那间旅馆的房间里，无论多久都可以，只要我们能待在一起就好。

这些回忆让我想起了斐利贝告诉我的一个故事，那是关于他小时候的事。当他还是个小男孩时，总会在半夜被噩梦吓醒，这时他就会尖叫着穿过房间，爬到他最喜欢的莉莉姐姐的床上，当时她已经十岁了，已经可以理智地认识一些事了。他会靠在莉莉的肩膀上，轻轻地低语“Me da um cantinho（给我让一小块地方）”，而她总会睡眼蒙眬地给他让出一块温暖的地方。这个要求并不过分：只需要一个温暖的小角落。我认识这个人这么多年以来，我从未听他提出过更多的要求。

但是，我并不喜欢这个。

斐利贝可以在世界上任何一个角落找到安身之地，可惜我不能。因此我比他更加容易劳累。但是这也让我成为了一个比他更优秀的普通旅行者。我无限好奇，加上无限的耐心，不辞劳苦，不怕困难。所以，我可以到这世界上的任何一个地方去，没有任何问题。但问题是，我无法生活在这个星球的任何地方。我突然想起在几周以前，当时我们还在老挝的北部。有一天早上，斐利贝在琅勃拉邦明媚的晨光中醒来，他对我说：“亲爱的，不如我们就留在这儿吧。”

“没问题，”我说，“如果你愿意的话，我们还可以在这儿多待几天。”

“不，我的意思是我们就在这里定居。让我们忘记移民去美国的事吧。太麻烦了！这是一个美妙的城市。我喜欢这种感觉。它让我想起了三十年前的巴西。我们可以在这里开一间小酒店，或者小商铺，不会花太多的钱的。我们还可以租一间公寓，住在……”

我一句话也说不出来。

他是认真的。他真的会那么做。他会从床上蹦起来，在老挝北部建立自己新的生活。但是我不能。斐利贝对旅行的认识是我所不能企及的。在他看来，旅行，并不是真的四处走，而是要被一个陌生的地方所接纳。我受不了那种事。就我的理解来说，旅行要简单得多。比如说我喜欢旅行，我可以四处游荡，但是当我想安定下来的时候（真正的安定下来），我会住在家里，在我自己的国家，说着自己的语言，紧挨着自己的家庭，和那些与我有着同样思维和信仰的人住在一起。这样，我的目的地就被限制在了地球上的一小块区域，包括纽约州的南部、新泽西中部的乡村、康涅狄格州西北部，以及宾夕法尼亚州的东部地区。我就像一只号称会迁徙的鸟一样，只能在寥寥几个地方落脚。而斐利贝，我那会飞的鱼，就没有这种局限性。对他来说，在世界上的任何一个角落放上一小桶水就足够了。

意识到这一切也有助于我理解斐利贝最近易怒的原因。他正在经历很多的烦恼，一方面对美国的司法移民程序感到不确定和无助，另一方面，又觉得自己可以在琅勃拉邦建立起自己新的生活，只要一个小公寓就够了。而且，在此期间，他还要忍受紧张的旅行，从一个地方到另一个地方，他根本无法享受这一过程，只是因为他不愿意拂我的意。为什么我要让他接受这些？为什么我不能让这个男人歇歇呢，在哪儿都行啊？

所以我改变了主意。

“为什么我们不能在某个地方住上几个月，直到你被通知到澳大利亚的移民局去参加面试呢？”我建议道，“咱们去曼谷吧。”

“不，”他说，“我不想去曼谷。住在那会让我们失去理智的。”

“不，”我说，“我们不会住在曼谷，我们只是经过那里，因为它是交通中心。咱们可以在曼谷待一周左右的时间，住一间不错的饭店，好好休息一下，然后再看看能不能买到便宜的机票去巴厘岛。一旦我们回到巴厘岛，让我们看看是否可以租一间小房子。然后我们就待在那里，直到整个事情都结束。”

从斐利贝的脸上我可以看出，他被这个主意打动了。

“你会那样做吗？”他问道。

突然，我有了另一种灵感：“等一下，让我们看看是否能把你在巴厘岛的旧房子弄回来！也许我们可以向新房东租下它。然后我们就待在那里，在巴厘岛，直到我们拿到签证回美国去。你觉得怎么样？”

过了一会斐利贝才作出了回应，我向上帝发誓，我觉得他轻松得要哭了。

于是我们就这样返回了曼谷。我们找到了一家带游泳池和酒吧的酒店。然后我们给斐利贝原来那所房子的新房主打电话，看看是否可以重新把它租下来。出乎我们意料是，它正好还空着，而且一个月只要四百美元。对于一间过去曾经属于你的房子来说，这个报价实在是太便宜了，完美至极。我们订了飞往巴厘岛的航班，一个星期之内就可以出发。斐利贝立刻就开心起来了，又变得快乐、耐心、善良，就像从前一样。

至于我……

还有一些事情要做。

这些事总在心里缠绕着我。我看得出斐利贝现在很轻松，他坐在漂亮的游泳池边看侦探小说，另一只手还拿着一杯啤酒。但是现在我成了那个焦虑的人。我永远也不会成为那个坐在游泳池边喝着啤酒、看着小说的人。我的思想已经飞到柬埔寨去了，离我们非常的近，只要跨过边境就是了。我一直很想去看看吴哥窟的遗址，可惜从未能如愿成行过。我们还要在这待一个星期，正好可以去看看。但是我无法想象现在就把斐利贝拖到柬埔寨去。事实上，我想不出有什么理由可以让他跟我一起坐上飞机，冒着酷热到那些摇摇欲坠的寺庙遗址里去。

那么，要是我一个人去柬埔寨怎么样，就去几天？把斐利贝留在曼谷的游泳池边？过去的五个月里，我们从未分开过哪怕一分钟，无论面对什么样的环境我们都在一起。到目前为止，我们只在公共汽车上发生过一次比较严重的争执，这简直就是一个奇迹。那么，如果我们短暂地分开一段时间，会不会对两个人都有好处呢？

不过，从一方面来说，当前微妙的处境让我对离开他几天时间很是踌躇。现在没有时间去到处乱跑了。万一当我在柬埔寨的时候，他出了什么事情怎么办？假如发生地震、海啸、骚乱、飞机坠毁、严重的食物中毒，或者是绑架怎么办？假如当我不在的时候，斐利贝出去散步，被一辆车撞了，头部受了很严重的伤害，最后被送到了一家神秘的医院，没有人认识他，而我又找不到他，那可怎么办？在目前这个时期，我们的行踪始终无法确定，一切都还是微妙的未知数。我们已经在这个星球上一起漂泊了五个月，同舟共济。这是我们唯一可以依仗的力量，为什么还要在这个时候冒险分开呢？

但是从另一方面来说，现在或许也到了该放松一下的时候了。我们没有理由总是杞人忧天。这次奇异的放逐终将成为过去，斐利贝也肯定会拿到他的美国护照。我们一定会结婚的，也一定会在美国建立一个稳定的家庭，然后一起过一辈子。这样的话，为了将来打算，我现在就应该赶快出去转一转。我知道自己是什么样的人：就像有些妻子一样，我偶尔也会同朋友们在周末出去一下，做做SPA什么的。同样的，这些妻子有时也从她的丈夫那里离开一小会儿，到柬埔寨去玩一玩。

那就只去几天吧！

或许他也可以充分地利用这次离别的时间。最近几个星期里，斐利贝和我的火气都在增长，所以我强烈地感到，我们两个都需要一些空间来调整自己。我开始想起我的父母的花园——这是一个很好的比喻，婚姻中的两个人必须学会适应对方，有时甚至只要清理彼此的路径，为了避免冲突。

我的母亲原本是家里的园艺师，但是这几年父亲突然对种植产生了兴趣，这就侵犯了她的领地。但是正像斐利贝和我对旅行产生过分歧一样，他们两个也对如何管理自己的花园各持己见，而这通常会导致他们的争执。结果在过去的几年里，他们不得不为了保持对彼此的礼貌而划园而治。事实上，他们通过一种复杂的方式将花园一分为二，你需要一种联合国维和部队的思维才能明白我父母的精心安排。比如说，莴苣、花椰菜、草药、甜菜、覆盆子仍然属于我母亲的领地，因为父亲还没有想出一个办法把它们从她手中夺过来。但是那些胡萝卜、韭菜、芦笋必须完全归他所有。至于蓝莓嘛，父亲总是把母亲从他的田埂边赶走，仿佛她是一只觅食的小鸟。妈妈被禁止在蓝莓附近出现：不许修剪、不许收割，甚至浇水也不行。父亲宣称，他会捍卫自己的蓝莓。

在花园里真正复杂的是西红柿和玉米地问题。就像约旦河西岸和克什米尔一样，西红柿和玉米的领土争端依然在继续。我母亲负责种植西红柿，而父亲则得打好支架，接着母亲再来采摘。不要问我为什么！那只是他们的协议（这是他们去年夏天的协议，目前番茄的情况仍有待于解决）。关于玉米，父亲负责种而母亲负责收，但是一旦收割结束，父亲总是坚持由他来整理土地。

他们就是这样在园子里辛勤地劳作，既合作又独立。

没完没了的耕作，阿门。

他们之间这个奇特的停战协议让我想起了一本书，一个叫黛博拉·鲁普尼兹的朋友在好几年前出版的一本书，书名叫做《叔本华的豪猪》。这是一个有趣的比喻，来自于德国哲学家阿瑟·叔本华关于现代人类在人际关系上进退两难的叙述。叔本华认为，恋爱当中的人们，就像寒冷的冬夜里的豪猪。为了抵御严寒，它们会挤在一起。但是正当它们因为彼此靠近而感到温暖的时候，又会被对方刺到。这种疼痛阻止了它们进一步接近。但是一旦分开，寒冷又会再度袭来。于是它们只好再次冒着被刺的风险相互靠近。就这样，它们分开，靠近，再分开。一次又一次。

“周而复始，”黛博拉写道，“因为它们必须在被刺和被冻之间找到一个合适的距离。”

我的父母不仅仅在一些重要的事情上分工明确（比如金钱和子女），而且在一些看似无关紧要的问题上（比如甜菜和蓝莓）也要斤斤计较，他们俩就像豪猪一样，在对方的领土上前进或者后退，谈判、校正，共同维系着合适的距离：在自治和合作当中寻求一种微妙的难以捉摸的平衡点，来保持那种奇异的舒适感。在这个过程中他们相互妥协，有时甚至不惜牺牲宝贵的时间和精力，去做那些对方不愿去做的事情。斐利贝和我在旅途当中也会做同样的事情，当然我们也需要了解，如何找到自己合适的距离。

然而，当我打算和斐利贝讨论一下一个人到柬埔寨去的时候，我还是为自己这个大胆的想法吓了一跳。在那几天，我始终找不到合适的方法和时机。我不想让自己觉得好像是在征求他的许可，因为那样就会把他置于一个主人或是家长的角色，而且这对我也是不公平的。不过，我也无法想象自己会坐下来，告诉那个体贴的男人我要独自起程，不管他同意与否。这将使我看上去像一个任性的暴君，而且明显对他非常不公平。

事实是，我很久都没有做这种事了。在和斐利贝谈这件事之前，我必须一个人待一会。我已经习惯于制订自己的计划，而无须考虑别人的想法。更重要的是，直到目前为止，即便是我们被迫到处旅行（以及生活在不同的大陆上），我们都一直有充裕的时间独处。但是一旦我们结婚了，一切就都会随之变化。我们会无时无刻不待在一起，而这种相守又会带来新的限制，因为婚姻是一种具有法律约束力的东西，其本质就代表了一种驯服。婚姻就像是一株盆景：一棵长在盆子里的树，带着精心修剪的枝叶。记住，盆景可以活几个世纪，而且具有一种浓缩了的美，但是没有人会认为那是一棵真正的树。

波兰的哲学家和社会学家齐格蒙·鲍曼曾经细致地论述过这个主题。他认为现代夫妇都被一种言论所蒙蔽了，他们被告知可以而且应该同时拥有自由与和睦，也就是说我们都应该保持相同比例的两者。不知何故，鲍曼说，我们都开始错误地相信，只要可以正确地处理自己的感情生活，我们每个人就都能体验到恒久的婚姻，而不必感到任何的局限和限制。这里有一个魔法一般的词，一个几乎是让人盲从的词，“平衡”。这些日子以来，我所认识的所有人都在近乎疯狂地寻找着平衡。我们的所有努力，正如鲍曼写的那样，只不过想是使我们的婚姻“无往不利、无所不能、无所不包”。

但或许这只是一个不切实际的愿望？因为爱情是受限的，有它的范围。当我们坠入爱河的时候，我们觉得在自己心中的爱被无限地放大了，但是必要的限制还是必须的。斐利贝和我的关系看似很随意，但是请不要弄错了：我早就宣布这个人是属于我的。他的一切（性、情感、创造性）在很大程度上都归我了，没有任何人的份——甚至都不是他自己的。他欠我一些东西，比方说信息、解释、忠诚、持之以恒，以及他生命中的每一个细节。这和用绳套拴住一个男人不一样，但是毫无疑问，他现在属于我了。同样的，我也属于他。

但这并不意味着我不能一个人去柬埔寨。然而不管怎么说，我都应该在离开之前和斐利贝商量一下。换作是他，也会和我做一样的事的。如果他对我独自旅行的想法表示反对的话，我会据理力争的，但是起码我会先听听他反对的理由。一旦他极力地否决我的建议，我也只能极力地否决他，不过我必须选择好战斗的时机。而假如他不断地反对我的想法，我们的婚姻也许就会土崩瓦解。如果我不断地要求按自己的方式生活，后果一样非常严重。所以你必须小心行事，悄悄地、不留痕迹地相互试探。出于礼貌，我们必须学会如何小心地解放和限制对方，但是我们决不应该——片刻也不行——假装我们并不在意。

经过反复的思考，有一天早上我终于决定把这个想法跟斐利贝说一下。我谨慎地措着辞，试图用最隐晦的语言来表达自己的意思，以至于那个可怜的家伙好半天都搞不清楚我在说些什么。在说了一大段乱七八糟的题外话之后，我笨拙地企图解释，我爱他，也很不愿意在这样的时候把他一个人留在这里，但是我真的很想去看柬埔寨的那些寺庙……所以既然他认为那些远古的废墟是如此的乏味，我是不是可以考虑一个人到那边去看看？……或许，考虑到现在旅行已经变得如此的疲惫，我们可能不会分开太长的时间吧。

斐利贝花了好几分钟才弄明白我想说的是什么，然后，他放下他的烤面包，茫然地盯着我。

“我的上帝啊，亲爱的！”他说，“你还问我干吗？去吧！”

所以我就去了。

而我的柬埔寨之行实在是……

怎么说呢。

柬埔寨不是海滨。去柬埔寨也不像到真正的海滨消磨时间那样的惬意。柬埔寨很糟糕。这个地方的一切都让你感到很糟糕。这里的景观极其糟糕，几乎是你一生中见到的最差的。这里的历史也很糟，到处仍然残存着大屠杀的记忆。孩子们的脸上带着冷漠的表情。狗儿们无精打采。这里的贫穷程度也是我前所未见的。它穷得像印度偏远的农村，但是没有印度的活力。它也像巴西城市里的贫民区，但又没有那里的生机。这里是尘土飞扬、让人昏昏欲睡的那种穷法。

最重要的是，我的导游也很差劲。

我一到暹粒市[①]就为自己订了一家酒店，然后开始着手找一位导游带我去参观吴哥窟。最后，我雇用了一个叫纳里斯的男人，一个口齿清楚、知识渊博、外表严肃的四十多岁的绅士。他彬彬有礼地向我介绍那灿烂的古代文化，但是平心而论，我不喜欢我的伙伴。尽管我希望拉近和纳里斯的关系，但是我们没有成为朋友。我喜欢去结识新的朋友，但是友谊并没有在我和纳里斯之间产生。造成这个问题的部分原因是纳里斯那非常吓人的举止。每个人都有自身独特的情感，但纳里斯不相信这个说法，而且把它应用在每个方面。他的严厉使我战战兢兢，以至于两天之后，我几乎都不敢开口了。他让我觉得自己是一个愚蠢的孩子，这并不令人惊讶，因为除了做导游，他的真正工作是一名小学校长。我敢打赌这正是他让我觉得可怕的根因。他很坦诚地说，有时候他更怀念战前的旧时光，那时柬埔寨的家庭更加完整，孩子们也受到更加严厉的管教。

但是这也不能全怪纳里斯，我们两个不能和谐的相处也有我的过错。坦白地说，我不知道该如何和这个男人交谈。我很敏锐地意识到这样的事实：我面前的这个人，在他的成长过程中，曾经见证了这个世界上最野蛮的屠杀。在70年代的种族灭绝运动中，几乎每个柬埔寨的家庭都受到了影响。在红色高棉执政时期，柬埔寨人面临着的绝不仅仅是挨饿和病痛，还有酷刑和死亡。你可以大胆地假设，现在任何一个四十岁左右的柬埔寨人，他的童年基本上都是在地狱里度过的。了解了这一切之后，我发现自己很难与纳里斯随意地谈笑，因为我无法找到任何话题，可以不涉及那可

①柬埔寨城市，吴哥古迹所在地。

怕的过去。我相信，在柬埔寨和一个当地人同行，就好像是在参观一栋刚刚经历了家族血案的房子，而你的导游就是这个家里唯一幸存下来的那个人。这让你不顾一切去避免提出这样的问题：“那么，这就是你的兄弟杀死你妹妹的那间卧室吗？”或者“这里就你父亲折磨你的表弟的那个车库吧？”不行，你不能这么做，你必须彬彬有礼地跟在导游的身后，当他说“这是我家房子的最漂亮的特色之一”时，你只有点头，然后低声说：“是的，藤架很可爱……”

然后你就开始胡思乱想……

同时，当我和纳里斯一边参观古老的遗迹，一边避免谈论近代的历史之时，我们被一群群的流浪儿不断地拦住，他们衣衫褴褛、成群结队地公开乞讨。他们中的一些人缺胳膊少腿，这些残疾的孩子坐在一个废弃的大楼的角落里，挥舞着自己的残肢，大声地喊叫着：“地雷！地雷！地雷！”当我们经过时，那些健全的孩子会跟着我们，试图向我兜售明信片、手镯、小饰品等。有些很主动，有一些则采取了更婉转的方式。“你来自于美国的哪个州？”一个小男孩问我，“如果我能说出首府在哪儿，你能给我一块钱吗？”这个特别的男孩跟了我们很长的一段路，嘴里叨叨咕咕的，像是在念一首尖锐的诗：“伊利诺伊州，女士！斯普林菲尔德！纽约州，女士！奥尔巴尼！”而随着时间的推移，他变得越来越沮丧：“加利福尼亚，女士！萨克拉门托！德克萨斯州，女士！奥斯汀！”①

出于怜悯，我给了这些孩子一些钱，但是纳里斯对我的施舍行为表示了不满。“你应该对那些孩子视而不见，”他警告我说，“给了钱反倒会把事情变得更加麻烦。”我这是在鼓励他们乞讨，这样会毁了柬埔寨

①此处的几个地名都是美国的联邦州和其首府，后来几个则是乞讨的儿童记混了。

的未来。有很多这样的野孩子需要帮助，而像我这样的施舍只会吸引更多的人。他说得没错，看到我拿出钞票和硬币以后，更多的孩子聚集过来，而即使我不再往外掏钱，他们依然围着我。我不得不一遍又一遍地重复着“不”，直到说得自己嘴里发苦，就像在念诵一个可怕的咒语。但是那些孩子们变得更加坚决，直到纳里斯也忍不住对他们大声呼喝起来。

一天下午，我们结束了对一座十三世纪的宫殿的参观后，我们朝着车子走过去。为了把话题从乞讨的孩子上面移开，我向他打听起附近的森林来，我问他这些树有多少年的历史了。纳里斯只是答非所问地说：“当我父亲被红色高棉杀死时，士兵们拿了他的房子作为战利品。”

我无言以对，所以只好默默地走着。

过了一会儿，他又接着说：“为了逃生，我的母亲被送进了森林，带着她所有的孩子。”

我等待着剩下的故事，但是没有了——或许是他不想再往下说了。

“对不起，”我说，“那一定很恐怖。”

纳里斯冷冷地看了我一眼，什么意思呢？遗憾？蔑视？但随后那眼神就消失了。“让我们接着参观吧，”他指着我们左边的一片肮脏的沼泽说，“这里原来是一片水池，是当初耶跋摩七世在八百年前研究星象用的……”

第二天早晨，为了向这个国家提供一些帮助，我打算到当地的医院去献点血。我曾经在城里见到血浆短缺的告示，希望游客们能够提供帮助，可惜我没能如愿。那个严厉的瑞士护士看了一眼我超低的铁含量，拒绝接受我的捐献。她甚至不愿从我身上抽半品脱的血液。

“你太虚弱了！”她指责我说，“很明显你没有照顾好你自己！你不应该再继续旅行下去！你应该待在家里，回去休息吧！”

即将离开柬埔寨的那个晚上，我独自一人在暹粒市的大街上溜达，试图让自己轻松起来。但是这样做并不安全。每当我一个人来到新的环境的时候，总会感到一种奇特的镇定而和谐的感觉（实际上，这正是我希望在柬埔寨找到的那种感觉），但是在这里，我从来没有感到过。如果有什么区别的话，我觉得现在自己走在大街上，就像是一个诱饵、白痴，或者目标。我感到可悲和无奈。当我吃完晚饭向旅馆走去的时候，一小群孩子又向我聚集过来。一个缺了一只脚的男孩，一瘸一拐地走到我跟前，故意地用拐杖去绊我。我趔趄了一下，手臂摇晃着，但好在没有跌倒。

“钱，”男孩干巴巴地说，“给我钱。”

我试着绕过他。他灵巧地又伸出了自己的拐杖，我不得不跳起来避开它，这让我快气疯了。孩子们都笑了起来，然后更多孩子向我围拢过来。我加快速度，向旅馆走去。那群孩子尾随在我身后，拉扯着我，不断地跑到我的前面。他们中的一些人大笑着挡住了我的路，还有一个非常小的女孩不停地拉着我的袖子，对我喊叫着：“食物！食物！食物！”快到旅馆的时候，我开始跑了起来。失魂落魄地奔跑。

过去几个月，我一直骄傲于自己的镇定，无论面对的是多么混乱的情形，但是在柬埔寨，这份镇定消失了。很显然，就当我发现自己惊慌失措地在一群饥饿的小乞丐面前落荒而逃时，我所有的作为资深旅行者的冷静都已荡然无存，随之消失的还有我的耐心和最基本的情感。当我到达旅馆之后，我一头撞进自己的房间，锁上房门，用一条毛巾盖住了脸，整个晚上都像一个胆小鬼一样颤抖个不停。

所以，这就是我在柬埔寨的伟大旅程。

现在回想起来，也许我根本就不应该到那个地方去，或者至少不应该在那个时候去。考虑到过去几个月的旅行已经使我精疲力竭，而且斐利贝和我目前的不确定性，也许我的这次出游真是一次任性的，甚至是鲁莽的行动。也许现在真的不是去证明自己的独立性，规划自己未来的自由，以及测试彼此隐私的底线的时候。也许我就应该跟斐利贝一起待在曼谷的游泳池旁边，喝着啤酒，享受着放松的时刻，并且等待着下次一起行动。

只是我不喜欢喝啤酒，待在那儿也不会让我感到轻松。如果我抑制住自己的冲动，在那个礼拜留在曼谷一边喝啤酒，一边百无聊赖地相互审视的话，我就有可能失去一些很重要的东西，而这些东西最终都会腐败掉——就像耶跋摩国王那散发出恶臭的游泳池一样，留给后人的只有一片污浊。我到柬埔寨去，是因为我必须去。也许它带给我的只能是混乱和拙劣的记忆，但这并不意味着我不应该去。有时生活本身就是凌乱的、笨手笨脚的。我们只能各尽所能，各安天命，不管自己的选择是不是正确的。

后来，就在我遇到那个行乞的孩子之后的第二天，我就飞回了曼谷与斐利贝会合了。他看上去平静而轻松，很明显我不在的这几天里，他得到了一次短暂的恢复。这些日子他过得相当愉快，甚至还忙里偷闲地学会了如何用气球扎成动物的形状。于是当我回来的时候，他送给我一只长颈鹿、一条腊肠犬，还有一条响尾蛇当做礼物。他为此非常的自豪。虽然，我心里多少有一点失落，对自己在柬埔寨的表现略感惭愧，不过我还是很高兴再见到这个家伙。我非常感激他鼓励我去尝试一些事情，尽管那些事并不总是像我梦想的那样。还有一些事情也使我特别愉快，但是我不能说出来——因为，说实话，我以后一定还会那样做的。

所以我赞扬了一下斐利贝那奇妙的气球动物展，他也认真地听我讲述了在柬埔寨的悲惨经历，最后我们一起疲惫而心满意足地爬上了床。我们又一次地会合在了一起，继续着我们的故事。

CHAPTER SEVEN

婚姻颠覆了谁

Marriage and Subversion

在人的一生中，婚姻是最隐私的事情。但是在我们的生命中，婚姻也是别人参与最多的事情。

——约翰·赛尔登

于是，我终于在婚姻漫长而奇特的历史当中找到了自己的避风港。这就是我将要停泊的地方。为了这样一个地方，有多少不安分的情侣，不得不长久地忍受着各种各样的胡言乱语和颠沛流离，只为了得到自己想要的东西：一丁点属于自己的爱的空间。

2006年10月下旬，我们回到了巴厘岛，再次住进斐利贝在稻田里的老房子。我们打算在那里静静地等候着他的移民判决，我们四处闲逛，庆幸着终于可以远离争吵的压力。能够回到熟悉的环境让人感觉真好。大约三年前，正是在这所房子里我们坠入了爱河。一年多以前，也是在这所房子里，斐利贝答应了跟我“永久”地搬到费城居住。现在，它成了最能带给我们家的感觉的地方。真高兴还能够再次看到它。

我看着斐利贝融化在故地重游的喜悦当中，像小狗一样喜悦地触碰着熟悉的东西。一切都没有变化，还和他离开的时候一样。楼上有一个露天的阳台，上面摆着一把藤制的沙发，那就是，用斐利贝的话来说，他勾引我的地方。屋子里舒适的大床，那是我们第一次做爱的地方。厨房里整整齐齐地摆放着盘盘罐罐，那些还是我刚刚认识他的时候买的，他原来的单身生活方式让我难以接受。屋角那张桌子就是我写作上一本书的地方。还有邻居家里温驯的大狗公爵（斐利贝总是管它叫“罗杰”），欢快地一蹿一跳，冲着它自己的影子吠叫着。稻田里还有鸭子，一边蹒跚地漫步，一边相互散布着鸭群里的小道消息。

那里甚至还有一把咖啡壶。

就这样，斐利贝又变回来原来的样子：善良、细心、无所不能。他有自己的事情和圈子。而我有我的书籍。我们分享着一张熟悉的床。我们尽可能轻松地等待着国土安全部决定斐利贝的命运。在接下来的两个月里，我们陷入了一种昏昏沉沉的停滞状态，有点像我们的朋友乔养的那些青蛙。我读书，斐利贝做饭，有时我们在村庄的周围漫步，去拜访一些老朋友。那些日子里，让我印象最深刻的就是巴厘岛的夜晚。

有些事情你根本都想不到：这个地方非常的吵闹。

我曾经曼哈顿临着14街的公寓里居住过，但是就噪声来说，那个地方根本就不能和巴厘岛的乡村相提并论。有的晚上，我们两个人会同时被狗争斗的声音惊醒，以及公鸡那热情的庆典。还有的时候，我们会受到天气的影响，外面的风雨听上去就像一幕大戏一样的嘈杂。我们总是开着窗户睡觉，而当风刮得非常强烈的时候，我们醒来时就会发现蚊帐已经扭曲地缠绕在床上，就像帆船上盘着的索具一样。这时，我们就会一边整理着蚊帐，一边躺在黑夜里聊天。

在卡尔维诺的《看不见的城市》里有一段文字是我最喜欢的。在那里作者虚构了一座叫做欧菲米亚的城市，在每一个冬至日，来自所有国家的商人就会聚集到这里，而每个春分日开市交换商品。但是，商人们来到这里不仅仅是为了交易香料、珠宝、家畜和纺织品。他们还相互交换各种各样的故事——这是一种实实在在的交易，买卖的对象就是每个人的往事。按照卡尔维诺的说法，夜晚时分，这些商人围坐在在沙漠的篝火旁，每个人说出一个单词，比如“姐妹”、“野狼”、“埋藏的宝藏”等。然后所有人就用这些词来讲述自己关于姐妹、狼和宝藏的故事。几个月之后，这些商人就会离开欧菲米亚。当他们独自骑骆驼穿越沙漠，或者踏上驶往中国的漫长航路的时候，每个人都可以靠着那些记忆中的故事来打发时间。这个时候，人们就会发现他们确实分享了彼此的记忆，于是，就像卡尔维诺写的那样，“他们的姐妹就变成了别人的姐妹，而他们的狼也变成了别人的狼”。

这就是分享的力量。这也是漫长的婚姻对你我造成的影响：它使我们继承和分享彼此的故事。从某种意义上说，这就是我们如何变成彼此生命的一部分的过程。斐利贝的个人历史变成了我记忆中的一部分，而我的生活也融入了他的回忆里。这一切就像想象当中的欧菲米亚，任何微小的回忆都是由分享和亲密带来的。有几次在巴厘岛上，当我在凌晨三点仍无法入眠的时候，我就会出几个词给斐利贝，看看能从他的记忆里掏出些什么故事。在我的指引下，斐利贝躺在我身边，在黑暗里给我讲他的姐妹、财宝和狼的故事，当然还有海滩、鸟、脚、王子、比赛……

我记得有一天晚上，天气潮湿闷热，我被一辆从窗口呼啸而过的没有装消音器的摩托车惊醒，我感觉到身边的斐利贝也被吵醒了。于是，我又随机地选了一个词。

“鱼，给我讲一个关于鱼的故事吧。”我要求道。

斐利贝思索了很长一段时间。

然后，他把记忆从月光照拂下的小屋拉回到了小时候的巴西，那时他和爸爸彻夜到野外去钓鱼。他们会去找一些没有人迹的河流，只有他们父子俩，一起露营几天。他们整天光着脚，赤裸着上身，靠自己捕获的猎物为生。斐利贝没有他的大哥吉尔多那么机灵（这是大家公认的），也没有他的大姐莉莉那么迷人（这也是大家公认的），但是他是家里最好的帮手，这就是他可以跟父亲一起出来钓鱼的主要原因，尽管当时他还很小。

在野外，斐利贝的主要工作就是帮他爸爸把网撒到河里。这是一个战略性的关键步骤。他的爸爸白天不怎么跟他说话（他在忙着聚精会神地钓鱼），但是每天晚上生起篝火时，他都会把第二天钓鱼的计划详详细细地告诉他，就像一个男人在和另一个男人商量事情。斐利贝的父亲会问他六岁的儿子："你看到河上游一英里外的那棵树了吗，就是被水淹到一半的那棵？你觉得我们明天到那儿去试试怎么样？"斐利贝蹲在篝火旁边，神情专注地听着，然后认真地点点头。

斐利贝的父亲并没有什么雄心壮志，他既不是一个伟大的思想家，也不是一个商业巨头。老实说，他甚至有些懒惰。但他却是一个无畏的游泳健将。他会用牙叼住他的小猎刀，然后游过那些宽阔的河流去检查自己的渔网，而这时小男孩只好一个人待在岸上。可想而知，这个时候的斐利贝是如何的紧张和害怕，因为他知道，如果爸爸被水冲走了，他就会一个人孤零零地被遗弃在这个荒无人烟的地方。

但是他的父亲从未被冲走过。他相当的强壮。在我们闷热的卧室里，在湿乎乎的蚊帐里，斐利贝向我描述着他父亲是怎样一个强壮的运动员。他躺在黑暗中模仿着爸爸优雅的泳姿，他的手臂虚弱无力地摆动着，就这样的游啊游。时隔多年，斐利贝依然能够准确地回忆起父亲的臂膀划过黑暗湍急的水面时带起的声音："唰，唰，唰……"

现在，那记忆中的声音又出现在我的脑海中。我甚至觉得自己也听到了这个声音，尽管我从未见过他逝去多年的父亲。事实上，也许在这个世界上可能会有四五个人还记得斐利贝的父亲，但是只有一个真的见过当年那个壮年男人畅游在巴西的河流里的样子。不过，在斐利贝与我分享过这个故事之后，很奇怪的，我仿佛也能看见和记起他的样子了。

这是一种夫妇间的亲密：在黑夜里分享彼此的故事。

没有比在安静的夜晚相互敞开心扉更能增进彼此关系的方法了。因为当斐利贝描述他父亲游泳的样子之时，我就已经把那个水中的形象小心翼翼地印在自己生命的记忆中了，现在我要把它带在身边，直到永远。只要我还活着，即便是很久之后，即便斐利贝已经逝去，这份童年的回忆，他的父亲、他的河流、他的巴西——所有的这一切，依然会伴随着我。

就在我们逗留在巴厘岛的几个星期里，移民的事情终于有了突破性的进展。

根据我们在费城的律师说，FBI已经通过了我的刑事分析报告，结果毫无问题。我已经被认为可以安全地与一个外国人结婚了，这就意味着国土安全部也可以开始处理斐利贝的移民申请了。如果一切顺利的话，他们会再给他发一张金色的小票，那是未婚夫签证，然后他就可以在三个月之内回到美国。现在终于可以看到结果了。我们的婚礼也已经近在眼前了。根据移民文件的规定，一旦斐利贝获得了签证，他将被允许再次进入美国，但是期限只有30天。而在此期间，他需要娶一个名叫伊丽莎白·吉尔伯特的美国公民，也就是我。他必须娶这个叫伊丽莎白·吉尔伯特的美国公民，否则将面临永久被驱逐出境的处罚。当然，政府的文件里是不会出现黑洞洞的枪口的，但是你会感觉到它真的存在。

当这个消息传到我们的家人和朋友那里时，每个人都向我们打听，希望办一个什么样的婚礼。你们什么时候结婚？在哪里举行？都有谁会被邀请？我回避了大家的问题。老实说，对于婚礼我并没有什么特殊的计划，因为我发现在大庭广众面前结婚让我十分的不安。

我曾经研读过安东·契诃夫[①]在1901年4月26日写给他的未婚妻奥尔加·克尼佩尔的一封信，信里面完美地表述出了我现在所有的恐惧。契诃夫写道："如果你能告诉我，结婚的当天一个人都不会来的话，我就会准时出现，完成我们神圣的仪式。因为不知道为什么，我对结婚一事感到有些恐惧，我害怕看到人们的祝贺，害怕看到你微笑着拿着香槟的样子。我希望我们可以从教堂直接回到兹韦尼哥罗德。或者，我们也许可以干脆在兹韦尼哥罗德举办婚礼。想想吧，亲爱的，好好想想吧！他们都说你很聪明的。"

是的！想想吧！

我也想越过所有忙乱的环节，直接回到兹韦尼哥罗德去，虽然我从未听说过那个地方！我只是想结婚，尽可能偷偷摸摸的，甚至不告诉任何人。当我在一封电子邮件里向我姐姐凯瑟琳倾述这些想法时，她回答说："你们把结婚弄得像做胃肠镜检查一样。"但是我可以证明，在经过了国土安全部几个月的详尽盘查之后，这正是结婚现在带给我们的感觉。

但是，仍然有一些人认为我们应该举办一个适当的仪式来庆祝这件事，而我的姐姐就是其中之一。她频繁地给我发来电子邮件，跟我探讨当我们回到费城的时候，是否可以在她的家里举办我们的婚礼。她跟我保证说，绝不会有什么出格的事，但是……

每当我想到这事，总是感觉心烦意乱。我对她说这真的没有什么必要，斐利贝和我并不打算举办婚礼。但是在接下来的一封邮件里，凯瑟琳

①俄国小说家。

说：“如果我只是碰巧举办了一场盛大的生日聚会，你和斐利贝会来吗？我至少可以为了你们的婚事跟你干一杯吧，对吗？”

我告诉她，别想了。

她依然锲而不舍地问：“如果我只是碰巧在你们在家的时候举办一次盛大的宴会呢，这样你和斐利贝甚至都不用下楼了吧？你可以把自己反锁在楼上，连灯都不用开。当我为婚礼祝酒的时候，我会装作不经意地把香槟酒向你们的房间那个方向洒去，这样总可以了吧？”

她得到的答案依旧是不容置疑的：不行。

当我试图否决在公众面前举行婚礼的提议时，我不得不承认，我这样做的某些原因是因为太难堪了。再一次地站在自己的家人和朋友面前，庄严地许下一辈子的诺言，这实在是很尴尬，尤其是这里面的很多人还参加过我的第一次婚礼。他们不是已经看过一回了吗？在经历了过多的这种事之后，一个人的可信度也会随之降低。而斐利贝在此之前也有一段十七年的婚姻。瞧瞧我们这一对吧！用奥斯卡・王尔德的话说：一次离婚可以被视为一次不幸，但是两次就开始变得随意了。

另外，我决不会忘记专栏作家“礼仪小姐”对这个问题的评论。尽管她坚信人们结多少次婚都可以，只要他们喜欢就好，但同时她也认为，一个人一生中只能举办一次盛大的婚礼。（我知道，这似乎有点过于新教主义和压抑人性，但是说来奇怪，赫蒙族人也信奉同样的宗旨。当我在越南向老祖母打听赫蒙族再婚的传统时，她回答说：“第二次婚礼和第一次是完全相同的，只是没有那么多的猪。”）

此外，第二次或者第三次的婚礼也把家人和朋友置于一个尴尬的境地，他们不知道自己是否应该再次向新人送上自己的祝福和礼物。答案显然是否定的。“礼仪小姐”曾经很酷地向读者解释说，向一位再婚的准新娘表达祝贺的最适当方法就是写一张贺卡，告诉她你为她感到高兴，并且祝她一切顺利幸福，但是千万要避免使用“这次”的字样。

上帝啊，正是“这次”这两个字让我感到深深的畏惧。但它是真的。上一次的记忆还没有消退，还在隐隐作痛。我也不喜欢婚礼上的客人们用看第一位丈夫的眼光，来看待现在的伴侣，而新娘也可能在那一天思念自己的前夫。我知道，第一位伴侣的影子从未在脑海消失，即使你们再也没有任何的联系。他们是出现在新的爱情故事里的幽灵，藏在你脑子里的某个角落里，时不时地跳出来，不管你愿意与否，勾起你那些快乐或是痛苦的回忆。“我们比你自己还了解你”，这就是那些幽灵想告诉我们的。很不幸，他们了解我们的那些事，都不是什么好事。

“一个离过婚的男人娶了一个离过婚的女人，等于一张床上躺了四个人。”塔木德智典[①]上这样说——事实上，我们的前任配偶确实会萦绕在我们的梦境中。比方说，我就梦过我的前夫，远比我离开他时想象的还要多。通常，这些梦都是不安和困惑的。但在个别情况下，有一些梦会带给我温暖和抚慰。但是这些都无关紧要：我既不能控制，也无法阻止它们。他随心所欲地出现在我的潜意识里，从来不用敲敲门，好像他仍然拥有房间的钥匙。斐利贝也会梦到他的前妻。而且，看在上帝的分上，我居然也梦见过斐利贝的前妻。我有时甚至会梦到我前夫的新妻子，尽管我从来没有见过她，连照片都没见过，但是她还是会出现在我的梦里，和我交谈（事实上，我们像是在开会）。假如此时在世界的某个角落，我前夫的第二任妻子也在梦中见到了我，对此我绝不会感到奇怪的。

我的朋友安二十年前离了婚，然后又高高兴兴地嫁给了一个优秀的老

---

①流传3 300多年的羊皮卷，是犹太教口传律法的汇编，仅次于《圣经》的典籍。

人。她向我保证说，这种事情会随着时间的流逝而逐渐消失的。她发誓总有一天那个幽灵会离开的，而我将再也不会回忆自己的前夫。但是，我不知道。我发现这很难描述。我可以不去想它，但是我无法想象它会离开，特别是我的第一次婚姻结束的如此拖泥带水，留下了那么多未解决的问题。我和前夫自始至终都不知道我们的婚姻出了什么问题。这令人非常震惊，我们之间完全无法达成共识。也许完全不同的世界观可能就是我们无法生活在一起的原因。我们两个只是婚姻的见证人，然后各自带着曾经发生的记忆离开。

因此，这也许只是作茧自缚罢了。现在我们俩过着各自不同的生活，但是他仍在访问我的梦境，化身成各种形态，从一千种不同的角度来反思和争论那些没有解决的事情。这很尴尬，也很奇怪。我不想因一个盛大的庆典来激怒那个幽灵。

或许斐利贝和我不想举行婚礼的另一个原因是，我们觉得自己已经发过誓了。我们在一个完全私人的场合交换过彼此的誓言。这件事发生在诺克斯维尔，当时是2005年4月，斐利贝和我第一次住进广场上那家破破烂烂的酒店。有一天我们出去买了一对简单的金戒指。然后我们写下自己的诺言，大声地把它读给对方听。我们把戒指戴在对方的手指上，在眼泪和亲吻中许下彼此的承诺。这就是我们的婚礼，我们都觉得有过这样的感觉就足够了。我们相信自己已经结婚了，这很重要。

除了我们两个，没有人见证过那个场面（除了上帝，希望他能看到）。不用说，也不会有人承认我们的誓言（除了我们俩，当然，还有上帝，希望他能承认）。我请你想象一下，如果我在达拉斯沃斯堡机场对那个国土安全部的代表说，我们已经在诺克斯维尔的酒店房间里结过婚了，他会有什么样的反应。

老实说，如果我和斐利贝没有经过正式的婚礼就戴上结婚戒指的话，会让人们受到很大的刺激的，甚至是那些爱着我们的亲人。所有人的反应就是我们的行动是极端困惑和可悲的。“不！”当我告诉我的老朋友布莱恩，我刚刚和斐利贝在私底下交换了誓言时，他立刻从北卡罗来纳发来了电子邮件。“不行，你不能那样做！”他强调，“那不算数。你必须办一场真正的婚礼！”

布莱恩和我在这个问题上争执了好几个礼拜，我对他在这上面的顽固感到很惊异。我本以为，在所有人当中，他应该是最了解我和斐利贝为什么不需要举行公开的婚礼，仅仅是为了迎合其他人的习惯。布莱恩是我认识的家庭生活最幸福的男人（他对琳达的忠心很好地诠释了什么才叫妻管严，以及“妻子崇拜”），但是他也很可能得不到其他人的认同。从本质上说，他是一个有博士头衔的异教徒，住在一栋没有厕所的林间小屋里。但是布莱恩始终坚持，在上帝面前发下的誓言不能算作结婚的誓言。

“结婚不是祈祷！”他毫不妥协，“这就是你为什么必须要当着大家伙的面，即使你前面的姑妈闻起来像猫砂一样。这很矛盾，但婚姻本身就包含了大量的悖论：自由与承诺，控制和隶属，聪明人和傻瓜，等等。而且你错过了最重要的一点——这就是你不仅仅要‘满足’其他的人。相反，你必须和你的客人共度难关。他们必须帮助你、支持你，以防止你或者斐利贝任何一方产生动摇。”

唯一一个比布莱恩更受不了我们私自结婚的人是我七岁的外甥女咪咪。首先，小姑娘觉得自己被大大地忽视掉了，因为她一直想做一次捧花的女孩①，但至今没有得到机会，而她最好的朋友和死敌莫利亚已经当过两

①在西方的婚礼当中，总有个小女孩捧着花束，站在新娘的前面。

次了。况且咪咪的年纪已经不小了。

另外，在田纳西州，我们这种行为在称呼上也冒犯了我的外甥女。这就像是说，没有经过她的同意，我们就给她找了一个叔叔，她才不吃这一套呢！她的哥哥尼克也不怎么买账。这并不是因为这两个孩子不喜欢斐利贝。就像十岁的尼克说的，你不能管一个既不是你父母的兄弟，又没有合法地娶了你的阿姨的人叫叔叔。因此，斐利贝还没有正式成为尼克和咪咪的叔叔，就像他没有正式成为我的丈夫一样，我不知道该怎样说服他们。这个年龄的孩子固执无比。见鬼，他们就像是人口普查官一样。为了惩罚我的不合作，咪咪每次叫斐利贝“叔叔”的时候都是一副嘲讽的口吻。有时她甚至会用同样的口气管他叫“你的丈夫”。

2005年的一天晚上，当斐利贝和我在凯瑟琳家吃晚饭的时候，我问过咪咪，要怎样做才能让她相信我真的嫁给了斐利贝。她一如既往的固执，“你需要办一场真正的婚礼。”她说。

“但是一场真正的婚礼应该有什么呢？”我问。

“你必须有一个观众，”她现在很明显地被激怒了，“你不能在没人看着的时候许下诺言。当你发誓的时候，必须有一个人在旁边看着。”

说来奇怪，咪咪的道理真的符合严格的哲学和历史观。哲学家大卫·休谟解释说，无论在什么样的社会里，涉及任何重要的誓言，证人都是必要的。原因在于，你根本不知道当一个人许下诺言的时候，他是否是在撒谎。在立誓人冠冕堂皇的言辞中，也许隐藏着休谟说的“秘密的想法”。但是，如果有证人在场的话，就可以避免任何隐藏的意图。不管你说的话还隐藏了什么寓意，你都要为自己的话负责，而且还有一个第三方的证人。这个时候，证人就变成了活的封印，增加了誓言的重要性。即使在欧洲中世纪早期，当官方的教堂婚礼出现之前，如果一对夫妇打算合法地结婚，那么他们需要的就是一个见证人。即使在那时，你也不能完全自己说了算。即便在那时，你必须得有人见证。

“这样会让你满意吗，”我问咪咪，“如果斐利贝和我在这里互相发誓，就在这间厨房里，当着你的面？”

“可以，但谁当见证人呢？”她问。

“你为什么不来做这个人呢？”我建议说，“这样你就可以确定一切都正常地进行。”

这真是一个高明的计划。确保事情的正常进行是咪咪的专长。她天生就是做这个事的人。我很骄傲地被告知，她抓住了这个机会。就在这间厨房里，她的妈妈正在旁边煮晚餐，咪咪让斐利贝和我站起来，面对着她。她要我们把已经戴了好几个月的“结婚”戒指摘下来交给她。她许诺会把戒指安全地保存到婚礼结束之后。

然后她即兴创作了一套婚礼祝词，我猜她可能是从看过的电影情节里拼凑出来的。

“你们承诺终生相亲相爱吗？”她问。

我们承诺。

“无论健康或生病，你们都会彼此相爱吗？”她问。

我们承诺。

“无论理智或疯狂，你们都会彼此相爱吗？”她问。

我们承诺。

“无论富有或者不那么富有，你们都会彼此相爱吗？”（很显然，咪咪并不喜欢“贫穷”这个词，所以她选择了“不那么富有”来替换。）

我们承诺。

然后，我们就静静地站在那里。显然咪咪本打算把这个权威的角色多演一会儿，可惜她想不出更多需要宣誓的东西了。所以她把戒指还给了我们，指挥我们把它戴到了对方的手指上。

“现在你可以吻你的新娘了。”她宣布。

斐利贝吻了我一下。凯瑟琳小声地欢呼了一下，然后继续搅拌她的蛤蜊酱。就这样，在我姐姐的厨房里，我和斐利贝第二次不合法地结婚了。不过，这次我们有了一个证人。

我抱起了咪咪：“你满意吗？”

她点了点头。

但是很明显，她并不满足，从她的脸上就可以看出来。

那么，对于每一个人来说，一场公开而合法的婚礼应该是什么样子的呢？为何我会如此固执地排斥它，甚至愿意为了这一点而不惜与人争吵？其实我只是觉得过度的重视仪式和典礼并没有太多的意义。你看，我读过约瑟夫·坎贝尔的《金树枝》，我明白这里面的道理。我找到对于人们来说有个典礼是必要的：它就像我们画了一个圆圈，把重要的事情全部圈起来，好把它们与那些普通的事情区别开来。仪式是一种神奇的万无一失的驭者，指引我们从人生的一个阶段进入另一个阶段，确保我们在前行的路上不会跌倒或者迷失方向。典礼和仪式强迫我们直面自己心灵最深处的恐惧，就像一个男孩拉着一匹蒙着眼睛的马走过熊熊烈火一样，他低声耳语：“别多想，哥们儿，好吗？就这样一步一步地往前走，你会安全地走过另外一边的。”

我甚至理解为什么人们如此看重见证彼此的典礼和仪式。我的父亲——不管怎么说，他都不能算一个特别传统的人——也一直坚持我们应该出席镇上举办的所有葬礼。对此，他解释说，这样做不一定是为了悼念死者或者告慰生者。相反，你去参加这些仪式，你就可以被别人看到，特别是被死者的妻子看到。你必须让她注意到你的脸，知道你来参加过她丈夫的葬礼这个事实。这样你不仅能够得到镇上其他人的认可，而且当你下一次在超市里遇见这个寡妇的时候，还能避免再听她对你唠叨一遍自己悲伤的故事的可能性。因为她在葬礼上见过你，明白你已经知道了一切，所以她也就没有必要再对你重复一遍她失去丈夫的事，而你也可以不必在堆满农产品的过道里尴尬地说着那些安慰的话，因为你已经在教堂里说过了。因此，这种公众的仪式使你与其他人保持一致，也可以避免你们之间可能出现的尴尬和不安。你们的关系已成定局。你安全了。

这正是我的朋友和家人想要的东西，我突然意识到，当他们要求斐利贝和我举办公开的婚礼时，他们并非打算穿着漂亮的衣服和舒适的鞋子翩翩起舞，或者美美地享用一番鸡肉和鱼肉大餐。我的朋友和家人们真正想要的是他们能够继续按原来的方式生活，保持人与人之间固有的联系。这就是咪咪想要的——与大家保持一致，避免不必要的尴尬。她希望能够得到明确的保证，可以清晰地说出“叔叔”和“丈夫”这样的字眼儿，而不必继续对斐利贝是否已经变成家族的一员而费尽思量。而且很明显，为了达到这样的目的，她所能做的唯一一件事就是亲眼目睹我们许下婚姻的誓言。

我知道这一切，我都明白。但是我仍然在抵抗。主要的问题是——尽管经过了好几个月的阅读、思考和争论——我依然没有完全地相信婚姻。我还没有确定，我想要的正是婚姻可以提供的。老实说，我仍然感到愤愤不平，难道仅仅是政府要求我们结婚，我们就必须照做吗？我终于意识到，归其根源，造成我如此困扰的主要原因，可能是因为我是一个“希腊人”。

当然，我并不是说我真的是一个希腊人，就像那些从希腊来的人，或者是大学兄弟会的一员，或者沉迷于冲动的性爱之中的人。相反，我的意思是，我在像希腊人一样思考。因为哲学家们很早就已经得出结论，整个西方文化的基石是建立在两个对立的世界观之上——古希腊和古希伯来——无论你更倾向于哪一方，它们都在很大程度上决定了你怎样看待自己的生活。

从希腊文化——特别是昔日那辉煌的雅典文化当中，我们可以继承到对个体和人性的重视。古希腊人留给我们民主和平等的观念，以及自由、科学和思想的解放，今天我们把它叫做“多元文化主义”。古希腊人对待生活总是抱着一种城邦制的、成熟的和探索的态度，总是为自己留下足够的空间去怀疑和争论。

而另一方面，你也可以用希伯来人的方式来观察这个世界。在这里，当我说“希伯来”的时候，我指的也不是具体的犹太教的原教义。（事实上，据我所知，大部分的当代美国犹太人正在按照希腊式的方式来思考，而很多美国的正统基督徒却在严格地遵循希伯来的教条。）在这里，“希伯来”作为一种哲学意义上的概念，它过分地强调了教条、信仰、服从和尊重。希伯来的信条是党派、宗法、权威、道德、宗教仪式、对外部世界本能的怀疑。希伯来思想家把世界分为经纬分明的善恶两边，而上帝则始终与“我们”在一起。人类的行为要么是对的，要么是错的，没有折中的余地。整体的利益大于个体，道德比幸福更重要，誓言是绝对神圣的。

问题是，尽管现代的西方文化不同程度地继承了这两种古老的世界观，但是我们却从未真正地把它们融会贯通，或许是因为它们本身就无法融合。（你最近关注过美国大选吗？）在美国的社会当中，希腊和希伯来式的思维模式有趣地共生。我们的法律条文大都是希腊式的，而我们的道德规范则是希伯来式的。没有希腊式的思考，我们就无法达到个人的独立、睿智和神圣，而没有希伯来式的规范，我们就没有了公义和对上帝的虔诚。我们的公平感是希腊的，我们的正义感是希伯来的。

但是当我们谈到爱情的问题时，嗯，我们自己也无法分清了。调查显示，美国人在婚姻方面的看法和信仰是极其矛盾的。一方面（基于希伯来），我们相信，作为一个民族，婚姻的誓言是神圣无比的，终身不得破坏。而另一方面（基于希腊），我们同样相信，每个人都应该有权根据自己的意愿选择离婚。

这两种截然不同的想法怎么可以同时存在呢？难怪我们如此的困惑。难怪美国人无论结婚率还是离婚率都远远地高于世界上任何一个国家。我们一直在这两种思维方式之间来回地徘徊。我们的希伯来（或者是《圣经》和道德）爱情观是基于对上帝的虔诚——这是对神圣信仰的崇敬。我们的希腊（或者是哲学及伦理）的爱情观是基于对天性的投入——这些是对冒险、美好事物和对自我表现的无限向往。这两种观点无疑都是为我们所笃信的。

完美的希腊情人取之于美貌，而完美的希伯来情人取之于忠诚。

激情是属于希腊式的，责任是属于希伯来式的。

我有些左右为难，在希腊和希伯来这两种观点当中，我更倾向于前者。但是这会让我成为婚姻的逃避者吗？对此我很担心，我们“希腊人”不喜欢成为传统的祭坛上的牺牲品，那会让我们感到压抑和恐怖。当我无意中从罗格斯大学的研究报告里发现了一些小而关键的信息之后，我的担心变得更加严重了。研究者的证据很清楚地表明，对于缔结婚约的神圣深信不疑的夫妇，其婚姻状况远比那些半信半疑的夫妇要稳定得多。如此看来，维系婚姻关系的一个先决条件就是尊重自己的婚姻。

我认为这么说是有道理的，对吧？你要相信你自己的誓言，无论它真的重要与否，不是吗？因为婚姻绝不仅仅是两个人相互许下诺言这么简单，它是誓言中的誓言。我知道很多人长相厮守，并不只是爱他们的配偶，他们只是爱着自己的原则。尽管也许极其厌恶自己的配偶，但他们仍将把对婚姻的忠诚一直带到坟墓里去，只是因为他们曾经在上帝的面前发过誓言，而且绝不会容许自己背弃自己的承诺。

很显然，我不是这种人。在过去的日子里，在誓言和自己的生活当中，我明确地选择了后者。我并不认为这让我变成了一个不道德的人（有人也许会强调，选择了从痛苦当中解脱出来，是对生命的一种尊重），但它确实让我面临着一种进退两难的境地，不知道自己是否应该和斐利贝结婚。假如我逐渐向希伯来式的观点那边转变，希望自己这次结婚可以天长地久（是的，就让我们这么说吧，而且还用到了那个难堪的字眼儿：这一次），但是我依然不知道该如何去全心全意地尊重婚姻。我还没有为自己的婚姻找到一个归宿之地，也还没有清楚地认识我自己。这种尊重和自我意识的缺失使我陷入深深的恐惧，我害怕连自己都不会相信自己的誓言。

为了消除这种恐惧，我跟斐利贝说出了我的忧虑。应该说，斐利贝在这个问题上比我轻松得多。虽然他对婚姻也没有什么期望，但他还是一直跟我说："在这一点上，亲爱的，这一切都只是一场游戏。现在政府已经制定了规则，我们必须参加这场游戏，为了得到我们想要的东西。就我个人而言，不管什么游戏我都可以参加，只要我最终能和你平静地生活在一起。"

这种思维模式很适合他，但那还不是我要找的东西，我需要某种程度上的热情和真情实感。仍然，斐利贝看出了我的烦乱，而且——愿上帝保佑这个男人——他还善解人意地耐心地听我叙说着西方社会的哲学是如何影响我对婚姻的看法的。但是，当我问斐利贝，他到底是倾向于做个希腊人还是希伯来人时，他回答说："亲爱的，哪一种也不适用于我。"

"为什么？"我问。

"因为我既不是希腊人，也不是希伯来人。"

"那你是什么？"

"我是巴西人。"

"那是什么意思？"

斐利贝笑了："谁知道！做一个巴西人是多么美妙的事。它不代表任何东西！所以你可以随心所欲地享受自己的生活。这是一个很聪明的策略。我就是我。"

"但是，这对我有什么帮助？"

"也许它能帮助你放松下来！你就要嫁给一个巴西人了。为什么不开始试着像巴西人一样思考呢？"

"怎么做？"

"做你想做的事！这就是巴西人，不是吗？我们借用每个人的观点，然后把它们综合起来，创造出属于我们的新东西。听着，你最喜欢希腊人哪些东西？"

"有人情味。"我说。

"那么希伯来人呢，如果有的话，你最喜欢他们什么？"

"他们的荣誉感。"我说。

"好的，那就这么定了，我们把这些都挑出来。人情味和荣誉感。我们将从这里面制造出一种婚姻。我们可以叫它巴西鸡尾酒。我们将赋予这件事我们自己的密码。”

“我们可以这么做吗？”

“亲爱的！”斐利贝突然无奈地用双手捧起我的脸说，“你什么时候才能明白呢？只要我们能够拿到那见鬼的签证，平安地回到美国去，我们就可以他妈的想怎么做就怎么做。”

但是，我们能做到吗？

我祈求斐利贝是正确的，但是我无法肯定。我对婚姻最深的恐惧，来源于我害怕它对我们的改变，远比我们对它的改变还更多。几个月时间的读书和研究使我对这种潜在威胁的恐惧愈加强烈。我逐渐地相信，婚姻本身具有令人难忘的强大力量。也许这种力量的影响要比我和斐利贝所能想象的更深远，更广阔，也更复杂。无论我和他是怎样的成熟和睿智，一旦被放在婚姻的生产线上，我们都会被塑造成一个模样：一种有利于这个社会的模样，但是对我们自己全无益处。

这一切让我如此的烦躁不安，是因为我很喜欢把自己想象成一个玩世不恭的人。我不是一个无政府主义者，但是我还是愿意过一种随心所欲的生活，并且本能地抵制所有固有的规律。而斐利贝，老实说，也喜欢按照自己的方式生活。得了，让我们都诚实点，承认我们中的大多数人都有过这样的想法，不是吗？毕竟，把自己想象成一个古怪的愤世嫉俗的人是如此的令人神往，即使你已经买下了一把咖啡壶。也许，向世俗的婚姻观低头让我多少感到有些刺痛——就像刺在自己固有的骄傲上面一样。老实说，我也不确定自己到底能否逃脱这个问题的困扰。

直到我看到了费迪南德·芒特的书。

有一天，当我百无聊赖地在网上检索一些关于婚姻的网页时，突然发现了一本叫做《颠覆你的家庭》的古怪的书，作者是个叫费迪南德·芒特的英国作家。我立即订购了这本书，然后让我姐姐寄到巴厘岛来给我。我非常喜欢这个书名，并且几乎一下子就肯定，从这本书里我可以看到夫妻们找出方法来打败社会陋俗，切切实实地反抗根深蒂固的传统婚姻观的故事。也许我还能在这里找到我的榜样哩！

事实上，颠覆确实是这本书的主题，但不是以我所预料的那种方式。这不是一篇煽动的宣言，不过考虑到它是由费迪南德·芒特（对不起，我再说一遍——威廉·罗伯特·费迪南德爵士，第三男爵），一位保守的伦敦《星期日泰晤士报》专栏作家写的，你就不应该感到奇怪了。我可以坦白地说，如果当初知道这些事，我是绝不会订购这本书的。不过我还是很开心自己可以发现它，因为有时候，救赎会以一种最不可思议的形式出现，而芒特爵士（胜利爵士[①]？）确实给我提供了一次救赎的机会，或者说

①芒特爵士（Sir Mount）在英语里的发音类似于胜利（surmount）。

一种全新的关于婚姻的概念。

芒特——从现在开始，我会忽略掉他的头衔——认为所有的婚姻都是对权威的一种自动的颠覆。（所有未经过安排的婚姻，换言之，就是那些不分种族、不分家世，也不建立在金钱基础上的婚姻。也就是所谓的西式婚姻）那些由充满个性的个体组成的家庭也就是颠覆性的家庭。就像芒特说的那样："家庭是一种充满颠覆性的组织。事实上，它们是终极的也是唯一的颠覆性组织。在历史上，只有家庭才能够持续不断地对国家构成威胁。家庭还是等级、教会和价值观念永恒的敌人。不仅是独裁者、主教和贵族们，就连那些谦卑的教区牧师和咖啡馆里的小市民都会发现自己正在遭到家庭的恶意侵扰，永无宁日。"

尽管看起来有些危言耸听了，但是芒特还是给出了自己的解释。他认为，正因为那些私定终身的夫妇的婚姻是基于若干私人原因的基础之上，而且隐居在属于他们自己的小天地里，所以这对那些打算统治世界的人来说，不亚于一种天生的威胁。任何独裁者上台后的第一个目标就是通过压迫、教化、恐吓或宣传的一系列手段来控制人口。但是令他们失望的是，这种控制从未取得明显的成效，甚至连监控都没有用。毕竟，那是两个人最秘密的私事。

即使是东德的秘密警察——世界上有史以来最高效、权力最大的警察部队——也不可能在凌晨三点去窃听每一个家庭的每一次私密对话。从未有人能够做到这一点。无论这种枕边对话是多么的温柔、琐碎，或者严厉，它都只属于床上的两个人。这种夫妻之间在黑暗里的交流正好可以定义什么才叫做"隐私"。在这里，我要说的不仅仅是夫妻间的性事，还有其他的方面，比如说，亲近。在这个世界上，每一对夫妻都有可能创造出属于他们自己的国家——自己的文化，自己的语言，自己的道德准则，这些都是不为外人所知的。

艾米莉·狄金森[①]曾写道："造物主创造了所有的灵魂，而我只选择其中之一。"正是如此，基于私人的原因，我们当中的很多人最终只会选择一个人去爱，并且放弃了其他的人。当然这样就可能会惹火自己的家人、朋友、宗教机构、政治运动、移民局的官员以及军事机构，直到永远。而且，这种狭隘的亲密关系对于那些一直渴望控制你的人来说是极其不愿意看到的。你知道为什么美国的奴隶从未被合法地批准结婚吗？因为一旦奴隶们获准结婚，他们也就获得了广阔的情感自由和隐私权，而这对于奴隶主来说太危险了。婚姻代表了一种心灵的解放，但是把它加之于一个被奴役的人是绝对不能容忍的。

正因为这个原因，历史上的那些掌权者一直试图靠削弱人们之间的关系来增强自己的权力。每当一种新的革命、崇拜或者宗教出现的时候，这场比赛就会以相同的方式开始了：把你同原有的忠诚当中分隔开来。你必须宣誓效忠于你的新主人、新教条、新神明，或者是新的国家。芒特写道："你必须放弃世间原有的一切羁绊，只要跟随旗子、十字、新月、铁锤……就可以了。"简而言之，你必须与自己真正的家庭划清界限，然后发誓说：现在我们才是你的家人。还有，你必须全心全意地投入这个全新的、强制安排给你的家庭的怀抱（就像修道院、集体农庄、公社、党团、帮派等）。而如果你选择忠于自己的妻子、丈夫或者情人，这将被视为是一种失败和背叛的行为，而且会被扣上自私、落后，甚至是叛国的大帽子。

但是人们依然我行我素。他们始终坚持着从茫茫人海当中选择一个人去爱。还记得吗，我们可以在早期的基督教时期见到这种事。当时的神甫

---

①美国女诗人。

们曾经明确地指出，人们应该选择独身，而不是结婚。这是一种新的社会建构。最初的一些信徒确实变成了独身主义者，但是大部分人还是选择了婚姻。因此，基督教领袖们最终不得不作出让步。

女权主义者在这上面也全无办法。基于公平的原则，我必须承认这一点。女权主义的早期革命活动当中，一些更为激进的人沉湎于一种乌托邦式的梦境中，在那里妇女们可以用姐妹团体来替代专职的旧式婚姻。一些激进分子，比如女权主义者芭芭拉·利普舒茨，甚至认为妇女应该放弃性生活——不仅是和男人，还有与其他女人——因为性爱是堕落和压迫的行为。因此，独身和友谊将成为女性关系的新模板。《没有人需要性爱》，这就是利普舒茨的一篇文章的题目，也许圣保罗不会说出这样的话，但是两者在本质上遵循着完全相同的原则：肉体的接触是肮脏的，而伙伴则让我们找到更崇高和更高贵的命运。但是利普舒茨和她的追随者们在根除人们的欲望这方面，并没有获得比早期基督徒或和法西斯主义者更好的运气。很多妇女——即使是非常聪明的，思想解放的女性——最终还是选择了与男人们发生关系。既然是这样，那么如今最激进的女同性恋们还有什么好争论的呢？每个人都有权利结婚，有权利为人父母，有权利组成家庭，获得合法的婚姻关系。他们想要结婚，想要改变自己的生活，而不是站在示威者的人群中对着政府大楼扔石头。

即使是格洛丽亚·斯泰纳姆，美国女权运动的旗帜性人物，也终于在2000年结婚了。她结婚的那天已经六十六岁了，还是和以往一样的光芒万丈。没有人知道她是怎么想的。但是对于那些她的追随者来说，这无异于一次背叛，好像是一个圣人从神坛上陨落下来。但是值得注意的是，斯泰纳姆本人却把她的婚姻视作女权主义的一次胜利庆典。对此她解释说，如果她在20世纪50年代就选择结婚的话，她“有可能”会变成自己丈夫的奴隶，或者一个聪明的家庭妇女，就像我们刚刚讲到的数学天才菲利丝一样。不过到了2000年，经过了多年的不懈努力，现在美国的已婚女性不再仅仅扮演一个妻子的角色，她们还是一个完完整整的人，拥有全部的公民权利。但是仍然有许多热情的女权主义者对她的决定表示失望，她们曾经无畏的领袖离开了她的姐妹们，投入一个男人的怀抱中。造物主创造了所有的灵魂，而即便是格洛丽亚也会选择其中之一。

但是你无法阻止人们去追求他们想要的东西，而很多人想要的就是一个特别亲密的人。而且因为没有隐私也就没有所谓的亲密，所以无论任何人或任何事，只要是妨碍了他们与自己所爱的人待在一起的欲望，他们都会毫不犹豫地把它推开。尽管历史上的那些掌权者都会想方设法地干涉这种欲望，但是他们都无一例外地失败了。我们只要不断地坚持，努力尝试着把自己的灵魂合法地、全身心地与另外一个人联系在一起。只需要不断地继续努力，无论这种尝试看上去是多么的可笑，我们都要重现阿里斯托芬尼斯的双头、四手四足的完美人类。

在我们身边，你经常可以看到这种努力的尝试，有时甚至是以最使人惊异的方式出现。据我所知，一些原本最不寻常的、浑身文满了怪异纹身的异端分子以及对社会极端不满的人们都结婚了（尽管这不会带来什么好的影响，但是毕竟他们也在尝试着）。还有一些与世隔绝的人，虽然他们依旧对人性深恶痛绝，但是这并不妨碍他们娶妻生子。事实上，很少有人尚未尝试过至少一次长期的婚姻，即使他们从未在教堂或是法庭上合法地许下自己的誓言。事实上，很多人都有过好几次的婚姻经历，即使每一次的经历都会让他们的心里伤痕累累。

即使是斐利贝和我——两个久经考验的离婚幸存者，自诩为百无禁忌的自由主义者——也已经开始为自己营造一个小小的二人世界了，而且好像还是在斐利贝移民的问题扯进来之前。在认识汤姆警官以前，我们就已经同居了，我们一起计划事情，睡在一起，分享彼此的一切，围绕着对方构建我们的生活——如果这不是结婚，还能是什么呢？我们甚至举行了一个仪式，许下对彼此忠诚的誓言（见鬼，我们举行过两次）！我们按照自己渴望的方式塑造着我们的生活。就像许多人一样。我们渴望彼此间的亲密，尽管这在感情上是非常危险的，尽管我们彼此的这份爱目前还是非法的，尽管我们应该向往一些更完美、更高贵的东西，但是，我们依旧渴望这份情感，属于我们自己的情感。没有人能够理解，也没人能够阻止我们去追求它。

就像费迪南德·芒特写的那样："尽管政府竭尽全力地弱化家庭的概念，减轻它的角色作用，甚至是消灭它，但是男人和女人们依旧顽固地坚持着住在一起。"（对于这句话，我想顺便加点东西，还有一些男人和男人也坚持着住在一起，一些女人和女人也坚持着住在一起。而所有这些会让当局更加抓狂的。）

面对这一现实，最终投降的那一方总是当初企图压制人们情感的政府。但是他们不会不战而降，而是以一种极端的方式伺机而动。根据芒特的介绍，在西方历史上，这种投降的方式总是一成不变的。首先，掌权者会慢慢意识到，阻止人们自由地选择伴侣是完全做不到的，婚姻是他们无法改变的事实。但是即便他们放弃了解散婚姻的奢望，这些掌权者依然试图通过设立严苛的法律来限制人们的婚姻。比如说，当中世纪的神甫们放弃了自己对独身的主张时，他们立即用一大堆强制性的新要求填补了这个空白，比如说，不许离婚；婚姻是神圣而不可侵犯的仪式；未经牧师的许可，任何人都不可以结婚；女人必须屈从于自己的丈夫等。后来，教会愈加疯狂起来，试图强行控制婚姻的所有方面，甚至连夫妻之间最私密的性爱也妄想横加干涉。

比如说，在17世纪的佛罗伦萨，一个叫做切鲁比诺的僧侣（一个独身者）接受了一项非凡的任务，为男女信徒们编写一本小册子，明确地规定了什么样的性爱才是被基督教婚姻所允许的，什么样的是不被允许的。切鲁比诺兄弟指导说：“不应该包括眼睛、鼻子、耳朵、舌，或者任何与之无关的身体部位。”妻子只有在自己的丈夫生病的时候才可以看着他的生殖器，而不是因为它是令人兴奋的，同样地，“女人们，绝对不能允许你的丈夫看到你的裸体”。尽管基督教管不着人们洗澡的事，但是如果你的味道非常好闻，以至于使你的配偶性欲勃发的话，那就是邪恶的喽。同样，你绝对不可以用舌头去亲吻你的爱人。任何地方都不行！“魔鬼对夫妇之间的事情一清二楚，”切鲁比诺兄弟痛恨地说，“他诱惑他们接触和亲吻所有的地方。即使只是想象一下，我都不禁感到恐惧、愤怒和困惑……”

当然，对教会而言，最令他们恐惧、愤怒和困惑的其实是婚姻本身的那种私密性，无论任何人都无法控制。即使是佛罗伦萨最机警的僧侣，也无法在夜深人静的时候去窥探人们在卧室里的隐私。也没有任何一名僧人可以控制人们在欢愉结束后都会说些什么，这也许才是最现实的威胁。即使在教会势力最强大的时代，只要你关上大门，你就可以为所欲为了，每一对夫妇都可以按照他们自己的意愿来表达亲密的感情。

最后，夫妇们总会赢得胜利。

一旦掌权者失去了对婚姻的控制，一旦他们无法取消人们选择伴侣的权利，他们就会放弃，并且转而拥护起婚姻来。（最有意思的是，费迪南德·芒特将此称之为“一边倒的和平条约”。）但是接下来就会出现一个更加奇怪的阶段：就像发条一样，他们会强行地介入人们生活的运行轨迹，假装一开始就是他们发明了婚姻。这就是保守的基督教在统治西方世界的几个世纪当中的所作所为——虽然现在他们表现的好像是自己创造了传统的婚姻与家庭价值观，但事实上，也正是他们在过去相当长的时间里对婚姻和家庭大打出手。

这种模式也发生在20世纪的一些体制特别的国家。当权者先是妄图消灭婚姻，紧接着，他们又试图控制婚姻。最后他们编造了一个全新的神话，声称“家”其实一直是理想社会的中坚力量，难道你们都不知道吗？

同样的，不管是在那些扭曲的历史时期当中，还是在那些暴君、独裁者、神甫和恶霸的统治之下，人们依旧故我地结婚。不管在某些特定的时期你想怎么称呼它，也不管它变得如何的混乱和复杂，甚至是秘密的、非法的、难以名状的，人们依然坚持寻找着属于自己的另一半。他们忙于应付着复杂的法律，忍受着种种严苛的限制，只为了能得到自己想要的东西。也许有一天，他们甚至会完全地忽视那些限制！1750年，一位在当时的英属殖民地马里兰州传教的英国牧师曾经抱怨说：“如果只有在教堂里发过誓言的夫妇才是合法的话，那么这个国家里90%的人都是私生子。”

人们不必为了得到别人的许可而等待，他们只需要去创造自己需要的东西就可以了。即使是美国早期的黑奴们，也发明了一种极具颠覆性的婚姻制度，称做 “扫帚婚礼”，一对夫妇只要跳过斜放在大门口的一把长扫帚，就可以宣布自己结婚了。没有人能够阻止那些奴隶，就像没有人可以偷走看不见的东西一样。

从这个角度看来，我对整个西方婚姻的概念都发生了变化，一种令人察觉不到的变化。就仿佛整个历史的画卷仅仅旋转了一英寸，突然一切就都换了个样子。刹那之间，合法的婚姻看上去不再像一个机构（一个严格的、不可动摇的、保守的、完全没有人性的系统，帮着掌权者统治那些弱小的民众），它开始变得更像一种绝望的让步（无助的统治者用以监控那些强大的难以约束的民众的工具）。

于是，作为个人，我们不必再强迫自己向制度低头，相反的是，现在应该是那些制度向我们弯腰。因为“他们”（那些强行介入我们生活的人）从来没有能够完全地阻止“我们”（两个平头百姓）生活在一起，并且创造一个属于我们自己的隐秘的世界。所以无论“他们”采取什么形式的限制措施，最终也只能无计可施地批准“我们”合法结婚。政府的意愿无法满足民众的需求，只能不断地出台那些绝望的、滞后的（有时甚至是无果的、可笑的）规章制度，用以限制民众，无论你喜欢还是不喜欢。

可能，我总是对这件事有些津津乐道，乐此不疲。如果说社会创造了婚姻，然后强迫人们都去寻找自己的另一半，这是极其荒谬的。就像是说，先有了牙医，然后所有人才长牙一样。是我们创造了婚姻。也是我们创造了外遇，以及种种风流韵事。事实上，正是我们创造了关于爱情、亲密、嫌恶、兴奋、失败，以及所有的一切乱七八糟。而最重要、最具颠覆性，同时也是最顽固的是，我们创造了的隐私。

那么，在某种程度上斐利贝是正确的：婚姻就是一场游戏。他们（那些迫切和强大的人）制定规则。我们（普通的和颠覆性的人）遵守那些规则。然后我们就回家，他妈的愿意做什么就做什么。

你觉得我是不是在说服我自己呢？

朋友，我确实是在说服我自己。

在整本书里——在每一页——我都一直努力地透过复杂的西方婚姻史，为自己找到一片舒适的领域。虽然，我知道那并不容易。三十多年以前，在我的朋友琼结婚的那一天，她问她的妈妈："是不是所有的新娘，在结婚的那天都会如此的恐惧呢？"她的母亲一边为自己的女儿整理裙角，一边安静地说："不，亲爱的。只有那些脑子还能思考的新娘才感到恐惧。"

好吧，对于这一切我已经考虑得够辛苦的了。让我结婚并不是什么易事。也许应该有个人来说服我结婚。因为我是一个女人，而对于女人来说，结婚并不意味着都是好事。

某些文化似乎更加理解女性婚姻的被动性。在这样的文化里，劝说妇女接受婚姻的任务已经演变为一种仪式，甚至是一种艺术表演。在罗马，在居住在特拉斯特维莱附近的工人阶层当中，至今仍然流传着一种古老的传统，一个年轻的小伙子如果打算娶一位年轻的女孩，就一定要在姑娘家的门外公开演唱小夜曲。他必须在歌声中向她求婚，而周围的所有人都是见证。当然，在很多的地中海文化里都有这样的传统，但是在特拉斯特维莱，他们真的竭尽全力。

这种场面总是一模一样的。年轻的小伙子来到恋人的家，身后还跟着一群男性的朋友，每个人都带着吉他。他们聚集在姑娘的窗口下，然后高声大气地用当地的方言引吭高歌，歌曲的名字没有任何浪漫的色彩，"Roma，nun fa'la stupida stasera！"（"罗马，今夜请不要犯傻！"）事实上，年轻人并不是对着他的恋人在歌唱，因为他不敢这样做。他想从姑娘那里要求的东西（她的手，她的生活，她的身体，她的灵魂，还有她的垂青）实在是太重要了，以至于他害怕直接说出来。相反，他要用自己的歌声来向整个罗马城表白，把自己迫切的心情喊出来。他打心底期待这座城市会帮助他把心仪的女人娶到手。

“罗马，今夜不要犯傻！”这个年轻人在女孩的窗下唱道，“给我一些帮助吧！把云从月亮身边赶走，就算为了我吧！让星辰散发出最灿烂的光华！吹起来吧，你这狗娘养的西风！吹起你那芳香的空气吧！让我们感觉春天来啦！”

一旦听到这熟悉的歌声从附近飘来，所有人都会走到自己的窗口，于是一场美妙的互动式晚会就开始了。所有的男人都会闻风而动，把头伸出窗口，在空中摇晃着拳头，责骂着罗马城没有给予这个孩子更多的支持，帮着他抱得美人归。每一个男人都会齐声合唱：“罗马，今夜不要犯傻！给他一些帮助吧！”

然后年轻的姑娘——我们的女主角——来到了窗前。她也会随着众人一起唱这首歌，只是歌词略有区别。当唱到和声的部分时，她也会祈求罗马今夜不要去犯傻。她也会请求这座城市来帮助她。但是她祈求是别的一些东西。她祈求被赐予拒绝这场婚姻的力量。

“罗马，今夜不要犯傻！”她诉求着，“请让那些乌云遮住月亮吧！把那些最灿烂的星辰隐藏起来！别再吹了，你这狗娘养的西风！收起那空气中的芳香吧！给我抵抗的力量！”

这时所有附近公寓里的妇女也会聚集在窗口，一起大声地歌唱：“求你了，罗马！给她一些帮助吧！”

于是男人们和女人们的声音此起彼伏，就像在相互争斗一样。说实话，见到这样的场景，就好像所有特拉斯特维莱的女人们都在向上天乞求着自己的生活，而所有的男人也好像同样地在诉求着。

身在如此火热的环境当中，你很容易忽视一个事实，那就是：这只不过是一场游戏。毕竟，从歌曲的一开始，所有的人就都已经知道故事的结局了。只要这个年轻的女人来到她的窗口，哪怕她只是对着站在大街上的男孩子轻轻地瞥了一眼，这就意味着她已经接受了他的求婚。仅仅是半途加入这场演唱，这个女孩就已经展示了她的爱。但是出于矜持（或者是出于一丝正常的恐惧）这个年轻的女孩必须要拖延——她要说出她的疑惑和忧虑。她要表达的很清楚，在她说出“是的”之前，年轻的男孩必须展现自己全部的爱，加上如史诗般美丽的罗马城，辉煌灿烂的星光，充满诱惑的圆月，还有那狗娘养的西风所带来的空气中的芳香，只有这样，才能得到她的垂青。

考虑到她需要同意的那些事情，你应该承认，所有这一切歌唱和抵抗都是必要的。

不管怎么说，那也是我所需要的：一首劝说自己成婚的大合唱，就在我家附近的街道上，就在我自己的窗口外，一直唱到我同意为止。当然这也是他们歌唱的目的所在。所以，如果在这篇故事的结尾，我看起来正在为自己寻找一个完满的结局，请一定要原谅我。我需要这些借口；我需要安慰；我需要费迪南德·芒特的说法，那就是如果你用一种特定的角度来看待爱情，那么爱情也就随着你而改变。我接受了他的理论，把它当做一剂疗伤的灵药。也许这个理论并不适用于你。也许你不像我一样需要它。也许芒特的说理并不是完全的精确。但是，我会接受它。就像是一个巴西人，我会把它当做一首劝慰的歌，一首属于我自己的歌，不仅仅是因为它激励了我，也是因为它让我着实地兴奋不已。

于是，我终于在婚姻漫长而奇特的历史当中找到了自己的避风港。这就是我将要停泊的地方。为了这样一个地方，有多少不安分的情侣，不得不长久地忍受着各种各样的胡言乱语和颠沛流离，只为了得到自己想要的东西：一丁点属于自己的爱的空间。

终于，你可以和自己心爱的人躲在爱的港湾里，一切都将好起来，所有的一切，一切的一切都会变得好起来的。

CHAPTER EIGHT

人人都得有婚礼

Marriage and Ceremony

除了结婚，没有什么新鲜的事了，但是对我来说，这真是一种极大的惊喜。

——亚伯拉罕·林肯，1942年写给塞缪尔·马绍尔的一封信

在我们的家人面前，在那位友善的共和党镇长面前，在一个持花的女孩面前，甚至在老狗托比的面前，我们许下了永恒的誓言，没有任何的疑虑和犹豫。

从那以后，事情发展得很快。

到了2006年12月，斐利贝还没有拿到他的移民文件，但是我们觉得胜利即将到来。而我们做的事，一件在你等待签证时绝不应该去做的事：我们制订了未来的计划。

首先，一旦我们结婚了，我们需要一个稳定的住所。我们受够了租房子住，也受够了到处流浪。我们需要一栋属于自己的房子。所以当我还和斐利贝住在巴厘岛的时候，我就已经开始认真和公开地在网上搜索房产，寻找一些位于乡村的，但是离我在费城的姐姐不太远的房子。在互联网上买房子，这实在是一个疯狂的想法，但是我心里清楚自己到底想要什么——我的朋友凯特·莱特曾经写过一首关于完美家庭生活的小诗，对我很有启迪："一栋乡下的房子/几件亚麻衬衣，一些好的艺术品/还有你。"

我知道自己会找到那样的地方的。而且我也确实找到了，它就藏在新泽西的一座小镇上。或者可以说，这并不是一栋真正的房子，而是一座教堂——一座建于1802年的小小的方形长老会礼拜堂，被某人巧妙地改造成一个可以居住的空间。有两间卧室，一个紧凑的厨房，一个巨大的露天聚会厅，十五英尺高的波浪形玻璃窗，院子里长着一株巨大的枫树。就是它了。从地球的另一端，我为一栋从未亲眼见过的房产报了价。几天以后，在遥远的新泽西，那栋房子的所有者接受我的报价。

“我们有了一所房子！”我得意地对斐利贝宣布。

“太好了，亲爱的，”他说，“我们现在需要的就剩一个国籍了。”

于是，我开始动身去解决我们的国籍，该死的。圣诞节前，我一个人回到了美国，去处理我们的事情。我签署了关于新房子的相关文件，从寄卖商店里赎回了我们的家具，租了一辆车，还买了一张床垫。我在附近的村子里找到了一间仓库，将来可以用来存储斐利贝的宝石和货物。我为他在新泽西注册了一家新的公司。而我们甚至还不知道他是否会被允许回到美国。换句话说，我们在还没有正式成为“美国人[①]”之前，就已经搬了进来。

同时，在巴厘岛上，斐利贝开始了前往悉尼的美国领事馆面试前的最疯狂的准备工作。随着那个日子的临近（据称，应该是在一月份的什么时候），越洋电话变成了我们每天的必修功课。我们无暇去表达爱意，因为时间紧迫，我每天都要把那些官方的文件至少检查十几遍，以确保到时候他需要用的每一张纸都会被转到政府手中。和以往不同，现在我写给他的电子邮件是这样的：“亲爱的，律师要我现在开车到费城去，他会把一些文件亲手交给我，因为那上面有一种特殊的条码，不能传真。一旦你收到我邮寄给你的这些文件，你要做的第一件事就是签署DS-230表格的第一部分，并且附上其他的文件，然后一并寄到领事馆去。面试的时候，你需要带上DS-156表格，以及所有其他的移民文件——但是记住：在你到了领事

①这里作者用了双关的修辞方法，即用我们（us）来代替美国人（US）。

馆，见到面试官之前，都不要签署表格DS-156！！！”

但是，就在最后关头，离面试只有几天时间，我们突然发现了一个漏洞。我们遗漏了一份巴西的警方记录。更确切地说，我们遗漏了一份能够证明斐利贝没有任何刑事犯罪记录的文件。我们俩都陷入了恐慌当中。这会使整个计划推迟吗？我们还可以在不用亲自飞到巴西去的前提下，再拿到一份警方的记录吗？

经过了几天反反复复的令人难以忍受的电话沟通，斐利贝终于设法说服了我们在巴西的一位朋友。于是，阿曼尼亚——一个有着足够魅力和智慧的女人——整天泡在里约热内卢的警察局里，对一位警官大献殷勤，最终用甜言蜜语换来了我和斐利贝日夜期盼的那一纸公文。（巧合的是，这个最终解救我们于危难之间的女人，正是三年前在巴厘岛上介绍我们相识的那个人。）然后，阿曼尼亚连夜把这份文件从巴西寄给了斐利贝。这样斐利贝就可以在季风到来之前飞往雅加达，把这些文件翻译成英文，那里有整个印尼唯一的具有美国官方认可的葡萄牙语翻译机构。

“一切都很顺利，”斐利贝在电话里向我保证说，当时他正在瓢泼大雨当中坐着一辆人力车赶往雅加达，“我们可以办好这件事。我们能做到的。我们一定能做到。”

2007年1月18日的上午，斐利贝第一个来到美国驻悉尼的领事馆。他几乎好几天都没睡好觉了，但是他已经准备好了，手里拿着一个厚摞复杂的文件：官方记录、健康记录、出生证明及其他各式各样的证据。他已经很长时间没有理发了，还穿着旅行时的衣服。但是这没关系，他们根本不在乎他的外表，只要他是合法的就行了。好在移民官只是问了问1975年他在西奈半岛上的经历（答案吗？很简单，爱上了一个十七岁的美丽的以色列女孩），面试进行得相当顺利。最后，结果还是很令人满意的，我们听到了预想当中“梆”的一声，他们批准了他的签证。

“祝你新婚愉快！”那个美国官员对我的巴西未婚夫说。斐利贝终于自由了。

第二天早晨，他搭上了一班从悉尼起飞的中国航空公司的班机，经过台北中转，最终抵达阿拉斯加。在那里，他成功地通过了美国海关和移民局的边检，登上了飞往肯尼迪国际机场的飞机。几小时后，在一个寒冷的冬夜里，我驱车前去迎接他。

在过去的十个月里，我竭尽所能地控制自己的情感，但是现在我必须承认，当我就要到达机场的时候，我已经几近崩溃了。就在斐利贝即将平安归来的前夕，从他被逮捕以来积攒下的所有恐惧，在那一瞬间都从心底爆发出来了。我感到一阵头晕和颤抖，突然对所有的东西都没有了信心。我害怕自己会找错了机场，记错了日期，或是误了航班。（我可能已经核对过大约75遍航行时刻表了，但是我依然担心不已。）我害怕斐利贝乘坐的飞机会失事。我甚至在潜意识里担心他不能通过移民官员的面试。而事实上，那已经是昨天的事了。

甚至在现在，即便机场的广播里明确地通知他乘坐的航班已经降落了，我依然不敢相信这是真的，害怕那架飞机会永远地在天空中盘旋。如果他下不了飞机怎么办？如果他下了飞机，却又被他们逮捕了怎么办？为什么他还没有走出来？我扫视着每一张从安全通道里走出来的面孔，寻找着斐利贝的身影。我甚至不得不再次辨认了一位拄着拐杖的中国老人，还有一个蹒跚学步的孩子，以确保自己没有把他们误认为是他。我感到呼吸有些困难。就像一个走丢的小孩子一样，我差点跑到警察的面前去寻求帮助——可是，帮你做什么呢？

接着，突然之间，他出现了。

我本应该在任何地方都认出他的。对我来说，这是世界上最熟悉的面孔。他几乎是跑着通过了安检通道，和我一样急切地寻找着。他还穿着十个月之前在达拉斯被逮捕时的衣服（在此后的一年当中，他差不多一直穿着这件衣服出现在世界的各个角落）。他看上去有些憔悴，但对我来说他还是那么的神气，他目光炯炯地在人群中搜寻着我。没错，他不是中国老妇人，也不是蹒跚的孩童，更不是其他任何的人。他就是斐利贝——我的斐利贝，我的男人——然后，他看见了我，大步朝我走来，他有力的拥抱差点使我摔倒。

“我们绕了一圈又一圈，最后又回到家里，只有我们俩，”沃尔特·惠特曼如此写道，“我们放弃了所有的一切，只剩下自由和我们自己的欢乐。”

现在，我们根本无法放开对方。而且不知因为什么原因，我泪流满面。

没过多长时间，我们就结婚了。

我们把婚礼放在新家里举行——就在那座奇特而古老的教堂里，那是二月份的一个寒冷的周日午后。对于一对打算结婚的人来说，自己拥有一座教堂真是太方便了。

结婚证书花费了我28美元，还有一张影印费用的账单。当天到场的客人有：我的父母（结婚四十年），我的特里叔叔和狄波拉婶婶（结婚二十年），我的姐姐和她的丈夫（结婚十五年），我的朋友吉姆·史密斯（离婚已经二十五年了），还有宠物狗托比（从未结婚的老顽固）。我们都希望斐利贝的孩子们（未婚）也能来参加婚礼，但是时间太紧，已经来不及通知他们从澳大利亚赶过来了。我们不得不凑合着用一些兴奋的电话来代替，因为我们不敢冒险拖延我们的婚礼。我们必须要用这神圣而不可侵犯的合法誓言，来保证斐利贝能够继续留在美国。

最后，我们决定为婚礼找几个见证人。我的朋友布莱恩是对的：婚姻不是一种私底下的祈祷。恰恰相反，它必须兼顾公私两方面的后果。虽然这种亲密关系只属于斐利贝和我，但是重要的是，我们誓言的一小部分涉及了我们的家庭——这些人很可能会严重地影响到我们的成功或失败。因此，他们需要在那一天出现，以强调这一点。另外，我还必须承认，不管喜不喜欢，你的誓言当中还有一部分是属于国家的。这也就是为什么合法婚姻必须放在第一位。

但是誓言中最短小，也是最奇特的部分是属于历史的——这是我们无可规避的宿命。我们在历史中留下什么样的足迹，很大程度上取决于你许下了怎样的婚誓。因为斐利贝和我碰巧就在这儿，在花园州[①]的这个小镇上，在2007年，于是我们决定放弃特殊的个人承诺（就像我们当初在诺克斯维尔做的那样），而是依照新泽西的传统来发誓。这就像是对现实的承诺。

当然，我的外甥女和外甥也要参加我们的婚礼。尼克，作为表演天才，将会在当中朗读一首诗歌。而咪咪在一周之前已经悄悄地问我："这回是一次真正的婚礼了，对吗？"

"这就要取决于，"我说，"你认为一次真正的婚礼是什么样的了。"

"真正的婚礼就意味着应该有一个捧花的女孩，"咪咪答道，"而这个女孩子应该穿着一条粉红色的裙子。她的手里还要拿着鲜花。不是一束

①美国新泽西州的别称。

的鲜花，而是一整篮子的玫瑰花瓣。不要粉色的，必须是黄色的玫瑰。这个捧花的女孩应该走在新娘的前面，把黄色的玫瑰花瓣撒在地面上。你的婚礼上有这样的安排吗？”

“我不知道，”我说，“我想这取决于我们能否找到一个可以胜任这份工作的女孩。你能想出几个吗？”

“我想我就可以，”她慢吞吞地答道，目光假装移到其他的地方去，“我是说，如果你找不到其他人的话……”

就这样，我们有了一场真正的婚礼，按照咪咪的严格标准，我们有了一个捧花的女孩，虽然这是可有可无的事情。我穿着我最喜爱的红毛衣。新郎穿着蓝色的衬衫（当然是干净的）。吉姆·史密斯弹着他的吉他，而狄波拉婶婶——一个训练有素的歌剧演员——为斐利贝演唱了《玫瑰人生》。似乎没有人介意我们的房子大部分还无法踏足，甚至都没怎么装修过。迄今为止，唯一能使用的房间就是厨房，而且还是为了斐利贝能在那里为大家准备午餐。他已经在厨房里干了整整两天，以至于婚礼开始的时候，我们不得不提醒他脱下身上的围裙。（“这是一个非常好的信号。”我母亲说道。）

我们的宣誓仪式是由一个不错的男人主持的，他的名字叫哈利·福斯滕伯格，是这个新泽西小镇的镇长。当哈利镇长第一次走进大门的时候，我的爸爸就问他：“你是民主党还是共和党？”因为他知道这件事与我息息相关。

“我是一个共和党人。”哈利镇长说。

紧接着是一阵紧张的沉默。然后我姐姐低声地说：“说实在的，小莉，这种事情你还真应该找一个共和党的人来干。你必须确保要让国土安全部的人知道这场婚礼，明白吗？”

于是婚礼照常进行。

你们都知道标准的美国婚礼誓言是什么样子的，所以我就没有必要重复了。干脆地说吧，我们只是在那里把它们重复了一遍。在我们的家人面前，在那位友善的共和党镇长面前，在一个持花的女孩面前，甚至在老狗托比的面前，我们许下了永恒的誓言，没有任何的疑虑和犹豫。事实上，托比也仿佛感受到了这样一个重要的时刻，当我们宣誓的时候，它就蜷缩在斐利贝和我脚边的地板上。我们不得不为了相互亲吻而跨过这条大狗。这是很吉利的预兆，在中世纪婚礼的肖像画当中，你会经常看到一只狗蹲在新婚夫妇之间——那是一种忠诚的象征。

当一切结束的时候——考虑到事情的复杂程度，这真的不需要占用太多的时间——斐利贝和我终于合法地结为夫妻了。然后。我们所有人就坐在一起吃午饭——市长、我的朋友吉姆、我的家人、孩子们，还有我的新丈夫。在那天下午之前，我不可能事先知晓自己当时的心境（读者：我现在知道了），但当时我的的确确感到平静和感激。这是一个美好的日子。在饭桌上我们喝了很多的酒，也说了很多的祝酒词。尼克和咪咪带来的气球慢慢地飘到了老教堂那尘封的天花板上，然后在我们所有人的头顶飘动了。人们本来还意犹未尽，但是外面已经开始在飘雪了，于是我们的客人开始整理自己的外套，趁着路还好走纷纷离开了。

很快地，每个人都走了。

到最后，房间里只剩下斐利贝和我，于是我们开始清洗午餐用过的碗碟，整理自己的小屋。

后记

Acknowledgments

这本书其实更像是一篇散文。我尽可能地对所有的对话和事件进行了重新的加工，不过有时候——为了叙事的连贯性——我不得不把发生在几天中的事情浓缩在一起来记叙。另外，出于保护隐私的需要，我还篡改了一些——但不是所有——出现在这个故事中的人物的名字。也许这些人本来无意抛头露面，但是为了写书，我不得不把他们一一请了出来。还要感谢克里斯·朗格弗德帮我为这些好人们起了新名字。

我不是什么专业人士，不是社会学者，也不是心理医生，更不是一个婚姻方面的专家。我力求在这本书里尽可能准确地探讨婚姻的历史，不过为了达到这样的目的，我不得不依靠大量的学者和作家的研究成果，他们终生都在致力于探索这个课题。在这里，我不会列出所有的名字，但是我必须特别地感谢下面这些作者：

在我过去三年的研究中，历史学家斯蒂芬妮·昆茨的作品一直像一盏明灯一样引领着我，我知道该怎么去推荐她那让人欲罢不能的书《婚姻：一部历史》。此外，我还要感谢南希·科特、艾琳·帕沃斯、威廉·乔丹、艾丽卡·维茨、鲁道夫·M·贝尔、狄波拉·鲁普尼茨、齐格芒特·鲍曼、莱昂纳德·史莱恩、海伦·费舍尔、约翰·戈特曼和朱莉·戈特曼、伊万·沃尔夫森、谢莉·格拉斯、费迪南德·芒特、安德鲁·J. 切尔金、安妮法迪曼（特别是她关于赫蒙族非凡的作品）、阿兰·布鲁姆（他关于希腊和希伯来之间区别的哲学思考），还有罗格斯大学研究婚姻的那些学者，以及最令人出乎意料的：奥诺雷·德·巴尔扎克。

除了这些作者，在这本书的写作过程中对我影响最大的是我的朋友安妮·科奈尔，所有的文字编排、核对、校正差不多都是她一手包办的，用她的复眼，不可思议的金铅笔，还有无与伦比的“网中网”。没有人——真的没有人——能够做到比这更加彻底的编辑了。我要谢谢安妮，因为她帮我把这本书分出章节，没有让“实际上”这个词在每个段落里出现四次之多，而且还把本书中出现的青蛙都正确地划归为两栖动物，而不是爬行动物。

感谢我的姐姐凯瑟琳·吉尔伯特·默多克，她不仅是一个天才的儿童小说作家（她的书《牛奶皇后》是每一个十到十六岁的喜欢思考的女孩的必读书目），而且还是我最亲爱的朋友，以及我生活中最棒的榜样。她也不厌其烦地读过这本书了，帮我挑出了许多错误的思维方式和叙事顺序。她不仅拥有令我惊叹不已的丰富的历史知识，而且还具有一种神奇的天赋，知道她那思乡的妹妹何时需要一件新的睡衣，即便是远在千里之外的曼谷。为了回报凯瑟琳的仁慈和慷慨，我特地为她准备了一个精心设计的注脚。

感谢所有这本书的第一批读者，谢谢他们的观点和鼓励：达尔茜、凯特、安（“厚皮动物”这个词儿就是她发明的）、克里、布莱恩（因为他，这本书会被婚姻与流浪而被大家所熟知）、妈妈、爸爸、谢乐尔、伊娃、柏娜蒂、特里、狄波拉（她曾善意地建议我，在写一本关于婚姻的书时也许应该提到“女权运动”）、尼克叔叔（我永远最忠实的支持者）、苏珊、谢亚（在动笔之初曾经听我一遍又一遍地絮叨过写作的想法）、玛格丽特、萨拉、强尼，还有约翰。

感谢迈克尔·奈特为我提供了一份工作和一个住所，那是在2005年的诺克斯维尔。他很了解我，知道我更喜欢生活在一个让人抓狂的旧旅馆里。

感谢彼得和玛丽安·布莱斯，谢谢他们的沙发，以及对斐利贝的鼓励，当时他刚刚从监狱里被放出来，一个人绝望地降落在澳大利亚。尽管两个小宝宝、一只狗、一只鸟，还有年轻漂亮的苔拉早就把这个家挤得满满当当的，但是彼得和玛丽安依然想方设法地给这个窘迫的避难者腾出了一个地方。我也要感谢住在堪培拉的瑞克和克莱尔·辛顿一家，正是他们在澳大利亚帮助斐利贝盯着他的移民程序，并且不厌其烦地替我们收发着邮件。即便是远隔重洋，他们也是完美的好邻居。

说到那些伟大的澳大利亚人，我还要感谢艾丽卡、佐，还有塔拉——我那迷人的继子和儿媳妇，她们热情地欢迎我加入这个家庭。尤其是艾丽卡，她给了我这辈子听到过的最甜美的称赞："谢谢你，小莉，你并不是一个放荡的女人。"（我很荣幸，亲爱的。同样的赞美也送给你）

感谢厄尼·塞斯金、布莱恩·福斯特和艾琳·马罗拉，谢谢他们对我们在房地产方面的指导，正是他们的善良和好心，才使我和斐利贝在世界的另一边可以完成买房的复杂交易手续。没有什么比在凌晨三点收到一份手绘的房屋平面图更令人难以忘怀的了。

我要感谢阿曼尼亚·德·奥利维拉，她在里约热内卢为了斐利贝的移民过程而奔波不止。还有可爱的克劳西亚和费尔南多·切瓦里亚，他们热心地帮我们拿到了斐利贝那古老的军事服役记录。

感谢布莱恩·哥特森，我们那细致而耐心的移民律师，当然，我还要感谢安德鲁·布伦纳，是他帮我们聘用了布莱恩。

感谢塔尼亚·休斯（我的第一位房东），还有拉亚·伊利亚（我的最后一位房东）。

感谢罗杰·拉夫克和查尔斯·汉恩博士，谢谢他们在曼谷亚特兰大酒店的慷慨和优雅。那个酒店是一个奇迹，即使你亲眼见到，也不会相信那是真的。

感谢莎拉·卡芬特，她对我总是充满了信心，并且在多年以来悉心地保护着我。我还要感谢卡西·伊娃舍夫斯基、厄尼·马歇尔、米利安·福尔勒，还有朱莉·曼奇尼，谢谢他们帮我完成了这本书。

感谢保罗·斯洛瓦克、克莱尔·菲拉罗、凯瑟琳·考特，还有维京企鹅出版社的其他人，他们在我写作这本书的时候给予了极大的耐心。在出版界，没有多少人会在最后期限到来之际，对一个作家说“不要紧，你想写多久就写多久”的。在这整个过程中，没有人（除了我自己）对我施加过任何的压力，这真是一件与众不同的礼物。他们的体贴更像是旧时那种亲切的经营方式，对此我表示万分的感激。

感谢我的家人——尤其是我的父母，还有我的外婆，莫德·奥尔森，感谢他们允许我在书中对他们那些最复杂的人生决断说出我自己的看法。

我还要感谢美国国土安全部的汤姆警官，在斐利贝被逮捕和拘留的时候，承蒙他的善良，使我们没有感到太多的惊恐。这句话可能是我一生中写过的最离奇的一句了，但事实就是这样。（我们不知道你的名字是不是真的叫“汤姆”了，先生，但是我们都会记得你的，也希望你会知道我说的就是你，正是因为你的善心，才使得我们的经历没有预想当中的那般糟糕）

感谢佛伦奇敦（我们居住的新泽西小镇）给了我们一个家。

最后，我最感激的人是我的丈夫。他是一个天生不爱张扬的人，但不幸的是，他低调的生活在遇到我的那一天彻底结束了。（现在，世界上有好多人都知道了他就是那个“《一辈子做女孩》里面的巴西人”）当然，我得为自己辩护一下：当初，我给过他避免暴露在众目睽睽之下的机会。在我们刚开始恋爱的时候，我曾经转弯抹角地跟他提起过我是一位作家的事，而且还告诉过他这个职业对他意味着什么。我警告过他，如果他跟我在一起，他肯定会被写到我的书里的。这是没有办法避免的。我对他说得明明白白的，他最好的机会就是趁早离开我，这样他还有时间去保护自己的尊严和自由不被披露出来。

但是不管我怎样警告，他还是留了下来。现在他仍然待在我的身边。我相信这就是爱情和善良的力量吧。也许，这个美妙的人儿似乎已经认识到，我的一生从此再也不能没有他。

访谈

Interview

记者：我们上次见面的时候，你刚刚结束了意大利、印度、印度尼西亚的旅行，完成《一辈子做女孩》。在这个故事的结尾，你爱上了一位巴厘岛的男子：斐利贝。正是这段爱情让你写下了《承诺》。能谈一谈写这本书的缘起和背景吗?

吉尔伯特：作为一个作者，有些书是你想写，有些书是你需要写，《承诺》完全是一本需要写的书。因为，美国国土安全部介入了我和斐利贝的爱情，于是我们的爱情一夜间变得岌岌可危。忽然间，我们这两个极度反感婚姻的离婚生还者，基本上是被政府定刑为必须结婚。我希望自己能平静地接受这种生活，于是我仔细研究了原先的婚姻经历，终于找到一个方法可以面对再此步入婚姻这个事实。而我所知道的与一个物体真正建立亲密关系的最好方法就是写一本关于它的书。

记者：作为一部续作，《承诺》沿用了《一辈子做女孩》童话般的浪漫手法，同时保留了一些重要事实，其中包括国土安全部的各种手续流程。转换到这么一个不怎么浪漫的话题是不是有点困难?

吉尔伯特：我常说《一辈子做女孩》和《承诺》的风格差异来自浪漫

和婚姻的差异。不管从哪方面来看，《一辈子做女孩》都是一个浪漫故事，里面充满了逃跑、渴望、情感探索，甚至还有情感失衡的恐惧。这样一种风格与那个时候的自我反省很吻合。《一辈子做女孩》一书的旅程中，我充满了勇气和像要飞起来一般的感觉，这正是我所需要的，这样我才能在经历了失落与悲伤后重新振奋精神。但是，我想，婚姻需要我们有多一点实用的性情。促成《承诺》的那些事情非常严重（可以说斐利贝和我的爱情让国土安全部人员不能再给他戴上手铐，而是放他走），这时候就需要清醒、冷静，才能理智地处理事情。我想，《承诺》总体上也是这种冷静的风格。在这种风格下写作，并不痛苦或受约束，对于这个主题，这种感觉恰好非常准确、合适。什么事情都像是玩笑的话，对谁都没有好处，尤其是我。

记者：电影版的《一辈子做女孩》中，茱莉亚·罗伯茨饰演您的角色，贾维尔·巴尔登饰演斐利贝，这部电影今年秋季就要上映了。得知自己的生活要被拍成电影，有何感想?

吉尔伯特：感觉棒极了。参演这部电影的每个人对这本书都很有热情，他们也都在尽力使这部电影忠于原著，这让我非常感动。其实他们不必这么在意，我被他们的热情打动了。电影的有些地方和整个旅程有些脱离，但换句话说，《一辈子做女孩》本身某些地方已经超脱了现实。我一直都不理解那本书的销量，就像火箭一样一冲上天，电影一事也很震惊。我吃惊地后退一步，看着这一切，惊奇于这个命运的转折。

记者：《一辈子做女孩》出版大获成功后，你已经成了一个公众人物。在《承诺》中，我们再次看到你能诚实、公开地讲述你的个人生活。

在知道这本新书会吸引很多读者关注的前提下，维持如此私密的写作风格会不会比较难?

吉尔伯特：我从未想过还会写一本像《一辈子做女孩》一样天然、亲密、公开的书，当初写《一辈子做女孩》的时候跟本没想到会吸引上百万的读者。尽管《承诺》也是以类似回忆录的方式写的，但个人化色彩有所减少，更像对一个大历史话题的沉思。如果我觉得我和斐利贝正是现在的情人的代表（排除与国土安全部的戏剧性参与），我想我们的故事和其他人的故事也就没什么大不同了。

记者：你对婚姻的研究有没有解答你到底适不适合婚姻这个问题，还是它给你带来了更多困惑?

吉尔伯特：这个问题不好回答，因为我别无选择：如果我想维持和爱人的关系，如果我真的想和他定居在美国，我绝对要结婚，要不然我就会失去他。因此，这个选择是早已定好的。我要做的就是找到一个能适应它的方式，这本书正好帮了大忙。令我惶惑的是，对婚姻了解越多，我就越憎恨它，然而，结果正相反：对婚姻了解的越多，我就越尊敬它。这里，我用了“尊敬”这个词，我这么说基本上是基于达尔文理论。我尊敬它是因为：尽管经历了几个世纪的变化，婚姻这东西竟然还存在，当然，它进化了。我所知道的婚姻是它会随着环境做出各种变化，进而生存下来。这完全是因为我们似乎想要婚姻、需要婚姻。我们对合法的个人亲密关系的渴望意味着我们会不断改良它。我感觉这个观点非常让人伤感。我也是婚姻历史中的一份子，大家都是，我们都需要成为其中的一份子。

（访谈内容来自于伊丽莎白·吉尔伯特个人官网www.elizabethgilbert.com）

附 录

罗伯特·路易斯·斯蒂文森：英国小说家，代表作《金银岛》。

奥斯卡·王尔德：剧作家、诗人、散文家，19世纪与萧伯纳齐名的英国才子。

西塞罗：马库斯·图留斯·西塞罗，古罗马著名政治家、演说家、雄辩家、法学家和哲学家。

E. E. 卡明斯：美国现代诗人。

贝蒂·福莱顿：美国小说家，女权主义者。

玛姬·辛普森：动画片辛普森一家的女主角。

约翰·赛尔登：英国法学家。

图书在版编目（CIP）数据

承诺 一辈子做女孩 /（美）吉尔伯特（Gilbert,E.）著；于非译 .
—长沙：湖南文艺出版社，2010. 9
ISBN 978-7-5404-4614-7

Ⅰ. ①承…　Ⅱ. ①吉…②于…　Ⅲ. ①女性 – 修养 – 通俗读物
Ⅳ . ① B825-49

中国版本图书馆 CIP 数据核字 (2010) 第 172987 号

著作权合同登记号：图字 18-2010-200
上架建议：励志 · 文学

COMMITTED
Copyright © 2010, Elizabeth Gilbert
All rights reserved

承诺　一辈子做女孩

作　　者： 吉尔伯特 · 伊丽莎白
译　　者： 于　非
出 版 人： 刘清华
责任编辑： 易　见
特约编辑： 刘　丹　童丽慧
版权支持： 辛　艳
营销支持： 尚　蕾
版面设计： 风　筝
封面设计： 金　丹
出版发行： 湖南文艺出版社
（长沙市雨花区东二环一段 508 号　邮编：410014）
印　　刷： 北京京都六环印刷厂
经　　销： 新华书店
开　　本： 787 × 1092　1/16
字　　数： 200 千字
印　　张： 17.5
版　　次： 2010年 10 月第 1版
印　　次： 2010年 10 月第 1次印刷
书　　号： ISBN 978-7-5404-4614-7
定　　价： 29.80 元
（若有质量问题，请直接与本社出版科联系调换）

《就说你和他们一样》

江苏文艺出版社/ISBN：9787539937915/开本：32开/定价：26.00元

如果觉得生活太痛苦，是因为我们距离死亡还太远！奥普拉2009年至今唯一选书！全球数百位名人感动推荐！美国单月热卖650 000万册，空降《纽约时报》小说排行榜冠军！格莱美奖得主、2010世界杯开幕式主唱Angelique Kidjo专为本书谱写主题曲“Agbalagba”！书名“就说你和他们一样”是小说里一位母亲为了保护她的孩子免受暴民所杀，而叮嘱女儿的话。面对暴戾争端，小女孩只记得母亲最后的嘱咐：无论任何人问起你的身份，记住，就说你和他们一样。

《天堂可以等》

江苏文艺出版社
ISBN：9787539937755/开本：32开/定价：26.80元

人世间，多久没有如此感人肺腑的爱了？
欧美言情天后凯莉·泰勒谱写纯爱新经典，超越生死的爱情传奇！
2009年度英国最佳图书，亚马逊五星级好书！
最精彩浪漫的故事、最情深刻骨的爱情、最超值的阅读体验！
两个月售出9国版权，万千读者为之潸然泪下！

《少年罗比的秘境之旅》

江苏文艺出版社
ISBN：9787539937328/开本：32开/定价：25.00元

一个男孩要走多少路，才能被称为男人？
最冷酷的世界与最温暖的人性，最伟大的爱情与救赎。
美国图书馆协会：2009年最佳图书
《时代》《纽约时报》《华盛顿邮报》《出版人周刊》、独立书商协会、台湾金石堂联合推荐。

《44号孩子》

江苏文艺出版社
ISBN：9787539937946/开本：32开/定价：29.80元

横扫欧美亚20国畅销小说榜。
一个如同俄罗斯狼一般残酷的故事！
这世间有多少真相，藉着爱和保护的名义得以隐藏？
令人毛骨悚然的时代，关于爱情与家庭、希望与信仰的生死救赎！

《沉默之心》

江苏文艺出版社
开本：32开/定价：28.00元

加拿大ARTHUR ELLIS大奖得主、脑神经科医生挑战人性的颠覆之作。
无法言说之痛，无法理解之惑，让全世界都屏住呼吸而沉默。
《加拿大文艺评论》《开拓者时报》等五十多家媒体，布克奖入选作家克莱儿·莫瑞等多位作家联袂推荐！

《最后的精灵》
河南文艺出版社
ISBN：9787807651338
开本：32开/定价：26.00元
每个人心中都有一个最后的精灵，欧洲当世唯一可与《小王子》媲美的生命寓言。

《特别的女生萨哈拉》
陕西师范大学出版社
ISBN：9787561331149
开本：32开/定价：20.00元
一个孩子的特别成长经历，美国版《窗边的小豆豆》。

《书中谜》
陕西师范大学出版社
ISBN：9787561347850
开本：32开/定价：29.80元
书籍是欲望的源泉。
每个人终其一生，都在追寻一个魅影。

《特别的女生萨哈拉》
（美国版《窗边的小豆豆》，精美双语插图本，书+MP3光盘）
陕西师范大学出版社
ISBN：9787561345900
开本：32开/定价：29.80元

《第八日的蝉》
江苏文艺出版社
ISBN：9787539934310
开本：32开/定价：24.80元
有“幸”活到第八日的蝉，是悲？是喜？如果我努力活着，上帝应该不会嫌弃我吧？

《我是女生，我叫巴黎》
陕西师范大学出版社
ISBN：9787561346600
开本：32开/定价：23.80元
一段发现爱、勇气、宽容的成长旅程。

《战争画师》
陕西师范大学出版社
ISBN：9787561345191
开本：16开/定价：29.80元
“一本让我们感到不安的书”，王蒙、莫言联袂推荐，欧洲十大年度畅销书。

《没有悲伤的城市》
陕西师范大学出版社
ISBN：9787561347676
开本：32开/定价：25.00元
关于爱、友情以及永不磨灭的信仰！本书足以改变读者一生心灵，全球读者口耳相传，渴望与最爱的人分享！

《黑暗中的轻轻一吻》
江苏文艺出版社/开本：32开/定价：25.00元
ISBN：9787539939957
穿越战争硝烟，只为寻求家的温暖；羸弱少年，寻爱之旅，能否换来亲情慰藉？

《我就是要挑战这世界》
陕西师范大学出版社/ISBN：9787561349007/开本：32开/定价：24.80元
一本世界级励志成长小说！这样一个天真而坚定的少年，仿佛是世界上的另一个你。